DESSERTS

MICHEL ROUX
FOTOS VON MARTIN BRIGDALE

DESSERTS

Meine Lieblingsrezepte

Kaleidoskop Buch

Aus dem Englischen übersetzt
von Ulrike Wasel und Klaus Timmermann
Redaktion: Silvia Rehder
Korrektur: Irmgard Perkounigg
Einbandgestaltung: Studio für Illustration und Fotografie, München
Sascha Wuillemet
Herstellung: Dieter Lidl
Satz: DTP Josef Fink

Copyright © 2001 der vorliegenden Ausgabe
by Kaleidoskop Buch im Christian Verlag
www.christian-verlag.de

Copyright © 1995 der deutschsprachigen Erstausgabe mit dem Titel
Desserts. Meine Leidenschaft by Christian Verlag, München

Die Originalausgabe mit dem Titel *Desserts: A Lifelong Passion*
wurde erstmals 1994 im Verlag
Conran Octopus Ltd, London, veröffentlicht
Copyright © 1994 für den Text: Michel Roux
Copyright © 1994 für die Fotos: Martin Brigdale
Copyright © 1994 für die Illustrationen: Alison Barrett
Copyright © 1994 für Design und Layout: Conran Octopus Ltd, London

Druck und Bindung: Officine Grafiche d'Agostini, Novara
Printed in Italy

Alle deutschsprachigen Rechte vorbehalten

ISBN 3-88472-461-4

HINWEIS

Alle Informationen und Hinweise, die in diesem Buch enthalten sind,
wurden vom Autor nach bestem Wissen erarbeitet und von ihm und
dem Verlag mit größtmöglicher Sorgfalt überprüft. Unter Berücksichtigung des
Produkthaftungsrechts müssen wir allerdings darauf hinweisen,
daß inhaltliche Fehler oder Auslassungen nicht völlig auszuschließen
sind. Für etwaige fehlerhafte Angaben können Autor, Verlag
und Verlagsmitarbeiter keinerlei Verpflichtung und Haftung übernehmen.

Korrekturhinweise sind jederzeit willkommen und werden gerne
berücksichtigt.

Inhalt

Einführung 8

Praktische Tips 10

Teig aller Art 18

Biskuit- und Meringeböden 30

Cremes, Mousses und Bavaroises 38

Coulis, Saucen, Gelees und Marmeladen 50

Kalte Desserts 60

Heisse Desserts 82

Grosse Desserts und Torten 102

Tartes und Torteletts 120

Eiscremes und Sorbets 136

Schokolade 150

Petits fours 166

Verzierungen und Zuckerwerk 180

Register 190

Bezugsquellen 192

Seite 2: Bananen-Karamel-Mousse-Torte; Titelseite: Weiße Schokoladenkuppel mit Himbeerparfait; Seite 5: Französische Meringen; Seite 6: Lucien Peltier; Seite 7: »Liebesnest« mit roten Johannisbeeren; Seite 8: Michel Roux; Schutzumschlag vorn: Marmorsoufflé mit Minze und Schokolade; Umschlagrücken: Tulpen mit roten Früchten. Alle Umschlagfotos von Martin Brigdale.

Für
Lucien Peltier
1941 – 1991

Mein Freund gestern, heute und solange ich lebe

1980 – Chef de l'Année – Culinary Trophy
1981 – Médaille d'Argent de la Ville de Paris
1985 – Médaille d'Or de la Pâtisserie du Japon
1988 – Chevalier de l'Ordre des Palmes Académiques
1989 – Chevalier de l'Ordre du Mérite Agricole

Lucien Peltier war Direktor eines beispielhaften Unternehmens, La Pâtisserie Peltier mit Niederlassungen in Paris, Tokio und Seoul. Er war Geschäftsführer des Verbandes St. Michel, der die Interessen aller Patissiers Frankreichs vertritt, vom Lehrling bis zu den Besitzern der vornehmsten Patisserien. Von 1982 bis zu seinem Tod im Jahre 1991 war Lucien Präsident von »Relais et Desserts«. Mit Entschlossenheit und Disziplin verstand er es, die Vertreter unseres Berufsstandes zu erstklassiger Arbeit zu motivieren. Er war ein Perfektionist, dessen Blick allein Bände sprach, ein Gourmet, der etwas von gutem Essen überhaupt, nicht nur von Süßspeisen, verstand und Qualität zu schätzen wußte. Als Lehrmeister bildete er Hunderte von jungen Patissiers aus und sorgte so dafür, daß dieser Berufszweig weiterhin auf einer soliden Grundlage steht.

Leb wohl, Lucien. Du wirst immer unter uns sein. Dir, meinem Freund, zolle ich größte Anerkennung und Hochachtung.

MEINE GEHEIME LEIDENSCHAFT

Ich ertappe mich dabei, daß ich sie anlächle, ein verstohlenes, flüchtiges Lächeln, das mir insgeheim schon länger um die Lippen spielt, als ich zurückdenken kann. Das erste schwache Aufflackern verspürte ich in meiner Jugend; im Laufe der Jahre ist daraus eine brennende Leidenschaft geworden.

Wir führen eine treue Beziehung, rein und unerschöpflich, die sich nicht leicht in Worte fassen läßt. Diese Beziehung hat sich über meine Sinne entwickelt – Berühren, Sehen, Riechen und sogar Hören – und in vielen Jahren vertieft. Ich spreche selten mit ihr und teile mich ihr nur durch sachte Lippenbewegungen mit, fast wie die erste Andeutung eines Kusses.

Tag für Tag erfinde und erschaffe ich sie neu, mit einfachen Zutaten. Durch meine Gedanken inspiriert modellieren meine Finger sie zärtlich, umhüllen sie behutsam, tragen mit einem Tupfer aus der Spritztüte einen Hauch Make-up auf und schmücken ihr Haar mit einer Zuckerrose. Ihre Schönheit nimmt mir den Atem; sie begeistert mich und erfüllt mich mit Bewunderung.

MICHEL ROUX

EINFÜHRUNG

MEINE BERUFUNG   Ich bin mit ganzem Herzen Patissier und werde es immer sein. Meine große Leidenschaft ist die Kreation eines Desserts. Im Verlauf meiner Karriere habe ich verschiedene Phasen durchlebt. Zu Anfang zielte ich darauf ab, meinen Lehrern und Kollegen nachzueifern und genauso gut zu sein wie sie. Dann interessierte mich der künstlerische Aspekt der Patisserie, und ich nahm erfolgreich an vielen Berufswettbewerben teil.

Fast alle meine Desserts, ob nun heiß oder kalt, werden – einzeln arrangiert – auf einem Teller serviert. Sie werden nur auf Bestellung zubereitet, weshalb sie stets wunderbar frisch, köstlich und raffiniert ausfallen. Schon vor vielen Jahren habe ich dem Dessertbuffet den Rücken gekehrt, das nicht selten wie ein Schlachtfeld aussieht.

Wie in allen anderen Bereichen der Kochkunst achte ich auch bei den Desserts darauf, daß in einem Rezept nicht verschiedene Geschmacksrichtungen verwendet werden, und schon gar nicht solche, die diametral entgegengesetzt sind. An erster Stelle stehen Aussehen und Geschmack der Grundzutaten. Die einzigen Beilagen, die ein Dessert nicht dominieren, sind Coulis, Löffelbiskuits, Obst, Mousses oder Eiscreme. Wie

die folgenden Seiten zeigen werden, umfassen meine Desserts die Skala von schlicht bis anspruchsvoll.

MEINE AUSBILDUNG   Mein Lehrmeister war Monsieur Camille Loyal. Er stammte aus dem Elsaß und war um die Fünfzig, von großer Statur, mürrisch, aber bescheiden und hatte einen kleinen, graumelierten Schnauzbart. Er weckte in mir eine Leidenschaft für Kuchen, Schokoladendesserts und Eiscreme – aber nur wenn sie gut zubereitet waren. Wie er es formulierte: »Etwas gut zu machen dauert nicht länger, als etwas schlecht zu machen.« Diese einfache Logik ist so manchem Lehrling in Erinnerung geblieben. Ein anderer beliebter Ausspruch von ihm war: »Wir essen keine Zuckerblumen, Zuckergußfiguren oder komplizierten Dekorationen, sondern wir essen Desserts«, was erklärt, warum er für seine Desserts nur Zutaten von erlesener Qualität benutzte und einfachste Techniken anwandte.

EINE FRAGE DES GESCHMACKS   Sämtliche Geschmacksrichtungen sind in der Natur vorhanden, und es ist an uns, sie zu entdecken und weiterzuentwickeln. Der persönliche Geschmack sollte respektiert werden, aber wir können uns darüber austauschen, ihn prüfen und studieren, um ihn abzuwandeln. Wer seine eigenen Geschmacksknospen nicht entwickelt oder aber den Geschmack anderer nicht akzeptiert, bringt sich selbst um die Entdeckung, daß Geschmack etwas Herrliches ist, das sich ständig verändert.

In Frankreich ist es Brauch, bei Besuchen im Freundes- und Verwandtenkreis einen Kuchen oder eine Süßspeise mitzubringen, besonders bei festlichen Anlässen. Unzählige Patisserien und Patissiers in Frankreich beglücken tagtäglich Tausende von Kunden mit ihren Produkten, die unser Leben ein wenig luxuriöser machen. Auch ein Geschenk für Freunde soll ein kleiner Luxus sein, warum also nicht mal ein Dessert verschenken?

DIE ENTWICKLUNG DER PATISSERIE   Ebenso wie die französische Kochkunst hat auch die Patisserie eine bedeutende Entwicklung durchlaufen. Die Grundlage für Desserts ist heute zunehmend Obst, sei es frisch, tiefgefroren oder in Dosen; Früchte sind erfrischend und verleihen jeder Süßspeise einen Hauch von gesunder Ernährung. Fast alle Desserts sind leichter und enthalten weniger Butter, Eier und Sahne als früher. Außerdem sind sie auch nicht mehr so süß. Einfache Blockschokolade oder Kuvertüre gibt es in den Geschmacksnoten von bitter bis extrabitter, so daß wir den Eigengeschmack der Schokolade genießen können, ohne ihre Süße als störend zu empfinden.

Es ist mir ein Vergnügen, Sie in meine Zauberwelt einzuladen, die Welt meiner Lieblingsdesserts. Dabei möchte ich Ihnen, bevor Sie sich an die Rezepte machen, ein gründliches Studium des Kapitels »Praktische Tips« ans Herz legen; dann werde ich Ihnen mit einfachen, klaren Anweisungen bei der Zubereitung bis hin zum köstlichen Endergebnis zur Seite stehen.

PRAKTISCHE TIPS

Auf den folgenden Seiten finden Sie bestimmte Grundregeln und Hinweise, die Sie bei der Zubereitung der Rezepte befolgen sollten. Mir sind sie in Fleisch und Blut übergegangen, und ich bin sicher, daß sie Ihnen eine nützliche Hilfe sein werden, wenn Sie die hier vorgestellten Desserts zubereiten. Bestimmt werden sie auch einige der Fragen beantworten, die Ihnen vielleicht schon jetzt in den Sinn gekommen sind.

PRAKTISCHE TIPS

Feines Spitzsieb; Palette zum Glattstreichen; runder Kuchenrost; Spitzsieb-Stößel; Kuchenscheibe aus Pappe; Sterntülle; Kuchengitter; Cannelé- oder Gugelhupfformen; Madeleineformen-Blech; Spiraltauchgabel für Schokolade und Zuckerwerk; Tauchgabel mit 2 Zinken für Schokolade und Zuckerwerk;

DIE GOLDENEN REGELN Die drei entscheidenden Regeln, die sie beherzigen sollten, bevor Sie sich an die Zubereitung eines Desserts machen, lauten:

1. Alle für das Rezept erforderlichen Geräte bereitlegen.
2. Alle Zutaten vor Beginn der Arbeit abwiegen bzw. abmessen und in Behältern getrennt aufbewahren.
3. Den Backofen auf die angegebene Temperatur vorheizen.

Wenn Sie diese goldenen Regeln befolgen, werden Ihre Desserts garantiert zum kulinarischen Erfolg.

lebensmittelechter Kunststoff für Tortenringe; Eisbombenform; Halbkugelform; Zackenschaber; Kupfertopf; spitzer Modellierstab; Halbkugelform; Backbohnen aus Aluminum; Pyramidenform; gezackte Ausstechform; gezackter Modellierstab; Winkelpalette.

PRAKTISCHE TIPS

❊ ZUR VEREINFACHUNG   Viele der aufwendigeren Rezepte in diesem Buch enthalten einige Bestandteile, die mehrere Stunden oder sogar ein oder zwei Tage im voraus zubereitet werden können. Ein Sternchen ❊ neben der Zutatenliste besagt, daß sich der größere Teil des Desserts im voraus zubereiten läßt.

ZUBEREITUNGSZEITEN   Enthält ein Rezept fertige Bestandteile, deren Zubereitung bereits an anderer Stelle beschrieben wurde, wie beispielsweise einen Boden aus »Genueser Biskuit« (S. 33) oder eine Creme auf der Basis von »Konditorcreme« (S. 39), so ist die Zeit für die Herstellung dieser Grundbestandteile nicht in der angegebenen Zubereitungszeit inbegriffen.

SPEZIELLE GERÄTE   Am besten eignen sich Spezialgeräte in der jeweils empfohlenen Größe. Sollten Sie jedoch zum Beispiel keinen Tortenring mit der exakten im Rezept angegebenen Größe besitzen oder keine entsprechende Dessertform, verwenden Sie ein Gerät, das der Größe am ehesten entspricht. Bezugsmöglichkeiten für Spezialgeräte erfahren Sie auf S. 192.

BACKOFENTEMPERATUR   Die Temperaturen können von Herd zu Herd variieren; die besten Resultate erzielt man daher mit einem Ofenthermometer.
  Sämtliche Rezepte in diesem Buch sind mit einem Umluft- oder Heißluftherd getestet worden. Wer einen Standardherd besitzt, sollte die empfohlene Temperatur in jedem Fall um 20 °C erhöhen (so sollte z. B. 180 °C/Gasherd Stufe 2–3 bei einem Standardherd auf 200 °C/Gasherd Stufe 3–4 erhöht werden).

SERVIERTEMPERATUR   Desserts und Torten sollten unbedingt mit der Temperatur serviert werden, die ihrer Komposition und ihrem Geschmack am besten entspricht. Desserts auf Schokoladenbasis (gefüllt mit Mousse etc.) sollten mit 6–8 °C serviert werden. Desserts auf Obst-Mousse-Basis, wie beispielsweise Charlotten, mit 8–12 °C. Warme Desserts (Obsttorten und manches Blätterteiggebäck) mit 35–45 °C und heiße Süßspeisen (vor allem Soufflés) mit 70–80 °C.

AUSWAHL DER GRUNDZUTATEN   Um ein geschmacklich und optisch perfektes Dessert zu erhalten, sollte man unbedingt nur äußerst frische Zutaten von bester Qualität verwenden. Eier müssen ganz frisch sein und aus zuverlässiger Quelle stammen; in Zweifelsfällen pasteurisierte Eier verwenden.
  Frische Sahne wird schnell sauer, daher nur beste Qualität kaufen. Zum Schutz gegen Bakterien stets pasteurisierte Sahne nehmen.

LAGERUNG   Die empfohlenen Lagerungszeiten gelten für Nahrungsmittel, die in luftdichten Behältern oder fest eingewickelt bzw. mit Frischhaltefolie abgedeckt aufbewahrt werden.

PRAKTISCHE TIPS

KALTE LAGERUNG Dank des technischen Fortschritts verfügen wir heute über Lagermöglichkeiten, die bei der Zubereitung von Süßspeisen von großem Nutzen sind.
Kühlschrank: 5°C
Tiefkühlfach: −18°C
Gefrierschrank: −25°C
Schockgefrierfach: −35°C (wenn möglich sollten sämtliche Nahrungsmittel bei dieser Temperatur 30 Minuten lang tiefgefroren werden, bevor man sie ins Tiefkühlfach legt).

HYGIENE Es ist dringend zu empfehlen, beim Backen weder eine Armbanduhr noch Ringe zu tragen. Sie können Allergien hervorrufen und sind unhygienisch, da sich mitunter Zutaten wie Mehl und Puderzucker darin festsetzen.

HINWEISE ZU ZUTATEN UND ZUBEREITUNGSMETHODEN
Butter, Zucker und Mehl: Falls nicht anders angegeben, für diese Rezepte stets ungesalzene Butter, feinsten Kristallzucker und gesiebtes Mehl verwenden.

EIER *Eiweiß schlagen:* Damit Eiweiß schön steif wird, unbedingt saubere Geräte benutzen, die mit kaltem Wasser abgespült und gründlich abgetrocknet wurden. Das Eiweiß darf keinerlei Eigelbspuren enthalten. Bei ganz frischen Eiern eine Prise Salz zugeben, um sie lockerer zu machen. Zunächst mit mittlerer Geschwindigkeit schlagen, um möglichst viel Luft einzuarbeiten, bis das Eiweiß schaumig wird, dann auf höchster Stufe schlagen, damit es fest wird. Sobald sich am Schüsselrand Flocken bilden, etwas Zucker zugeben, damit das Eiweiß nicht körnig wird. Dadurch bleibt das Eiweiß fester und geschmeidiger und läßt sich besser mischen und handhaben, was bei der Zubereitung von Soufflés besonders wichtig ist.

Ungeschlagenes Eiweiß hält sich tiefgefroren in einem luftdichten Behälter mehrere Wochen.

Eigelb: Zum Einfrieren mit 5–10 Prozent Zucker leicht verrühren, anschließend bei −25°C nicht länger als vier Wochen einfrieren.

Eigelb reagiert empfindlich auf Kontakt mit Zucker oder Salz und muß daher sofort mit Schneebesen oder Spatel zu einer homogenen Masse geschlagen werden, da es sonst harte Körnchen bildet, die sich nicht mehr auflösen.

Gewicht von Eiern: Ein mittelgroßes Ei von etwa 60 g besteht aus 30 g Eiweiß, 20 g Eigelb und 10 g Schale. 20 ganze Eier oder 32 Eiweiß oder 52 Eigelb = 1 Liter.

In meinen Rezepten verwende ich stets 60-g-Eier. Wenn ein Rezept sechs Eier à 60 g vorgibt, ist das Gesamtgewicht also 360 g. Wenn Sie Eier von je 50 g oder 70 g verwenden, bedeutet das ein Sechstel Ei weniger bzw. mehr, was das Ergebnis beeinträchtigen wird.

PRAKTISCHE TIPS

Einfetten: Je nach Bedarf weiche, geklärte oder geschmolzene Butter verwenden. Beim Einfetten von Formen, Dosen, Ringen oder Backblechen sollte unbedingt die im Rezept angegebene Buttermenge verwendet werden. Zuviel Butter macht den Teig unter Umständen wellig, bei zuwenig Butter kann er an der Form haften bleiben.

Fondant: Ein klassischer Zuckerguß zum Glasieren von Windbeuteln, Eclairs etc. Auf keinen Fall über 37 °C erhitzen, damit die Glasur nicht krakeliert und nach dem Erkalten nicht an Glanz verliert. Einen zu dicken Fondant mit etwas Sorbetsirup (siehe S. 144) verdünnen.

PRAKTISCHE TIPS

Gelatine: Drei Gelatineblätter wiegen 5 g. Statt dessen kann man die gleiche Menge Pulvergelatine nehmen.

Glasieren mit Eigelb: Eine schön glänzende Glasur erhält man, wenn man die Süßspeise zweimal dünn mit verquirltem Eigelb (hergestellt aus 1 Eigelb, gemischt mit 1 Eßlöffel Milch und 1 Prise Salz) bepinselt. Bei einer einzigen dicken Schicht könnte die Glasur verlaufen.

Glukosesirup: Dieser gelbliche, durchsichtige und sehr zähe Stärkesirup besitzt etwa ein Drittel der Süßkraft von gewöhnlichem Zucker.

Saftige reife Früchte im Überfluß. Ich verwende stets frische Zutaten von allerbester Qualität.

PRAKTISCHE TIPS

Setzt man ihn beim Zuckerkochen zu, verhindert er die Bildung von Zuckerkristallen und macht die Zuckermasse geschmeidiger. Er erleichtert das Zuckerkochen, ist aber für die Zubereitung von Sirup nicht unbedingt erforderlich. Bei der Herstellung von Zuckerdekorationen, für die man besonders reine und formbare Zuckermasse braucht, kann man allerdings auf den Zusatz von Glukosesirup nicht verzichten.

Kiwi: Zum Schälen die Frucht 10 Minuten ins Gefrierfach legen, dann in kochendes und schließlich in eiskaltes Wasser geben, wie beim Tomatenhäuten. Danach läßt sich die Schale mühelos entfernen, ohne daß die längliche Form der Frucht beschädigt wird; so bekommt man hübsche, saubere Scheiben.

Mandeln und Haselnüsse: Vor der Verarbeitung auf einer Darre oder im Backofen bei niedriger Temperatur trocknen, da sich sonst die in ihnen enthaltene Feuchtigkeit bei der Zubereitung negativ auswirken kann.

Mandelblättchen: Mit Puderzucker bestreuen und im Backofen oder unter dem Salamander leicht rösten. Kurz vor dem Servieren über eine Mousse oder Creme gestreut, schmecken sie phantastisch.

Marzipan oder Mandelpaste: Bei zu krümeliger oder zu fester Konsistenz unter Beimischung von Fondant (siehe oben) oder Glukosesirup aufweichen.

Sieben: Durch Sieben entfernt man Fremdkörper und Klümpchen aus Zutaten wie Mehl, Backpulver, gemahlenen Mandeln und Kakao etc. Sieben sorgt darüber hinaus für Durchlüftung und eine gleichmäßige Verteilung. Mehl sollte stets gesiebt werden.

Sirup: Um verunreinigten Sirup zu klären, gibt man etwas geschlagenes Eiweiß hinzu und läßt den Sirup einige Minuten bei niedriger Hitze köcheln. Dann vorsichtig durch ein Spitzsieb passieren und nach Rezept verwenden. Ein Sorbetsirup mit 30°Baumé oder 1,2624 Dichte (der Zuckergehalt wird mit einer Zuckerwaage in Grad Baumé gemessen) hält sich in einem luftdichten Behälter zwei Wochen im Kühlschrank.

Süßspeisen aus der Ringform lösen: Um einen schönen Rand zu bekommen, die Süßspeise oder Torte im Ring auf einen circa 10 cm hohen Gegenstand stellen (z.B. eine Blechdose) und den Ring nach unten drücken. Das ist eine knifflige Angelegenheit, aber das Ergebnis lohnt die Mühe.

TEIG: Gefrorener Teig sollte im Kühlschrank bei 5°C langsam auftauen, bis er geschmeidig ist.

Kneten von Hefe- oder Hefeblätterteig: Der Teig ist ausreichend geknetet, wenn alle Zutaten gut eingearbeitet sind und er sich sauber von der

Schüsselwand oder der Arbeitsfläche löst. Das gesamte Protein im Mehl hat sich dann in Hydrate umgewandelt und macht den Teig sehr elastisch.

Temperatur und Aufgehen von Hefeteig: Wird der Teig in einem warmen Raum geknetet, die flüssigen Zutaten (Milch, Wasser und Eier) zuvor im Kühlschrank kühlen. Nach dem Kneten sollte der Teig nicht wärmer als 24°C sein.

Nach dem Aufgehen an einem warmen Ort Teig mit frischer Hefe (z.B.: Brioches, Wiener Krapfen) vor dem Backen weitere 15 Minuten bei Zimmertemperatur stehenlassen, damit er beim Backen sein größtes Volumen erreicht.

Blätterteig: Den ausgerollten Teig auf ein mit Wasser angefeuchtetes Backblech geben, damit der Teig beim Glasieren nicht verrutscht und beim Backen nicht schrumpft, was die Form beeinträchtigt.

Kühlen von Blätterteig: Blätterteig muß vor der Verwendung auf Zimmertemperatur gebracht werden, damit die Butter weich wird. 3–5 Minuten vor dem Ausrollen aus dem Kühlschrank nehmen, damit die Fettschichten nicht brechen und der Teig ganz aufgehen kann.

Ausgerollter Teig und ausgerolltes Marzipan: Um zu verhindern, daß ausgerollte Teig- oder Marzipanlagen beim Lösen von der Arbeitsfläche die Form verlieren oder einreißen, schlägt man sie locker um ein Nudelholz und rollt sie dann in die Form oder auf das Backblech ab.

Versetzt angeordnete Reihen: Kleingebäck, Makronen, Törtchenformen, Brioches etc. werden auf dem Backblech immer in versetzt angeordneten Reihen arrangiert, damit sie gleichmäßig gar werden.

Waagen: Kleine Elektrowaagen sind sehr genau und eignen sich für Süßspeisen, bei denen von bestimmten Zutaten nur wenige Gramm benötigt werden.

TEIG ALLER ART

Mit der Teigherstellung nehmen alle Torten, Tartes und Torteletts und viele andere köstliche Süßspeisen ihren Anfang. Dabei kommt es nicht nur auf die gelungene Komposition von Teigboden und Füllung an – auch das genaue Abwiegen und Abmessen der Zutaten ist von entscheidender Bedeutung; ein zu salziger, zu weicher oder zu trockener Teig gefährdet die Qualität und das Gelingen der gesamten Süßspeise.

Roher Teig hat einen angenehmen Duft, der die Geschmacksnerven kitzelt. Er ist für mich ein äußerst sinnliches Nahrungsmittel; ich liebe es, ihn mit den Fingerspitzen zu bearbeiten, ihn sorgsam zu kneten, damit er fest, aber geschmeidig bleibt. Ich bestäube ihn mit Mehl und rolle ihn anschließend rasch und gleichmäßig aus, damit er keinen Schaden nimmt. Wenn er nicht gleich verwendet werden soll, wickle ich ihn in Frischhaltefolie und friere ihn ein.

BRIOCHE

Dieses kräftige, buttrige Hefebrot schmeckt köstlich zum Frühstück oder Nachmittagskaffee.

ZUTATEN:

15 g frische Hefe
70 ml lauwarme Milch
15 g Salz
500 g Mehl plus etwas Mehl zum Bestäuben
6 Eier
350 g weiche Butter
30 g Zucker
Verquirltes Eigelb (1 Eigelb, geschlagen mit 1 EL Milch und einer Prise Salz)

Ergibt 1,2 kg Teig, ausreichend für 1 große Brioche à 20 Portionen oder für 16-20 kleine Brioches

Zubereitungszeit: 20 Minuten mit einem elektrischen Rührgerät oder 35 Minuten mit der Hand plus Ruhe- und Gehzeit

Backzeit: 40-45 Minuten für eine große Brioche, 8 Minuten für kleine Brioches

DEN TEIG MISCHEN: In einer Schüssel die Hefe mit der Milch leicht verrühren, dann das Salz zugeben. Mehl und Eier zufügen und den Teig mit den Knethaken eines Rührgeräts oder mit einem Spatel schlagen, bis er glatt und geschmeidig wird (circa 10 Minuten mit dem Rührgerät, 20 Minuten mit dem Spatel).

Die weiche Butter und den Zucker verquirlen, dann, unter ständigem Rühren auf niedriger Stufe, in kleinen Mengen, die jeweils gut eingearbeitet werden, nach und nach zu dem Teig geben. Mit einem Elektrogerät 5 Minuten oder 15 Minuten mit der Hand weiterschlagen, bis der Teig schön glatt, glänzend und ganz geschmeidig ist.

Die Schüssel mit einem Küchentuch abdecken und bei circa 24 °C 2 Stunden stehenlassen, bis der Teig sein Volumen verdoppelt hat.

DEN TEIG ZUSAMMENSCHLAGEN: Den Teig zwei- bis dreimal mit der Hand hochheben und kräftig nach unten in die Schüssel schlagen. Mit einem Tuch zudecken und mehrere Stunden in den Kühlschrank stellen, jedoch nicht länger als 24 Stunden.

DIE BRIOCHE IN DIE FORM GEBEN: Den Teig auf eine leicht bemehlte Fläche legen und zu einer großen Kugel formen. Eine Kasserolle, falls verwendet, mit eingefettetem Backpapier auslegen (zweimal die Höhe der Kasserolle) und den Teig hineingeben. Bei Verwendung einer Briocheform ein Drittel des Teigs abschneiden und daraus den »Kopf« formen. Aus dem größeren Teil eine Kugel bilden und in die Form legen. Mit den Fingerspitzen in die Mitte eine Mulde drücken. Mit der angewinkelten Hand den »Kopf« zu einem birnenförmigen Oval rollen. Die Fingerspitzen leicht mit Mehl bestäuben und das dünne Ende des Ovals vorsichtig in die Mulde der großen Kugel drücken.

Die Oberfläche der Brioche leicht mit dem verquirlten Eigelb bestreichen. Von außen nach innen arbeiten und dabei darauf achten, daß nichts von der Flüssigkeit in die Ritzen im Teig oder auf den Rand der Form läuft, denn sonst geht der Teig nicht richtig auf.

DEN TEIG AUFGEHEN LASSEN: Die Brioche an einem warmen, zugfreien Ort gehen lassen, bis sich ihr Volumen etwa verdoppelt hat (circa 20 Minuten bei kleinen und 1½ Stunden bei der großen Brioche).

BACKEN: Den Backofen auf 220 °C (Gasherd Stufe 3-4) vorheizen. Die Oberfläche der Brioche erneut leicht mit dem verquirlten Eigelb einpinseln. Den Rand der großen Brioche in regelmäßigen Abständen mit einer in kaltes Wasser getauchten Schere oder Rasierklinge einschneiden, nicht aber die kleinen Brioches. Umgehend die große Brioche im heißen Backofen 40-45 Minuten backen, die kleinen 8 Minuten. Die Brioche sofort aus der Form auf einen Kuchenrost stürzen und abkühlen lassen.

SPEZIALGERÄTE:
1 große Briocheform, oben 24 cm Durchmesser, unten 11 cm, oder eine 18 cm breite Kasserolle oder 20 kleine Briocheformen, oben 8 cm Durchmesser, unten 4 cm

ANMERKUNGEN:
Briocheteig läßt sich auch zu einem Zopf flechten oder zu einer Krone formen. Serviervorschlag: in Scheiben geschnitten, mit Puderzucker bestreut und unter einem Grill glasiert oder warm mit »Schokoladensauce« (S. 55).

Der Teig kann nach dem Zusammenschlagen in Frischhaltefolie gewickelt eingefroren werden. Langsam mindestens 4 Stunden oder über Nacht im Kühlschrank auftauen lassen, bevor Sie ihn in die Form geben, aufgehen lassen und backen.

MÜRBETEIG
Pâte brisée

Ein leichter, krümeliger Teig, der klassische Boden für viele
Tartes und Torteletts

ZUTATEN:
250 g Mehl
150 g leicht weiche Butter
1 Ei
1 Prise Zucker
¾ TL Salz
1 EL Milch

Ergibt ca. 450 g

Zubereitungszeit:
15 Minuten

Das Mehl auf die Arbeitsfläche sieben und in die Mitte eine Mulde drücken. Die Butter in kleine Stücke schneiden und mit dem Ei, Zucker und Salz in die Mulde geben. Alle Zutaten mit den Fingerspitzen der linken Hand verrühren, dann mit der rechten Hand nach und nach das Mehl unterarbeiten. Wenn die Masse fast völlig glatt ist, Milch zugeben. Mit dem Handballen ein paarmal kneten, bis ein gleichmäßiger Teig entsteht. In Frischhaltefolie wickeln und vor Verwendung mehrere Stunden kalt stellen.

ANMERKUNG:
Mürbeteig läßt sich ein paar Tage im Kühlschrank aufbewahren, tiefgefroren mehrere Wochen.

SÜSSER MÜRBETEIG
Pâte sucrée

Dieser Teig wird meist für Obstkuchen und Tartes mit
süßem Belag verwendet. Da er recht robust ist, eignet er sich
für Desserts beim Picknick

ZUTATEN:
250 g Mehl
100 g Butter, gewürfelt
100 g Puderzucker, gesiebt
1 kleine Prise Salz
2 Eier, mit Zimmertemperatur

Ergibt ca. 520 g

Zubereitungszeit:
15 Minuten

Das Mehl auf die Arbeitsfläche sieben und in die Mitte eine Mulde drücken. Die Butter hineingeben und mit den Fingerspitzen bearbeiten, bis sie ganz weich ist. Puderzucker und Salz zugeben, gut mischen, dann die Eier zufügen und erneut mischen. Nach und nach das Mehl unterarbeiten, bis ein glatter Teig entsteht. Den Teig ein paarmal mit dem Handballen kneten, bis er sehr weich ist. Zur Kugel rollen, oben etwas flachdrücken, in Frischhaltefolie einwickeln und vor der Verwendung mehrere Stunden kalt stellen.

ANMERKUNG:
Dieser Teig läßt sich mehrere Tage im Kühlschrank aufbewahren, im Tiefkühlfach 1 Woche.

TEIG ALLER ART

BUTTERTEIG: REZEPT 1
Pâte sablée 1

Dieser Teig ist äußerst empfindlich; man muß also rasch arbeiten und darf nicht zu lange kneten, da er sehr schnell weich wird.

ZUTATEN:
250 g Mehl
200 g Butter, gewürfelt
100 g Puderzucker, gesiebt
1 Prise Salz
2 Eigelb
Zitronen- oder Vanilleessenz (nach Wunsch)

Ergibt ca. 650 g

Zubereitungszeit:
15 Minuten

Das Mehl auf die Arbeitsfläche sieben und in die Mitte eine Mulde drücken. Die Butter hineingeben und mit den Fingerspitzen bearbeiten, bis sie ganz weich ist. Puderzucker und Salz auf die Butter streuen und einarbeiten. Das Eigelb zufügen und gründlich vermischen. Nach und nach das Mehl unterarbeiten und alles gut vermengen; den Teig allerdings nicht zu lange bearbeiten, sonst wird er zu geschmeidig. Einen Tropfen Zitronen- oder Vanilleessenz zugeben und den Teig ein paarmal mit dem Handballen kneten. Den Teig zu einer Kugel formen und etwas flachdrücken. In Frischhaltefolie einwickeln und vor der Verwendung mehrere Stunden kalt stellen.

BUTTERTEIG: REZEPT 2
Pâte sablée 2

Dieser Teig enthält weniger Butter als Rezept 1 und läßt sich daher leichter zubereiten und bearbeiten; er ist allerdings nicht so mürbe und schmackhaft.

ZUTATEN:
30 g gemahlene Mandeln
250 g Mehl
140 g Butter, gewürfelt
100 g Puderzucker, gesiebt
1 Prise Salz
1 Ei
Zitronen- oder Vanilleessenz (nach Wunsch)

Ergibt ca. 600 g

Zubereitungszeit:
15 Minuten

Die gemahlenen Mandeln und das Mehl zusammen auf die Arbeitsfläche sieben und in die Mitte eine Mulde drücken. Fortfahren wie in Rezept 1.

ANMERKUNG:
Beide Teigarten halten sich mehrere Tage im Kühlschrank bzw. 1 Woche im Tiefkühlfach.

Teig für Tortenböden oder zum Auslegen von Backformen
Pâte à foncer

Ein weiterer Teig für Torten, Tartes und Torteletts

ZUTATEN:
250 g Mehl
125 g weiche Butter
1 Ei
1 1/2 TL Zucker
3/4 TL Salz
40 ml Wasser

Ergibt ca. 450 g

*Zubereitungszeit:
15 Minuten*

Das Mehl auf die Arbeitsfläche sieben und in die Mitte eine Mulde drücken. Die Butter in kleine Stücke schneiden und zusammen mit dem Ei, Zucker und Salz in die Mulde geben. Die Zutaten mit den Fingerspitzen der rechten Hand vermischen, dann mit der linken Hand das Mehl nach und nach unterarbeiten. Wenn der Teig gut vermischt, aber noch etwas krümelig und nicht ganz gleichmäßig ist, das Wasser zugeben. Den Teig ein paarmal mit dem Handballen kneten, bis er völlig glatt ist. In Frischhaltefolie einwickeln und vor der Verwendung mehrere Stunden kalt stellen.

ANMERKUNG:
Dieser Teig hält sich mehrere Tage im Kühlschrank bzw. mehrere Wochen im Tiefkühlfach.

TEIG ALLER ART

1. Großer Tortenboden
2. Tortelettboden
3. Teigböden in Schiffchenform
4. Tortelettböden mit gezacktem Rand
5. Mini-Tortelettböden
6. Kleine Brioches
7. Angeschnittener Briochelaib
8. Ganzer Briochezopf
9. Geflochtener Briochekorb
10. Angeschnittener Briochezopf

TEIG ALLER ART

Jean Millets Blätterteig
Feuilletage Jean Millet

Der Hobbykoch sollte sich nicht von der Blätterteigzubereitung abschrecken lassen. Es ist zwar eine langwierige Arbeit, aber wer sich an Jean Millets Rezept hält, dürfte problemlos damit fertig werden.

ZUTATEN:

500 g Mehl, plus zusätzliches Mehl zum Wenden
200 ml Wasser
1¾ TL Salz
2 EL Weißweinessig
50 g zerlassene Butter
400 g gut gekühlte Butter

Ergibt 1,2 kg

Zubereitungszeit:
1 Stunde 10 Minuten
plus 5 Stunden Ruhezeit

Den Teig mischen: Das Mehl auf die Arbeitsfläche sieben und in die Mitte eine Mulde drücken. Wasser, Salz, Essig und die zerlassene Butter hineingeben und mit den Fingerspitzen der rechten Hand vermischen (1). Mit der linken Hand das Mehl nach und nach unterarbeiten und alles gut vermengen. Den Teig mit dem Handballen bearbeiten, bis er ganz glatt, aber nicht zu fest ist (2). Eine Kugel formen und kreuzweise einschneiden, um dem Teig die Spannung zu nehmen (3). In Frischhaltefolie einwickeln und 2–3 Stunden kalt stellen.

ANMERKUNG:

Blätterteig hält sich 3 Tage im Kühlschrank bzw. mehrere Wochen im Tiefkühlfach. Man tourt ihn dann nur viermal. Erst kurz vor der Verwendung bekommt er zwei weitere Touren und wird 30 Minuten kalt gestellt.

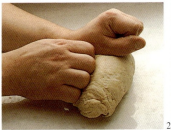

Die Butter einarbeiten: Auf einer leicht bemehlten Fläche die Teigkugel an vier verschiedenen Stellen so ausrollen, daß sich um einen kleinen, runden »Kopf« herum vier »Ohren« bilden (4). Die gekühlte Butter mit einem Nudelholz mehrmals schlagen, bis sie geschmeidig, aber noch immer fest und sehr kalt ist. Die Butter paßgerecht auf den »Kopf« legen, so daß sie nicht übersteht. Die vier »Ohren« so über die Butter falten, daß sie vollständig bedeckt ist (5). 20–30 Minuten in den Kühlschrank stellen, damit Teig und Butter die gleiche Temperatur und somit die gleiche Konsistenz haben. Dieser Vorgang ist äußerst wichtig.

Den Blätterteig touren: Auf einer leicht mit Mehl bestäubten Fläche den Teig behutsam vom Körper weg zu einem 70 x 40 cm großen Rechteck ausrollen. Die Enden nach innen klappen, so daß drei Lagen entstehen (6). Das ist die erste Tour.

Den Teig um 90 Grad drehen und behutsam erneut zu einem 70 x 40 cm großen Rechteck ausrollen. Die Enden nach innen falten, so daß drei Lagen entstehen. Das ist die zweite Tour. Den Teig in Frischhaltefolie wickeln und 30 Minuten im Kühlschrank fest werden lassen.

Wie oben beschrieben noch zweimal touren. Nach der vierten Tour den Teig in Frischhaltefolie einwickeln und weitere 30–60 Minuten kalt stellen. Noch zweimal touren, was insgesamt sechsmal ergibt. Nun kann der Blätterteig ausgerollt und in Form geschnitten werden. Danach kommt er vor dem Backen mindestens 30 Minuten in den Kühlschrank, damit er nicht schrumpft und die Form verliert.

SCHNELLER BLÄTTERTEIG
Feuilletage minute

Dieser Teig hebt sich rund 30 Prozent weniger als der klassische Blätterteig; er hat jedoch den großen Vorteil, daß er sich sehr schnell und mühelos zubereiten läßt.

ZUTATEN:

500 g Mehl plus Mehl zum Touren
500 g feste, aber nicht zu harte Butter (1 Stunde vor der Verwendung aus dem Kühlschrank nehmen)
1 TL Salz
250 ml eiskaltes Wasser

Ergibt 1,2 kg

Zubereitungszeit:
20 Minuten plus
50 Minuten zum Kühlen

Das Mehl auf die Arbeitsfläche sieben und in die Mitte eine Mulde drücken. Die Butter in kleine Würfel schneiden und zusammen mit dem Salz in die Mulde geben. Mit den Fingerspitzen der rechten Hand die Zutaten vermengen und dabei mit der linken Hand das Mehl nach und nach unterarbeiten. Wenn die Butterwürfel sehr klein geworden sind und die Mischung körnig wird, das Eiswasser zugeben und nach und nach, ohne zu kneten, in den Teig einarbeiten. Der Teig ist fertig, wenn er fast glatt ist, aber noch immer ein paar Butterflocken enthält.

Auf der leicht mit Mehl bestäubten Fläche den Teig vom Körper weg zu einem 40 x 20 cm großen Rechteck ausrollen. Die Enden zu drei Lagen einfalten. Den Teig um 90 Grad drehen und erneut zu einem 40 x 20 cm großen Rechteck ausrollen. Wieder zu drei Lagen falten. Das sind die ersten beiden Touren. Den Teig in Frischhaltefolie einwickeln und 30 Minuten kalt stellen.

Noch zweimal touren. Nun kann der Teig verarbeitet werden. In Frischhaltefolie einwickeln und aufbewahren oder in die gewünschte Form ausrollen, auf ein befeuchtetes Backblech legen und vor der Verwendung 20 Minuten kalt stellen.

ANMERKUNG:

Schneller Blätterteig hält sich nur 2 Tage im Kühlschrank bzw. 1 Woche im Tiefkühlfach.

TEIG ALLER ART

BRANDTEIG UND WINDBEUTEL
Pâte à choux

Dieser vielseitig verwendbare Teig bildet die Basis für zahlreiche Desserts, darunter meine »Schwarzweiße Torte Saint-Honoré« (S. 106)

ZUTATEN:
125 ml Wasser
125 ml Milch
100 g Butter, fein gewürfelt
½ TL feines Salz
¾ TL Zucker
150 g Mehl, gesiebt
4 Eier
Verquirltes Eigelb
(1 Eigelb gemischt mit 1 EL Milch und 1 Prise Salz; nach Wunsch)

Ergibt 22–25 kleine Windbeutel oder Eclairs

Zubereitungszeit: 20 Minuten

Backzeit: 10–20 Minuten je nach Größe und Form der Windbeutel

SPEZIALGERÄTE:
Spritzbeutel
Mit Backtrennpapier ausgelegtes Backblech

ANMERKUNG:
Brandteig läßt sich in einem luftdichten Behälter 3 Tage im Kühlschrank bzw. 1 Woche im Tiefkühlfach aufbewahren.

DEN BRANDTEIG MISCHEN: Wasser, Milch, Butter, Salz und Zucker zusammen in einen Topf geben und bei hoher Temperatur 1 Minute unter Rühren kochen lassen (1). Sollten noch Butterstücke sichtbar sein, ein paar Sekunden länger kochen. Den Topf von der Kochstelle nehmen, das Mehl auf einmal hineinschütten und so lange rühren, bis sich ein sehr glatter Teig ergibt.

Den Topf zurück auf die Kochstelle setzen und den Teig mit einem Spatel 1 Minute rühren (2). Dieses sogenannte »Trocknen« ist für die Zubereitung eines guten Brandteigs äußerst wichtig. Inzwischen wird das Wasser zum Teil verdampft sein. Achten Sie darauf, daß der Teig nicht zu trocken wird, sonst bekommt er beim Backen Risse, und die Windbeutel mißlingen. Den Teig in eine Schüssel geben und sofort mit einem Spatel einzeln die Eier unterziehen (3). Den Teig kräftig durchrühren, bis er vollkommen glatt ist. Er kann nun verwendet werden. Soll das nicht sofort geschehen, wird er mit etwas verquirltem Eigelb bepinselt, damit sich keine Kruste bildet.

DEN BRANDTEIG SPRITZEN: Mit dem Spritzbeutel Teigkugeln oder einen Teigboden auf das ausgelegte Backblech spritzen (4). Mit verquirltem Eigelb einpinseln und die Kugeln oben mit einer in das Eigelb getauchten Gabel leicht eindrücken, damit sie gleichmäßig aufgehen.

DIE WINDBEUTEL BACKEN: Den Backofen auf 220 °C (Gasherd Stufe 4–5) vorheizen. Die Windbeutel 4–5 Minuten backen, dann die Backofenklappe einen Spalt öffnen und angelehnt lassen. 5–15 Minuten weiterbacken, je nach Größe der Windbeutel.

Gebackene Windbeutel auf einem Saint-Honoré-Boden

PFANNKUCHEN
Crêpes

Ich verwende Pfannkuchen in meinen Rezepten »Coulibiac mit Winterfrüchten« (S. 98) und »Schokoladenpfannkuchen mit Soufflèfüllung« (S. 90)

ZUTATEN:
250 g Mehl
30 g Zucker
1 Prise Salz
4 Eier
650 ml Milch, abgekocht und gekühlt
200 ml Crème double
Aromastoffe nach Wahl (z. B. Vanille, Grand Marnier, Orangenblütenwasser, Zitronenschale)
30 g geklärte Butter

Ergibt 10 Stück

Zubereitungszeit: 10 Minuten plus Ruhezeit

Backzeit: 2 Minuten pro Pfannkuchen

DEN PFANNKUCHENTEIG ZUBEREITEN: Mehl, Zucker und Salz in eine Schüssel geben, dann die Eier, jeweils zwei auf einmal, zufügen und alles gut mit einem Schneebesen verrühren. Unter Rühren 200 ml Milch zugießen, bis ein glatter Teig entsteht. Die Crème double und die übrige Milch zugeben, dann den Teig an einem kühlen Platz mindestens 1 Stunde vor der Verwendung ruhen lassen.

DIE PFANNKUCHEN BACKEN: Den Teig durchrühren und das gewählte Aroma zugeben. Eine Pfanne von 30 cm Durchmesser mit geklärter Butter einpinseln und erhitzen.

Mit einem Schöpflöffel ein wenig Teig in die Pfanne geben und durch Neigen der Pfanne verteilen. Den Pfannkuchen etwa 1 Minute backen, dann mit einer Palette oder durch Hochwerfen wenden und auf der anderen Seite erneut etwa 1 Minute backen.

SERVIEREN: Die Pfannkuchen aufrollen oder umklappen und entweder so oder mit Zucker bestreut sofort essen. Gefüllt mit »Aprikosenmarmelade mit Mandeln« (S. 58) oder »Apfelgelee« (S. 59) schmecken sie ebenfalls köstlich.

ANMERKUNG:
Zwischen die fertigen Pfannkuchen Backpapierstreifen legen, damit sie nicht zusammenkleben.

TEIG ALLER ART

TULPENTEIG FÜR DEKORATIONEN
Pâte à tulipe / ruban / caissette

Mit diesem Teig stellt man »Tulpen« für Petits fours und Körbchen her, die sich mit Eiscreme, Sorbets oder frischem Obst füllen lassen. Da er sehr geschmeidig ist, kann man aus ihm auch dekorative Schleifen (siehe Foto auf S. 188) oder bunte Bänder formen, um ein Dessert zu verzieren.

ZUTATEN:

100 g weiche Butter
100 g Puderzucker, gesiebt
100 g Eiweiß, mit Zimmertemperatur
75 g Mehl, gesiebt
40 g ungesüßtes Kakaopulver, gesiebt (nach Wunsch: siehe Anmerkung)

Ergibt 375 g

Zubereitungszeit: 10 Minuten

Die weiche Butter und den Puderzucker in eine Schüssel geben und mit einem Spatel verrühren, dann nach und nach das Eiweiß zugeben und schließlich mit Mehl und Kakaopulver zu einem glatten, gleichmäßigen Teig verarbeiten.

Mit Frischhaltefolie gut abgedeckt hält sich der Teig mindestens 24 Stunden und in einem luftdichten Behälter bis zu einer Woche im Kühlschrank.

Den Teig mehrere Stunden vor der Verwendung aus dem Kühlschrank nehmen und bei Zimmertemperatur weich werden lassen, damit er leichter zu handhaben ist.

In gebackenem Zustand ist der Teig empfindlich und verliert nach 24 Stunden seine Textur, besonders bei feuchtem Wetter.

ANMERKUNG:

40 g Kakao sind zum Färben und Aromatisieren des gesamten Teigs ausreichend. Kakao bindet wie Mehl, daher muß man zusätzlich 20 g Eiweiß zugeben (120 g insgesamt). Der Teig läßt sich auch mit Vanille oder ein paar Tropfen Zitronenextrakt oder Orangenblütenwasser aromatisieren.

ZIGARETTENTEIG FÜR GESTREIFTE BISKUITS
Pâte à cigarette pour biscuit rayé

Mit diesem Teig kann man seinen schönsten Desserts und Torten ein hübsches Streifenmuster geben.

ZUTATEN:

100 g weiche Butter
100 g Puderzucker, gesiebt
110 g Eiweiß
80 g Mehl, gesiebt
Gegebenenfalls Lebensmittelfarbe (z. B. grün/rot) oder Kakaopulver für Schokoladenbraun

Ergibt ca. 400 g

Zubereitungszeit: 15 Minuten

Die Butter in einer Schüssel cremig schlagen. Den Puderzucker einarbeiten, bis eine glatte Masse entsteht, dann nach und nach das Eiweiß zugeben. Schließlich das Mehl hineinrühren. Sobald der Teig ganz glatt ist, ein paar Tropfen von der Lebensmittelfarbe zugeben, um den gewünschten Effekt zu erzielen. Der Teig kann nun nach Belieben verwendet werden.

Den Teig in Streifen oder äußerst dünnen Lagen auf Backpapier verteilen; dazu je nach dem gewünschten Effekt eine Palette, einen Zackenschaber, eine Spritztüte oder die Finger benutzen. Den Teig mindestens 10 Minuten im Tiefkühlfach hart werden lassen, dann auf einer Lage »Biskuit Joconde« oder »Genueser Biskuit« (S. 31 und 33) ausbreiten und entsprechend den Rezeptangaben backen.

ANMERKUNG:

Zigarettenteig hält sich in einem luftdichten Behälter bis zu 1 Woche im Kühlschrank. Vor der Verwendung auf Zimmertemperatur bringen und mit einem Spatel bearbeiten, so daß er geschmeidig und formbar wird.

GEWÜRZKUCHEN
Pain d'épices

Dieses Rezept habe ich von meinem Freund Denis Ruffel aus der Patisserie Millet in Paris. Ich verwende es als Basis für meine »Lakritztorte mit Birnenfächer« (S. 116).

ZUTATEN:

250 g stark aromatisierter Honig
125 g kräftiges Roggenmehl und 125 g Weizenmehl, zusammengesiebt
20 g Backpulver
125 ml Milch
3 Eier
50 g Zucker
1 TL gemahlener Zimt
1 Prise geriebene Muskatnuß
1 Prise Anissamen, zerstoßen
30 g kandierte Orangen- und Zitronenschale, fein gehackt
Ein paar Tropfen Vanille- oder Zitronenessenz

Für 8 Personen

Vorbereitungszeit:
20 Minuten

Backzeit:
ca. 1 Stunde, je nach Höhe

DIE KUCHENMISCHUNG: In einem Topf den Honig bei niedriger Temperatur erwärmen, bis er vollständig flüssig ist. Von der Kochstelle nehmen und auf ca. 25 °C abkühlen lassen.

Die gesiebten Mehlsorten und das Backpulver in eine Schüssel geben. Den flüssigen Honig darübergießen, dann Milch, Eier und Zucker zugeben und alles zu einem glatten, cremigen Teig verrühren. Schließlich Zimt, Muskat, Anissamen, kandierte Schale und die gewählte Essenz zufügen. Der Teig sollte geschmeidig, glatt und ein wenig elastisch sein.

Den Backofen auf 160 °C (Gasherd Stufe 1–2) vorheizen.

DEN KUCHEN BACKEN: Die Mischung in die vorbereitete Kuchenform geben, auf ein Backblech stellen und 30 Minuten im vorgeheizten Backofen backen. Anschließend ein zweites Backblech unter das erste schieben und den Kuchen weitere 30 Minuten backen. Den gebackenen Kuchen in der Form 15 Minuten abkühlen lassen, dann aus der Form auf einen Kuchenrost stülpen und bei Zimmertemperatur auskühlen lassen.

SERVIERVORSCHLAG: Das Papier von dem kalten Kuchen lösen, den Kuchen in Scheiben schneiden und servieren. Ich reiche dazu meist eine Tasse Tee oder heiße Schokolade.

SPEZIALGERÄTE:

1 Kuchenform, 24 x 10 x 8 cm, mit eingefettetem Backpapier oder Backtrennpapier ausgelegt
2 Backbleche

ANMERKUNGEN:

Nach Wunsch den Kuchen unmittelbar nach dem Backen mit einer dünnen Schicht Aprikosenmarmelade und dann mit Zitronenguß überziehen (siehe »Kleine Zitronenkuchen«, S. 179)

Dieser Gewürzkuchen hält sich bis zu 1 Woche in einem luftdichten Behälter bei Zimmertemperatur.

BISKUIT- UND MERINGEBÖDEN

Diesen süßen Böden kommt in der Patisserie größte Bedeutung zu. Weich, leicht oder knusprig, sind sie die elegante Umhüllung oder Grundlage für Torten, einzelne Desserts und kleine Kuchen. Ihre Farbpalette erstreckt sich von einem sehr blassen Pastellgelb bis hin zu Goldbraun. Verzierungen, entweder per Hand oder mit dem Spritzbeutel aufgetragen, bringen ihre seidig schimmernde Oberfläche noch besser zur Geltung.

Gefüllt, bedeckt, verziert, mit Mousse, Sahne oder Ganache umhüllt, sind sie ein Augen- und Gaumenschmaus. Doch auch einfach so serviert schmecken sie köstlich zum Nachmittagskaffee.

In Frischhaltefolie eingepackt und an einem kühlen, trockenen Platz gelagert, halten sich diese Böden gewöhnlich zwei bis drei Tage, tiefgefroren bis zu einer Woche.

Löffelbiskuits (siehe dazu Rezept auf S. 32)

BISKUIT- UND MERINGEBÖDEN

HASELNUSS- ODER KOKOSNUSS-DACQUOISE
Dacquoise noisette ou coco

Außen knusprig, innen zart und sehr süß, hat eine Dacquoise Ähnlichkeit mit einer Makrone.
Ich verwende sie für meine »Mokka-Parfaits« (S. 75).

ZUTATEN:

150 g Eiweiß
100 g Zucker
60 g sehr fein gemahlene Mandeln
180 g sehr fein gemahlene Haselnüsse oder 160 g sehr fein geraspelte Kokosnuß
250 g Puderzucker, gesiebt

Ergibt eine 60 x 40 cm große Lage

Zubereitungszeit: 15 Minuten

Backzeit: 15–18 Minuten

VORBEREITUNG: Die gemahlenen Mandeln, Haselnüsse oder die geraspelte Kokosnuß mit dem Puderzucker gründlich mischen. Das Eiweiß halb aufschlagen, dann den Zucker zugeben und weiterschlagen, bis es ganz steif ist. Die Nuß- und Puderzuckermischung über das Eiweiß streuen und mit einem Schaumlöffel vorsichtig unterheben, bis alles gut vermengt ist, aber nicht zu stark bearbeiten.

DIE DACQUOISE AUSBREITEN UND BACKEN: Den Backofen auf 180 °C (Gasherd Stufe 2–3) vorheizen.

Das Backblech mit dem Papier auslegen und die Dacquoise-Mischung mit Hilfe einer Palette in einer ca. 7 mm dicken Schicht darauf verteilen. Sogleich 15–18 Minuten backen; nach 15 Minuten zur Probe mit den Fingerspitzen leicht auf die Mitte des Biskuitteigs drücken. Der Teig sollte oben schön fest, aber in der Mitte noch etwas weich sein. Die Dacquoise aus dem Backofen nehmen und sofort mit dem Papier auf einen Kuchenrost gleiten lassen. Bei Zimmertemperatur abkühlen lassen. Wenn sie fast kalt ist, das Papier entfernen und die Dacquoise sofort verwenden.

SPEZIALGERÄTE:

60 x 40 cm großes Backblech
Eingefettetes und leicht bemehltes Backpapier oder beschichtetes Backtrennpapier

ANMERKUNG:

Die Dacquoise hält sich, in Frischhaltefolie eingewickelt, mindestens 1 Woche im Tiefkühlfach.

BISKUIT JOCONDE
Biscuit joconde

Dieser feine, zarte Biskuitteig wird als Boden für Desserts mit Mousse oder Bavaroise verwendet.

ZUTATEN:

375 g Mischung aus gemahlenen Mandeln und Puderzucker zu gleichen Teilen, zusammengesiebt
5 Eier plus 5 Eiweiß zusätzlich
25 g Zucker
40 g Butter, zerlassen und abgekühlt
50 g Mehl

Ergibt eine 60 x 40 cm große Lage

Zubereitungszeit: 15 Minuten

Backzeit: 2–3 Minuten

Den Backofen auf 250 °C (Gasherd Stufe 6) vorheizen.

Die Nuß-Puderzucker-Mischung und die 5 Eier in einer Rührschüssel mit einem Handrührgerät auf höchster Stufe verquirlen, bis die Masse cremig wird. Das Eiweiß gut aufschlagen, dann den Zucker zugeben und auf höchster Stufe weiterschlagen, bis es sehr steif ist. Mit einem Schaumlöffel oder Spatel zuerst die zerlassene Butter, dann das Mehl unter die Eiermischung heben. Ein Drittel von dem Eiweiß unterziehen, dann das restliche Eiweiß zugeben und ganz behutsam unterheben, bis alles gut vermengt ist. Nicht zu stark mischen.

Mit einer Palette die Mischung auf dem Backpapier ca. 3 mm dick verteilen. Sofort 2–3 Minuten backen, bis der Biskuit bei der Fingerprobe soeben fest, aber noch feucht ist; dann mit dem Papier auf einen Rost schieben und abkühlen lassen. Das Papier erst unmittelbar vor der Verwendung des Teigs entfernen.

SPEZIALGERÄTE:

60 x 40 cm großes Backblech, ausgelegt mit Backtrennpapier

ANMERKUNG:

Bei Reduzierung der angegebenen Mengen ist es nicht leicht, zu ebenso guten Ergebnissen zu gelangen. Wenn nur die halbe Menge erforderlich ist, sollte man trotzdem die angegebene Menge zubereiten und die Hälfte des Teigs einfrieren. Dazu den Teig flach auf Papier ausbreiten oder zu einer Biskuitrolle aufrollen.

BISKUIT- UND MERINGEBÖDEN

BISKUITTEIG FÜR EINE BISKUITROLLE
Biscuit roulé

Diesen Biskuit kann man bestreichen und aufrollen
oder mit Chantilly-Sahne (S. 42) aufschichten.

ZUTATEN:
*4 Eier plus 3 Eigelb zusätzlich
85 g Zucker
35 g Mehl
40 g Kartoffelstärke*

Ergibt eine 60 x 40 cm große Lage

*Zubereitungszeit:
20 Minuten*

*Backzeit:
ca. 6 Minuten, je nach Größe*

DIE GRUNDMISCHUNG: Die ganzen Eier trennen und Eiweiß und Eigelb in separate Rührschüsseln geben. Das Eigelb mit zwei Dritteln des Zuckers cremig schlagen. Das Eiweiß gut aufschlagen, dann den restlichen Zucker zugeben und auf höchster Stufe 1 Minute weiterschlagen, bis es sehr steif ist.

Mit einem Schaumlöffel ein Drittel des Eiweiß unter die Eigelbmasse heben und gut vermengen. Das restliche Eiweiß auf einmal zugeben und vorsichtig unter die Mischung heben. Ehe die Masse vollständig homogen ist, das Mehl und die Kartoffelstärke hineinsieben und dabei ständig weitermischen. Den Vorgang beenden, sobald die Mischung ganz glatt ist, sonst verliert sie ihre Lockerheit.

Den Backofen auf 220 °C (Gasherd Stufe 4–5) vorheizen.

BISKUITROLLE: Die Mischung mit einer Palette auf einen Bogen Pergament- oder Backtrennpapier verteilen oder aber einen Spritzbeutel mit einer 5 bis 15 mm großen Tülle benutzen, je nach gewünschtem Effekt.

Das Papier auf ein Backblech gleiten lassen und bei Verwendung einer 5 mm großen Tülle den Teig etwa 6 Minuten im Backofen backen, bei einer größeren Tülle länger. Den gebackenen Biskuitteig auf ein Geschirrtuch stürzen und sofort vorsichtig das Papier entfernen. Abkühlen lassen, füllen und aufrollen.

SPEZIALGERÄTE:
*60 x 40 cm großes Backblech
1 Bogen Backtrennpapier*

BISKUITTEIG FÜR LÖFFELBISKUITS ODER DESSERTBÖDEN
Biscuits à la cuillère

ZUTATEN:
*6 Eier
190 g Zucker
180 g Mehl
30 g Puderzucker (nur für Löffelbiskuits)*

Ergibt ca. 600 g

*Zubereitungszeit:
20 Minuten*

*Backzeit:
8 Minuten für Löffelbiskuits, 20–25 Minuten für einen Dessertboden*

Die Teigmischung nach obigem Rezept zubereiten. Den Backofen auf 220 °C (Gasherd Stufe 4–5) vorheizen. Mit einem Spritzbeutel mit einer 15-mm-Lochtülle 10 cm lange Löffelbiskuits auf ein mit Backtrennpapier ausgelegtes Backblech dressieren. Leicht mit Puderzucker bestäuben, 5 Minuten ruhen lassen, dann erneut mit Puderzucker bestäuben und 8 Minuten im Backofen backen. Die Löffelbiskuits mit einer Palette vom Papier heben, bevor sie ganz ausgekühlt sind, und auf einen Rost legen.

DESSERTBODEN: Die Mischung in eine leicht eingefettete und bemehlte Kuchenform von 22–24 cm Durchmesser füllen und bei 190 °C (Gasherd Stufe 3) 20–25 Minuten backen, je nach Dicke des Bodens. Auf einen Rost stürzen, sobald der Teig gar ist.

SPEZIALGERÄTE:
Backblech, ausgelegt mit Backtrennpapier, oder eine Kuchenform von 22–24 cm Durchmesser und 4 cm Höhe.

ANMERKUNG:
Den Biskuitteig am Tag der Zubereitung verwenden, damit er nicht austrocknet und seinen feinen Geschmack verliert.

Ausgehöhlter Genueser Biskuit gefüllt mit Kirschen in Sirup

GENUESER BISKUIT
Génoise nature

ZUTATEN:

250 g Zucker
8 Eier
250 g Mehl
50 g lauwarme geklärte Butter (nach Wunsch)
25 g Butter und 1 Prise Mehl für die Backformen

Ergibt ca. 1 kg (2 Biskuitböden von 22 cm Durchmesser oder einen von 40 cm im Quadrat)

*Zubereitungszeit:
ca. 25 Minuten*

*Backzeit:
ca. 30 Minuten*

Den Backofen auf 190 °C (Gasherd Stufe 3) vorheizen.

Zucker und Eier mit einem elektrischen Rührgerät verrühren. Die Schüssel in ein Wasserbad stellen und weiterrühren, bis die Mischung eine Temperatur von 40 °C erreicht. Die Schüssel aus dem Wasserbad nehmen und die Mischung 5 Minuten rühren, bis sie gut aufgegangen ist, dann auf einer kleineren Stufe weitere 5 Minuten rühren, bis die Mischung abgekühlt und cremig ist.

Das Mehl hineinsieben und mit einem flachen Schaumlöffel oder Spatel behutsam unter die Mischung heben. Nicht zu kräftig bearbeiten. Falls verwendet, nun die geklärte Butter zugeben. Die Mischung auf zwei leicht eingefettete und bemehlte Backformen verteilen oder in eine große Form füllen und sofort backen. In der 22-cm-Form braucht der Teig 30 Minuten; ein sehr großer Kuchen benötigt ca. 50 Minuten. Ob der Kuchen gar ist, prüft man, indem man in der Mitte mit einem Holzstäbchen hineinsticht; beim Herausziehen sollte kein Teig am Stäbchen haften. Sobald er ausgebacken ist, den Biskuit aus der Form auf einen Rost stürzen und vollständig auskühlen lassen; dabei alle 15 Minuten um ein Viertel drehen, damit er nicht am Rost haftenbleibt.

SCHOKOLADEN-GÉNOISE: Statt 250 g nur 200 g Mehl und 75 g ungesüßten Kakao zusammensieben und wie oben beschrieben fortfahren.

SPEZIALGERÄTE:

2 Backformen von 22 cm Durchmesser oder 1 Form von 40 cm im Quadrat

ANMERKUNGEN:

Genueser Biskuit backt man am besten einen Tag im voraus, da er sich dann besser schneiden läßt, ohne seine Form zu verlieren. In Frischhaltefolie eingepackt, hält er sich im Kühlschrank 3 Tage, tiefgefroren bis zu 2 Wochen.

Soll der Kuchen einfach so serviert werden, läßt sich der Geschmack durch die Zugabe von geklärter Butter erheblich verbessern. Ausgehöhlt und mit Früchten gefüllt, schmeckt er ebenfalls köstlich.

BISKUIT- UND MERINGEBÖDEN

WALNUSSBISKUIT
Biscuit aux noix

ZUTATEN:

MISCHUNG 1
80 g Eigelb, gemischt mit 30 g Eiweiß und 50 g flüssigem Honig

MERINGE
*150 g Eiweiß
50 g Zucker*

MISCHUNG 2
50 g Walnußkerne, feingehackt, gemischt mit 10 g löslichem Kaffee und 60 g Mehl

Ergibt eine 60 x 40 cm große Lage

*Zubereitungszeit:
10 Minuten*

*Backzeit:
10 Minuten*

MISCHUNG 1: Den Backofen auf 180 °C (Gasherd Stufe 2–3) vorheizen. Die Mischung 1 mit einem elektrischen Rührgerät cremig schlagen, dann in eine weite Schüssel geben.

DIE MERINGE: Die 150 g Eiweiß mit dem Rührgerät halb aufschlagen, dann den Zucker zufügen und das Eiweiß so steif schlagen, daß es Spitzen bildet.

DEN BISKUIT MISCHEN: Ist die Meringe fertig, sofort die Mischung 2 auf die Mischung 1 streuen und mit einem Spatel unterheben, dann vorsichtig die Meringe unterheben, aber nur so lange mischen, bis die Masse homogen ist.

DEN BISKUIT AUF DAS BACKBLECH STREICHEN UND BACKEN: Mit einer Palette den Biskuit auf der ganzen Fläche des Backtrennpapiers verteilen und im vorgeheizten Backofen 10 Minuten backen.

Anschließend den Biskuit mit dem Backpapier sofort auf ein Gitter gleiten lassen und bei Zimmertemperatur vollständig auskühlen lassen. Erst dann das Backpapier entfernen.

SPEZIALGERÄTE:
60 x 40 cm großes Backblech, ausgelegt mit leicht eingefettetem und bemehltem Backpapier oder mit Backtrennpapier

ANMERKUNG:
Den Biskuit sofort nach dem Abkühlen verwenden oder nach dem Entfernen des Papiers in Frischhaltefolie einwickeln, wie eine Biskuitrolle aufrollen und einfrieren; er hält sich mindestens 1 Woche.

SCHOKOLADENBISKUIT
Biscuit chocolat

ZUTATEN:

*240 g bittere Kuvertüre oder Blockschokolade bester Qualität, gehackt
50 g Butter, gewürfelt
60 g Eigelb
250 g Eiweiß
90 g Zucker*

Ergibt eine 60 x 40 cm große Lage oder 1 Kuchen von 24 cm Durchmesser

*Zubereitungszeit:
15 Minuten*

*Backzeit:
8 Minuten für eine Lage, 35 Minuten für einen runden Kuchen*

DIE TEIGMISCHUNG: Die Kuvertüre oder Schokolade in einer Schüssel im Wasserbad bei 40 °C schmelzen. Die gewürfelte Butter zugeben und mit einem Spatel vermischen.

Den Backofen auf 180 °C (Gasherd Stufe 2–3) vorheizen.

Das Eigelb in einer Schüssel zusammen mit 20 g Zucker schaumig schlagen, bis die Masse zartgelb wird. Das Eiweiß schlagen, bis es halb fest ist, dann den restlichen Zucker zufügen und schlagen, bis die Masse ganz steif, glänzend und glatt ist. Das Eigelb zugeben und mit einem Spatel vorsichtig unterheben, dann behutsam die geschmolzene Schokolade untermischen.

DEN BISKUIT BACKEN: Die Mischung sofort mit einer Palette auf dem Backtrennpapier bis zu 5 mm dick verteilen oder in den vorbereiteten Tortenring gießen. Die Lage im vorgeheizten Backofen 8 Minuten backen, den Kuchen 35 Minuten. Den ausgebackenen Biskuit auf einen Kuchenrost stellen und nach dem Auskühlen verwenden.

SPEZIALGERÄTE:
Backtrennpapier oder ein leicht eingefetteter Tortenring, 24 cm Durchmesser, 5 cm hoch

ANMERKUNG:
Dieser lockere Biskuitboden enthält kein Mehl, so daß er äußerst zerbrechlich und zart ist.

BISKUIT- UND MERINGEBÖDEN

MERINGEÜBERZUG MIT EIGELB
Meringage aux jaunes d'œuf

Diese Meringe wird häufig zum Umhüllen von Desserts und Cremes verwendet, dann 30 Sekunden unter dem Salamander oder mit einem Brennstab glasiert. Ich verwende sie in meinem Rezept für »Orangen mit Soufflé-Füllung und Karamelsauce« (S. 84).

ZUTATEN:
5 Eigelb plus 50 g Puderzucker
5 Eiweiß plus 100 g Puderzucker

Ergibt 400 g
Zubereitungszeit: 15 Minuten

Mit einem elektrischen Rührgerät oder einem Schneebesen das Eigelb mit 50 g Zucker cremig schlagen, dann bei Zimmertemperatur stehenlassen.
 Jetzt das Eiweiß mit den 100 g Zucker schlagen, bis es ganz glatt und steif ist (mit einem elektrischen Rührgerät oder einem Schneebesen). Mit einem Spatel die beiden Mischungen behutsam untereinander heben. Die Meringe ist nun fertig und muß umgehend verwendet werden, damit sie nicht an Lockerheit und Volumen verliert.

ANMERKUNG:
Das Eigelb für diese Meringe kann mit etwas Vanille oder einem Hauch Instantkaffee oder Kakaopulver aromatisiert werden.

MERINGEÜBERZUG AUS EIWEISS
Meringage aux blancs d'œuf

Diese Meringe wird ebenso wie die mit Eigelb zum Glasieren von Feingebäck und Desserts verwendet, ihre Textur ist allerdings nicht so vollmundig und zart. Welcher Meringe Sie den Vorzug geben, bleibt allein Ihrem Geschmack überlassen.

ZUTATEN:
5 Eiweiß
250 g Zucker

Ergibt 400 g
Zubereitungszeit: 7 Minuten

Mit einem elektrischen Rührgerät oder einem Schneebesen das Eiweiß und die Hälfte des Zuckers aufschlagen, bis die Masse halb steif ist.
 Den restlichen Zucker zufügen und so lange weiterschlagen, bis sich eine ganz steife, glatte und glänzende Konsistenz ergibt. Die Meringe muß nun umgehend verwendet werden.

ANMERKUNG:
Der Meringeüberzug wird häufig auf das Dessert gespritzt; mit Hilfe eines Spritzbeutels mit Stern- oder Lochtülle lassen sich hübsche Ergebnisse erzielen.

BISKUIT- UND MERINGEBÖDEN

ITALIENISCHE MERINGE
Meringue italienne

Diese Meringe verwende ich in all meinen Mousses und in den Rezepten »Chiboust-Creme« (S. 39) und »Buttercreme« (S. 41).

ZUTATEN:
80 ml Wasser
360 g Zucker (oder für eine weiche Meringe 50 g, für eine feste 70 g Zucker pro Eiweiß)
30 g Glukosesirup (nach Wunsch)
6 Eiweiß

Ergibt ca. 600 g

Zubereitungszeit:
7 Minuten

Backzeit:
15–20 Minuten

Das Wasser in den Topf gießen und den Zucker und – falls gewünscht – den Glukosesirup zufügen. Bei mittlerer Temperatur unter ständigem Rühren mit einem Holzlöffel zum Kochen bringen. Die Oberfläche abschäumen und den Innenrand des Topfes mit einem in kaltes Wasser getauchten Backpinsel abwischen. Die Temperatur erhöhen und das Zuckerthermometer hineinsetzen.

Wenn die Temperatur des Zuckers 110 °C erreicht, das Eiweiß mit einem Rührgerät steif schlagen. Dabei den Zucker im Auge behalten und von der Kochstelle nehmen, wenn er 121 °C heiß ist.

Sobald das Eiweiß steif ist, das Rührgerät auf die kleinste Stufe stellen und den heißen Zucker langsam und gleichmäßig zugießen, ohne daß er mit dem Rührbesen in Berührung kommt. Bei niedriger Geschwindigkeit ca. 15 Minuten weiterschlagen, bis die Mischung fast kalt ist (ca. 30 °C). Die Meringe ist jetzt fertig und kann verwendet werden.

SPEZIALGERÄTE:
Schwerer Zuckertopf
Zuckerthermometer

ANMERKUNGEN:
Glukose verhindert die Bildung von Zuckerkristallen, ist aber nicht unbedingt erforderlich.

Eine Italienische Meringe gelingt nicht so gut, wenn man die Zutatenmengen verringert. In einem luftdichten Behälter hält sie sich mehrere Tage im Kühlschrank.

FRANZÖSISCHE MERINGE
Meringue française

Dieses Rezept verwende ich für meine »Meringekissen mit glasierten Maronen« (S. 74) und für Baisertörtchen mit Eis- oder Sorbetfüllung.

ZUTATEN:
100 g Eiweiß
170 g Puderzucker, gesiebt

Ergibt 9 doppelte Meringen (ca. 270 g)

Zubereitungszeit:
15 Minuten

Backzeit:
1 Stunde 50 Minuten

Linke Seite: Ein Stapel knusprige Französische Meringen

DIE MERINGEMISCHUNG: Mit einem elektrischen Rührgerät oder mit der Hand das Eiweiß und die Hälfte des Puderzuckers halbfest schlagen. Den restlichen Zucker zugeben und so lange schlagen, bis die Mischung fest, glänzend und homogen ist.

Den Backofen auf 100 °C (Gasherd Stufe 1/2) vorheizen.

DIE MERINGEN SPRITZEN: Mit einem Spritzbeutel mit Sterntülle achtzehn 8 cm lange Meringen auf das Backpapier spritzen bzw. mit einer Lochtülle achtzehn Kugeln von 5 cm Durchmesser.

DIE MERINGEN BACKEN: Das Backpapier auf ein Backblech legen und die Meringen 1 Stunde 50 Minuten im Backofen backen. Auf dem Papier bei Zimmertemperatur abkühlen lassen, dann die Meringen vom Papier lösen, auf einen Rost legen und an einen trockenen Platz stellen.

SCHOKOLADENMERINGE: Nur 150 g Puderzucker verwenden. Am Schluß 30 g ungesüßtes Kakaopulver kurz unterrühren.

SPEZIALGERÄTE:
Spritzbeutel mit 14-mm-Sterntülle oder 12-mm-Lochtülle
Backtrennpapier

ANMERKUNGEN:
Die Meringen halten sich in einem luftdichten Behälter an einem trockenen Ort mehrere Tage.

Ein Umluftherd eignet sich am besten für die Zubereitung von Französischen Meringen; sie werden dann schön locker, sind außen knusprig und innen zart.

Cremes, Mousses und Bavaroises

Diese süßen Cremes mit ihren leuchtenden oder zarten Farben werden zum Garnieren, Füllen oder Überziehen von Kuchen, Torten und Desserts verwendet. CREMES benutzt man stets für Obsttorten. Häufig werden verschiedene Cremes miteinander gemischt (zum Beispiel Konditorcreme mit Mandelcreme). Sie schmecken köstlich und sind nicht besonders kalorienreich. Die meisten meiner MOUSSES UND BAVAROISES bestehen aus Obst, leicht geschlagener Sahne und Italienischer Meringe, mit ein wenig Gelatine, damit sie ihre Form und Konsistenz behalten. Gelatine bitte sparsam verwenden; sie soll nur dafür sorgen, daß die Creme von der Zubereitung bis zum Verzehr locker bleibt. Zu viel davon macht das Dessert unangenehm zäh. Besonders gehaltvolle Mousses, die aus einer Bombenmischung und Sahne bereitet werden, kann man auch gefroren als zart-schmelzende Parfaits servieren.

Cremes, Mousses und Bavaroises gelingen nicht, wenn man sie in kleinen Mengen zubereitet, da sie so ihre lockere Textur verlieren. Sie lassen sich jedoch sehr gut einfrieren und können so die Grundlage für ein neues oder abgewandeltes Dessert bilden.

Dressieren von Chiboust-Creme auf einer Prinzeß-tarte mit Blaubeeren (siehe Rezept S. 132)

CREMES, MOUSSES UND BAVAROISES

KONDITORCREME
Crème pâtissière

ZUTATEN:
6 Eigelb
125 g Zucker
40 g Mehl
500 ml Milch
1 Vanilleschote, längs geschlitzt
Etwas Butter oder Puderzucker, zum Kühlen

Ergibt ca. 750 g

Zubereitungszeit: 15 Minuten

In einer Schüssel das Eigelb mit etwa einem Drittel des Zuckers rühren, bis die Masse cremig und blaßgelb wird. Das Mehl einsieben und gut untermischen.

In einem Topf die Milch mit dem restlichen Zucker und der Vanilleschote zum Kochen bringen. Sobald die Flüssigkeit köchelt, etwa ein Drittel davon unter ständigem Rühren über die Eimischung gießen. Diese Eiercreme zurück in den Topf geben und bei sehr niedriger Temperatur unter ständigem Rühren zum Kochen bringen. 2 Minuten köcheln lassen, dann in eine Schüssel geben. Die Oberfläche mit ein paar Butterflöckchen belegen oder mit etwas Puderzucker bestreuen, damit sich keine Haut bildet, wenn die Konditorcreme abkühlt.

MOKKA- ODER SCHOKOLADEN-KONDITORCREME: Statt der Vanille etwas Instantkaffee oder Kakaopulver nehmen. Bei der Verwendung von Kakao etwas weniger Mehl, dafür etwas mehr Zucker verwenden.

ANMERKUNG:
Konditorcreme hält sich im Kühlschrank bei 5°C 36 Stunden.

CHIBOUST-CREME
Crème Chiboust

Diese zarte Creme verwende ich für meine »Liebesnester mit roten Johannisbeeren« (S. 80) und »Prinzeßtarte mit Blaubeeren« (S. 132).

ZUTATEN:
6 Eigelb
80 g Zucker
30 g Puddingpulver
350 ml Milch
½ Vanilleschote, längs geschlitzt
Von 6 Eiweiß frisch zubereitete »Italienische Meringe« (S. 37), lauwarm abgekühlt
2 Blatt Gelatine, in kaltem Wasser eingeweicht und gut abgetropft
50 ml Curaçao, Grand Marnier oder Rum
Etwas Butter, zum Kühlen

Ergibt 1,3 kg

Zubereitungszeit: 25 Minuten

DIE KONDITORCREME: In einer Schüssel das Eigelb mit einem Drittel des Zuckers verrühren, bis die Masse blaßgelb und leicht cremig wird. Das Puddingpulver hineinsieben und gut vermischen. In einem Topf die Milch mit dem restlichen Zucker und der Vanille aufkochen. Sobald die Flüssigkeit köchelt, etwa ein Drittel davon unter ständigem Rühren über die Eimischung gießen. Diese Mischung zurück in den Topf geben und bei niedriger Temperatur unter ständigem Rühren zum Kochen bringen. 2 Minuten köcheln lassen, dann den Topf von der Kochstelle nehmen. Den Alkohol erwärmen, die Gelatine darin auflösen und in die Konditorcreme einrühren. In eine Schüssel geben, die Vanilleschote entfernen, die Oberfläche mit Butterflöckchen belegen und die Mischung abkühlen lassen, bis sie lauwarm ist (sie sollte die gleiche Temperatur haben wie die Meringe).

DIE CHIBOUST-CREME: Mit einem Schneebesen ein Drittel der lauwarmen Meringe unter die lauwarme Konditorcreme mischen, dann mit einem Spatel vorsichtig den Rest unterheben. Wenn die Creme homogen ist, nicht weitermischen, da sie sonst an Luftigkeit verliert.

SCHOKOLADEN-CHIBOUST-CREME: 75 g geschmolzene bittere Kuvertüre oder Zartbitterschokolade unter die fertige Konditorcreme rühren und nur 20 g Puddingpulver verwenden.

ANMERKUNG:
Chiboust-Creme muß direkt nach dem Untermischen der Meringe verwendet werden; der Boden des Desserts sollte also vor der Creme fertig sein.

Das fertige Dessert kann 3–4 Tage eingefroren werden.

CREMES, MOUSSES UND BAVAROISES

CRÈME ANGLAISE

Servieren Sie diese delikate Creme gut gekühlt zu Kuchen oder Beerenfrüchten.

ZUTATEN:
12 Eigelb
250 g Zucker
1 l Milch
1 Vanilleschote, längs geschlitzt

Ergibt ca. 1,5 l

Zubereitungszeit: 15 Minuten

Das Eigelb mit einem Drittel des Zuckers in einer Schüssel cremig schlagen. Die Milch mit dem restlichen Zucker und der Vanille zum Kochen bringen und unter ständigem Rühren in die Eigelbmischung gießen. Die Mischung zurück in den Topf geben und unter ständigem Rühren mit einem Holzlöffel langsam auf 80 °C erhitzen, bis die Creme soeben eindickt und am Löffel haftet. Nicht kochen lassen.

Die Creme durch ein Spitzsieb in eine Schüssel passieren und an einem kühlen Ort vollständig erkalten lassen. Gelegentlich rühren, damit sich keine Haut bildet.

CRÈME ANGLAISE MIT MOKKA- ODER SCHOKOLADENAROMA: Statt der Vanilleschote 3 Eßlöffel Instantkaffee oder 100 g geschmolzene Block- oder Zartbitterschokolade nehmen.

ANMERKUNGEN:
Wer eine nicht ganz so reichhaltige Creme wünscht, reduziere die Zahl der Eigelb, doch pro Liter Milch sind mindestens 8 Eigelb erforderlich.

Die Crème anglaise läßt sich im Kühlschrank bei 5 °C 48 Stunden aufbewahren. Vor der Verwendung durch ein Spitzsieb streichen.

CREMES, MOUSSES UND BAVAROISES

BUTTERCREME
Crème au beurre

Meine Buttercreme-Version ist nicht zu reichhaltig oder schwer und eignet sich für viele Desserts auf Biskuitbasis.

ZUTATEN:
175 ml Wasser
450 g Zucker
*40 g flüssige Glukose
(nach Wunsch)*
6 Eiweiß
700 g Butter, gewürfelt, mit Zimmertemperatur

Ergibt ca. 1,5 kg

*Zubereitungszeit:
20 Minuten*

DIE ITALIENISCHE MERINGE: Die Italienische Meringe nach dem Rezept auf S. 37 zubereiten und dazu alle hier angegebenen Zutaten außer der Butter verwenden. In der Rührschüssel abkühlen lassen, bis sie lauwarm ist.

DIE BUTTERCREME: Die weiche Butter nach und nach in die Meringe geben und mit einem elektrischen Rührgerät mit niedriger Geschwindigkeit etwa 5 Minuten schlagen, bis die Buttercreme ganz glatt und homogen ist.

MOKKA-BUTTERCREME: Die Buttercreme mit in sehr wenig Wasser aufgelöstem Instantkaffee abschmecken.

ANMERKUNG:
Buttercreme kann in einem luftdichten Behälter im Kühlschrank 1 Woche aufbewahrt werden. Vor der Verwendung 1 Stunde bei Zimmertemperatur stehenlassen, dann gut rühren, bis sie weich wird.

*Von links nach rechts:
Chantilly-Sahne; Karamelmousse; Schokoladenmousse*

CREMES, MOUSSES UND BAVAROISES

MOUSSELINE-CREME
Crème mousseline

Diese leichte Creme verwende ich zum Füllen von Torten und Tortelettes und für meine »Marzipanfeigen« (S. 68).

ZUTATEN:

KONDITORCREME
*4 Eier plus 2 Eigelb
220 g Zucker
50 g Mehl
500 ml Milch*

*250 g Butter mit Zimmertemperatur, fein gewürfelt
Aromazutat nach Wahl
(z.B. Karamel, Schokolade, Kaffee, Grand Marnier)*

Ergibt ca. 1,3 kg

Zubereitungszeit: 30 Minuten

DIE KONDITORCREME: Nach dem Rezept auf S. 39 unter Verwendung aller hier angegebenen Zutaten bis auf die Butter und die Aromazutat zubereiten.

DIE MOUSSELINE-CREME: Unmittelbar nach Zubereitung der Konditorcreme den Topf von der Kochstelle nehmen und mit einem Schneebesen ein Drittel der gewürfelten Butter unterschlagen. In eine Schüssel füllen und an einen kühlen Ort stellen; hin und wieder umrühren, damit sich keine Haut bildet und die Creme schneller abkühlt.

Mit einem elektrischen Rührgerät die restliche Butter auf niedrigster Stufe ca. 3 Minuten schlagen, bis sie blaßgelb ist. Das Rührgerät auf mittlere Stufe stellen und nach und nach die abgekühlte Konditorcreme zugeben. 5 Minuten schlagen, bis die Mousseline schön locker und cremig ist. Die Mousseline-Creme einfach so verwenden oder das gewünschte Aroma zufügen.

ANMERKUNG:
Mousseline-Creme hält sich gut bis zu 4 Tagen im Kühlschrank. In einem luftdichten Behälter oder einer mit Frischhaltefolie abgedeckten Schüssel aufbewahren.

CHANTILLY-SAHNE
Crème Chantilly

Ich verwende in meinem Rezept »Schwarzweiße Torte Saint-Honoré« (S. 106) Chantilly-Sahne mit Schokoladen- und Vanillegeschmack.

ZUTATEN:

*500 ml gut gekühlte Schlagsahne oder 425 ml gekühlte Crème double, gemischt mit 75 ml sehr kalter Milch
50 g Puderzucker oder
50 ml »Sorbetsirup«
(S. 144)
Vanillepuder oder -extrakt
(Menge nach Geschmack)*

Ergibt ca. 600 g

Zubereitungszeit: 8 Minuten

Die gekühlte Sahne, Zucker oder Sirup und Vanille in eine gekühlte Rührschüssel geben und mit dem Elektromixer auf mittlerer Stufe 1–2 Minuten schlagen. Die Geschwindigkeit erhöhen und weitere 3–4 Minuten schlagen, bis die Sahne allmählich eindickt. Sie sollte etwas fester als cremig sein. Nicht zu lange schlagen, sonst wird sie zu Butter.

SCHOKOLADENSAHNE: 150 g Block- oder Zartbitterschokolade im Wasserbad sehr langsam schmelzen. Sie sollte dabei nur gut lauwarm werden. Aus dem Wasserbad nehmen und ein Drittel der Chantilly-Sahne mit dem Schneebesen unter die geschmolzene Schokolade rühren. Diese Mischung vorsichtig mit einem Spatel unter die restliche Chantilly-Sahne heben.

2 Eßlöffel Kakaopulver können notfalls die Schokolade ersetzen. Man gibt sie gleich beim Schlagen der Sahne zu.

MOKKASAHNE: 2 Eßlöffel Instantkaffee in 1 Eßlöffel heißer Milch aufgelöst oder 1 Eßlöffel Kaffee-Extrakt beim Sahneschlagen zugeben.

ANMERKUNG:
Chantilly-Sahne verwendet man am besten direkt nach der Zubereitung; sie kann aber bei 5°C im Kühlschrank 24 Stunden aufbewahrt werden.

FRANGIPANE ODER MANDELCREME
Crème d'amandes

Diese herrliche Mandelcreme verwende ich in meinen »Mandelblätterteigtörtchen« (S. 100).

ZUTATEN:
250 g Butter mit Zimmertemperatur
500 g Mischung zu gleichen Teilen, aus gemahlenen Mandeln und Puderzucker zusammengesiebt
50 g Mehl
5 Eier
50 ml Rum (nach Wunsch)

Ergibt 1,1 kg

Zubereitungszeit: 15 Minuten

Die Butter sehr weich schlagen. Während des Schlagens die Mandel-Puderzucker-Mischung und das Mehl, dann einzeln die Eier zugeben; jedesmal nach dem Zufügen einer Zutat kräftig schlagen, bis die Frangipane locker und homogen ist. Am Schluß den Rum zufügen.

ANMERKUNGEN:
Frangipane hält sich bis zu 1 Woche bei 5°C im Kühlschrank. In einem luftdichten Behälter oder in einer mit Frischhaltefolie abgedeckten Schüssel aufbewahren und 30 Minuten vor der Verwendung aus dem Kühlschrank nehmen.

Wünscht man eine weichere Konsistenz der Mandelcreme, kann man kurz vor der Verwendung zusätzlich 20–30 Prozent Konditorcreme unterrühren.

Mandelblätterteigtörtchen mit Frangipanefüllung

KASTANIENBAVAROISE
Bavaroise aux marrons

Die Bavaroise paßt ausgezeichnet zu Meringe und Schokolade.

ZUTATEN:
300 ml Milch
5 Eigelb
50 g Zucker
4 Blatt Gelatine, in kaltem Wasser eingeweicht und gut abgetropft
400 g gesüßtes Kastanienpüree aus der Dose
500 ml Schlagsahne, cremig geschlagen
30 ml Rum (nach Wunsch)

Ergibt ca. 1,3 kg

Zubereitungszeit: 10 Minuten

DIE KASTANIENCREME: Die Milch in einem Topf zum Kochen bringen. Eigelb und Zucker in einer Schüssel zu einer blaßgelben, cremigen Masse schlagen. Die kochende Milch unter ständigem Rühren zu der Masse gießen, dann die Creme zurück in den Topf geben und unter ständigem Rühren mit einem Holzspatel langsam erwärmen, bis sie so dick ist, daß sie am Löffel haftet. Nicht kochen lassen.

Wenn die Creme fertig ist, den Topf von der Kochstelle nehmen, die Gelatine und das Kastanienpüree einrühren und anschließend die Mischung durch ein feines Sieb in eine Schüssel streichen. Bei Zimmertemperatur stehen lassen und von Zeit zu Zeit schlagen, bis die Mischung gerade noch lauwarm ist.

DIE BAVAROISE MISCHEN: Mit einem Spatel die abgekühlte Kastaniencreme behutsam unter die geschlagene Sahne heben, dann den Rum einrühren. Die Bavaroise ist nun fertig und sollte verwendet werden, bevor die Gelatine eindickt.

CREMES, MOUSSES UND BAVAROISES

LAKRITZBAVAROISE
Bavaroise à la réglisse

Diese Bavaroise verwende ich in meiner »Lakritztorte mit Birnenfächer« (S. 116). Der Lakritzengeschmack paßt auch gut zu leicht karamelisierten Äpfeln und Birnen.

ZUTATEN:
*300 ml Milch
50 g Zucker
5 Eigelb
3 Blatt Gelatine, in kaltem Wasser eingeweicht und gut abgetropft
25 g Lakritzextrakt oder 50 g Lakritzstange, in kleine Stücke geschnitten*

*200 g frisch zubereitete »Italienische Meringe« (S. 37), lauwarm abgekühlt
150 ml Schlagsahne, cremig geschlagen
50 ml Armagnac (nach Wunsch)*

Ergibt ca. 800 g

*Zubereitungszeit:
15 Minuten*

DIE LAKRITZCREME: Die Milch mit der Hälfte des Zuckers in einen Topf geben und zum Kochen bringen. Bei Verwendung einer Lakritzstange nun die Stücke zugeben, damit sie sich in der heißen Milch auflösen.

In der Zwischenzeit das Eigelb mit dem restlichen Zucker in einer Schüssel zu einer blaßgelben, cremigen Masse schlagen. Die kochende Milch unter ständigem Rühren zu der Mischung gießen, dann die Creme zurück in den Topf geben und unter Rühren mit einem Holzspatel langsam erhitzen, bis die Creme eindickt und am Spatel haftenbleibt. Nicht kochen lassen.

Sobald die Creme fertig ist, den Topf von der Kochstelle nehmen, Gelatine und Lakritzextrakt einrühren und die Mischung durch ein feines Sieb in eine Schüssel passieren. Bei Zimmertemperatur stehen lassen, ab und zu rühren, bis die Creme gerade noch lauwarm ist.

DIE BAVAROISE MISCHEN: Die abgekühlte Creme zu der noch lauwarmen Italienischen Meringe gießen und sacht mit einem Schneebesen vermischen. Mit einem Spatel behutsam die geschlagene Sahne (mit dem eventuell beigefügten Armagnac) unterheben. Die Bavaroise ist nun fertig und sollte verwendet werden, bevor die Gelatine eindickt.

APFELBAVAROISE
Bavaroise aux pommes

Diese schmackhafte, lockere Bavaroise verwende ich in meiner »Apfelcharlotte mit knusprigen Apfelchips« (S. 113).

ZUTATEN:
*350 ml naturreiner Apfelsaft
5 Eigelb
35 g Zucker plus 100 g zum Braten der Äpfel
4 Blatt Gelatine, in kaltem Wasser eingeweicht und gut abgetropft*

DIE APFELCREME: Den Apfelsaft in einen Topf gießen und so lange kochen lassen, bis sich die Flüssigkeit um ein Drittel verringert hat. Währenddessen in einer Schüssel das Eigelb mit 35 g Zucker zu einer blaßgelben, cremigen Mischung schlagen. Den kochenden Apfelsaft unter ständigem Rühren zu der Mischung gießen. Die Creme zurück in den Topf geben und bei niedriger Temperatur unter vorsichtigem Rühren mit einem Holzspatel erhitzen, bis die Creme eindickt und am Spatel haften bleibt. Nicht kochen lassen.

Sobald die Creme fertig ist, den Topf von der Kochstelle nehmen, die

CREMES, MOUSSES UND BAVAROISES

2 Äpfel, Gesamtgewicht ca. 300 g
Saft von ½ Zitrone
50 g Butter
100 ml Calvados

100 g Apfelpüree
200 g frisch zubereitete »Italienische Meringe« (S. 37), abgekühlt
500 ml Schlagsahne, cremig geschlagen

Ergibt ca. 1,6 kg

Gelatine einrühren, dann die Creme durch ein feines Sieb in eine Schüssel streichen. Bei Zimmertemperatur stehenlassen und von Zeit zu Zeit schlagen, bis die Creme fast ganz kalt ist.

DIE ÄPFEL: Schälen, Kerngehäuse entfernen, in ganz kleine Würfel schneiden und mit dem Zitronensaft vermischen. Die Butter in einer Pfanne erhitzen, die gewürfelten Äpfel zugeben und bei hoher Temperatur 2 Minuten braten. Die 100 g Zucker zugeben und weitere 2 Minuten unter ständigem Rühren kräftig braten. Die Hälfte des Calvados zugießen und flambieren, dann die Äpfel sofort in eine Schüssel geben und an einen kühlen Platz stellen.

DIE BAVAROISE MISCHEN: Die abgekühlten Apfelwürfel, das Apfelpüree und den restlichen Calvados mit der fast kalten, halb eingedickten Creme vermischen. Mit einem Spatel vorsichtig die gut abgekühlte Italienische Meringe und schließlich die geschlagene Sahne unterheben, bis die Mischung glatt ist. Die Bavaroise ist nun fertig und sollte verwendet werden, bevor die Gelatine eindickt.

BIRNENBAVAROISE
Bavaroise aux poires

Ein wunderbar leichtes Dessert erhält man, wenn man einige in Sirup pochierte Birnenwürfel unter die Bavaroise hebt und sie zwischen Scheiben »Genueser- oder Joconde-Biskuit« schichtet (S. 33 und 31).

ZUTATEN:

350 ml Birnensirup, stark mit Vanille aromatisiert (von frisch pochierten oder Dosenbirnen)
35 g Milchpulver
10 Eigelb
60 g Zucker
3 Blatt Gelatine, eingeweicht in kaltem Wasser und gut abgetropft
100 g frisch zubereitete »Italienische Meringe« (S. 37), lauwarm abgekühlt
60 ml Birnenschnaps
400 ml Schlagsahne, cremig geschlagen

Ergibt ca. 1,1 kg

Zubereitungszeit: 15 Minuten

DIE CREME: Den Sirup und das Milchpulver in einen Topf geben und bei niedriger Temperatur unter ständigem Rühren zum Kochen bringen.
Eigelb und Zucker in einer Schüssel zu einer blaßgelben, leicht cremigen Mischung schlagen. Die kochende Sirupmischung unter kräftigem Schlagen zu dem Eigelb gießen, dann die Mischung zurück in den Topf geben und bei niedriger Temperatur unter ständigem sachtem Rühren mit einem Holzspatel erhitzen; auf keinen Fall kochen lassen. Sobald die Creme eindickt und am Spatel haftet, den Topf von der Kochstelle nehmen, die Gelatine einrühren und die Creme durch ein feines Spitzsieb in eine Schüssel passieren. Die Creme bei Zimmertemperatur abkühlen lassen und ab und zu umrühren, bis sie gerade noch lauwarm ist.

DIE BAVAROISE MISCHEN: Die Birnencreme über die lauwarme Meringe gießen und leicht mit einem Schneebesen unterheben, dann den Birnenschnaps zugießen. Mit einem Spatel behutsam die geschlagene Sahne unterheben. Die Bavaroise ist nun fertig und sollte verwendet werden, bevor die Gelatine eindickt.

ANMERKUNGEN:

Die in diesem Rezept angegebenen Mengen reichen aus, um 22 Tortenringe von 6 cm Durchmesser und 3 cm Höhe zu füllen; mit einem Band Coulis rundherum und mit pochierter Birne garniert auf einzelnen Tellern servieren.

Die Bavaroise hält sich im Tortenring eingefroren mindestens 1 Woche.

CREMES, MOUSSES UND BAVAROISES

KARAMELMOUSSE
Mousse au caramel

Diese ausgesprochen sahnige Mousse mit dem intensiven Karamelgeschmack verwende ich für viele Kuchen und Desserts, so beispielsweise für die »Bananen-Karamel-Mousse-Torte« (S. 110).

ZUTATEN:

KARAMELCREME
*400 ml Schlagsahne
150 g Glukosesirup
1 geschlitzte Vanilleschote
200 g Zucker
50 g Butter*

BOMBENMISCHUNG
*80 ml Wasser
60 g Zucker
30 g Glukosesirup
200 g (ca. 10) Eigelb*

*5 Blatt Gelatine, in kaltem Wasser eingeweicht und gut abgetropft
220 ml Schlagsahne, cremig geschlagen*

Ergibt ca. 1,3 kg

*Zubereitungszeit:
50 Minuten*

DIE KARAMELCREME: Sahne, Glukose und Vanille in einen Topf geben und zum Kochen bringen. In der Zwischenzeit den Zucker bei niedriger Temperatur in einer schweren Kasserolle unter ständigem Rühren mit einem Holzlöffel auflösen und karamelisieren, bis er nußbraun wird. Er darf nicht zu dunkel sein, da er sonst bitter schmeckt. Die Kasserolle von der Kochstelle nehmen und die kochende Sahnemischung hineingießen, damit der Karamel nicht weiterkocht. Die Kasserolle wieder auf die Kochstelle stellen und die Mischung 2 Minuten lang sanft köcheln lassen. Den Topf erneut von der Kochstelle nehmen und mit einem Schneebesen die Butter einrühren, dann die Karamelcreme durch ein Spitzsieb in eine Schüssel passieren und auf ca. 24 °C abkühlen lassen.

DIE BOMBENMISCHUNG: Wasser, Zucker und Glukose in einem Topf bei niedriger Temperatur zum Kochen bringen. 2 Minuten kochen lassen, die Oberfläche mit einem Schaumlöffel abschöpfen, um eventuelle Unreinheiten zu entfernen, und den Innenrand des Topfes mit einem in kaltes Wasser getauchten Backpinsel reinigen.
Nach 2 Minuten das Eigelb in die Rührschüssel eines Elektromixers geben, langsam den gekochten Zucker hineingießen und per Hand unterrühren. Die Schüssel in ein Wasserbad mit kochendem Wasser stellen und die Eimischung bei mittlerer Temperatur auf der Kochstelle unter ständigem Rühren erhitzen, bis die Mischung eine Temperatur von ca. 70 °C erreicht hat. Nun die Mischung mit dem Elektromixer auf unterster Stufe schlagen, bis sie auf ca. 24 °C abgekühlt ist.

DIE MOUSSE: Die Gelatine in 2 Eßlöffel heißem Wasser auflösen und unter die Karamelcreme mischen. Die Karamelcreme und die Bombenmischung, die beide die gleiche Temperatur haben sollen, miteinander vermengen. Behutsam die geschlagene Sahne unterheben und die fertige Karamelmousse sofort verwenden.

SPEZIALGERÄTE:
Zuckerthermometer

ANMERKUNGEN:
Die in diesem Rezept angegebenen Mengen reichen aus, um 18 Tortenringe von 6 cm Durchmesser und 3 cm Höhe zu füllen; als Boden eine »Walnußbiskuitmasse« (S. 34) verwenden.

Dieses leicht zuzubereitende Dessert schmeckt besonders gut im Winter und hält sich eingefroren bis zu 1 Woche.

CREMES, MOUSSES UND BAVAROISES

LIMONENMOUSSE
Mousse au citron vert

Diese Mousse schmeckt zu allen Jahreszeiten und ist so erfrischend, daß man nie genug von ihr bekommt. Ich verwende sie in meiner »Juwelengeschmückten Obsttorte« (S. 114), doch man kann sie auch in kleinen Auflaufformen servieren, garniert mit ein paar Walderdbeeren oder Himbeeren.

ZUTATEN:
300 ml Limonensaft
50 g Zucker
4 Blatt Gelatine, in kaltem Wasser eingeweicht und gut abgetropft
30 g Limonenschale, in feine Streifen geschnitten und blanchiert
300 g frisch zubereitete »Italienische Meringe« (S. 37),
500 ml Schlagsahne, cremig geschlagen

Ergibt 1,25 kg (ausreichend für 2 Desserts für 8 Personen)

Zubereitungszeit: 10 Minuten

ZUBEREITUNG: In einem kleinen Topf etwa ein Drittel des Limonensaftes mit dem Zucker erhitzen. Sobald der Saft warm ist und sich der Zucker aufgelöst hat, den Topf von der Kochstelle nehmen, die Gelatine einrühren, damit sie sich auflöst, dann den restlichen Limonensaft und die Schalenstreifen zugeben.

DIE MOUSSE MISCHEN: Die Limonensaftmischung zu der abgekühlten Meringe gießen und mit einem Schneebesen leicht unterheben. Mit einem Spatel behutsam die geschlagene Sahne unterheben. Die Mousse sofort verwenden, bevor die Gelatine eindickt.

SPEZIALGERÄTE:
2 Tortenringe, 22 cm Durchmesser, 5 cm hoch

ANMERKUNGEN:
Für einzelne Desserts 28 Tortenringe von 6 cm Durchmesser und 3 cm Höhe mit der Mousse füllen und den Rand der Dessertteller mit Walderdbeeren und Himbeeren garnieren. Dieses köstliche Dessert mit oder ohne Obstcoulis servieren.

Die Mousse hält sich in den Tortenringen tiefgefroren mindestens 1 Woche.

Von oben nach unten:
Minzmousse (S. 48)
Himbeerparfait (S. 103)
Birnenbavaroise (S. 45)
Dunkle Schokoladenmousse (S. 162)
Karamelmousse (S. 46)
Weiße Schokoladenmousse (S. 165)

CREMES, MOUSSES UND BAVAROISES

BANANENMOUSSE
Mousse à la banane

ZUTATEN:

*250 g sehr reife Bananen
Saft von 2 Zitronen
Saft von 1 Orange
125 g Zucker
2 EL Kirschwasser (nach Wunsch)
3 Blatt Gelatine, in kaltem Wasser eingeweicht und gut abgetropft
350 ml Schlagsahne, cremig geschlagen*

Ergibt ca. 820 g

*Zubereitungszeit:
20 Minuten*

Die Bananen schälen und in dicke Stücke schneiden. In einem Elektromixer die Bananen zusammen mit dem Zitronen- und Orangensaft und dem Zucker sehr glatt pürieren. Diese Mischung in eine große Schüssel geben.

Das Kirschwasser oder ersatzweise 2 Eßlöffel Wasser erwärmen, von der Kochstelle nehmen, die Gelatine einrühren und darin auflösen. Die aufgelöste Gelatine gleich zu dem Bananenpüree geben und gut untermischen.

Mit einem Spatel nach und nach vorsichtig die Sahne unter das Püree heben, jedoch nicht zu stark mischen, weil die Mousse sonst ihre Lockerheit verliert. Die Mousse, sobald sie homogen ist, verwenden, bevor die Gelatine eindickt.

ANMERKUNGEN:

Für einzelne Desserts 18 Tortenringe von 6 cm Durchmesser und 3 cm Höhe mit der Mousse füllen und auf Desserttellern servieren. Die Tortenringböden nach Wunsch mit »Kokosnuß-Dacquoise« (S. 31) auslegen, was eine wunderbare geschmackliche Verbindung ergibt.

Wie alle Mousses läßt sich auch diese problemlos bis zu 1 Woche einfrieren.

MINZMOUSSE
Mousse à la menthe

ZUTATEN:

*250 ml Milch
100 g Zucker
25 g Minzeblätter, gewaschen und abgetropft
2 Blatt Gelatine, in kaltem Wasser eingeweicht und gut abgetropft
250 ml Schlagsahne, cremig geschlagen
1 EL grüner Pfefferminzschnaps*

Ergibt ca. 650 g

*Zubereitungszeit:
30 Minuten*

In einem Topf die Milch und den Zucker unter ständigem Rühren mit einem Schneebesen zum Kochen bringen. Sobald die Milch anfängt zu kochen, die kleingeschnittenen Minzeblätter hineingeben; dabei ununterbrochen weiterrühren.

Dann den Topf von der Kochstelle nehmen und den Deckel auflegen. Die Minzeblätter 20 Minuten in der Milch ziehen lassen.

Die Gelatine in der aromatisierten Milch auflösen und anschließend durch ein Spitzsieb in eine Schüssel passieren.

Bei Zimmertemperatur stehenlassen und sobald die Mischung abgekühlt ist (jedoch bevor die Gelatine eindickt) den Pfefferminzschnaps einrühren und dann behutsam die geschlagene Sahne unterziehen. Die Mousse sofort verwenden, bevor sie eindickt.

ANMERKUNGEN:

Diese erfrischende Mousse paßt wunderbar zu Schokolade. Ich verwende sie für meine Schokoladen-Minze-Schnecken (S. 105).

Auch alleine schmeckt sie köstlich; einfach in Gläsern serviert und mit gehobelter bitterer Schokolade bestreut.

CREMES, MOUSSES UND BAVAROISES

INGWERMOUSSE
Mousse au gingembre

Diese feinaromatische Mousse schmeckt besonders köstlich im Winter und ist einfach zuzubereiten. Ich verwende sie in meinen Rezepten »Krokantkörbchen mit gelben Pfirsichen« (S. 76) und »Millefeuille mit Ingwermousse und knusprigen Quitten« (S. 118).

ZUTATEN:

BOMBENMISCHUNG
50 ml Wasser
50 g Zucker
4 Eigelb

4 Blatt Gelatine, in kaltem Wasser eingeweicht und gut abgetropft
250 g frisch zubereitete »Italienische Meringe« (S. 37)
400 ml Schlagsahne, cremig geschlagen
80 g eingelegter Ingwer, sehr fein gewürfelt
50 ml Ingwerschnaps
40 g »Kandierte Grapefruitschale« (S. 168), sehr fein gewürfelt (nach Wunsch)

Ergibt ca. 900 g

Zubereitungszeit: 50 Minuten

DIE BOMBENMISCHUNG: Das Wasser in einen kleinen Topf gießen, den Zucker zufügen und bei niedriger Temperatur zum Kochen bringen. Den Sirup 2 Minuten kochen lassen, dabei den Innenrand des Topfes mit einem in kaltes Wasser getauchten Backpinsel von Zuckerkristallen reinigen.

In der Zwischenzeit das Eigelb in eine Schüssel geben und mit einem Schneebesen verrühren, dann unter ständigem Rühren langsam den Sirup zugießen. Die Schüssel in ein Wasserbad setzen und die Mischung auf der Kochstelle bei mittlerer Temperatur so lange rühren, bis sie cremig wird und eine Temperatur von ca. 75 °C erreicht. Die Schüssel aus dem Wasserbad nehmen und weiterrühren, bis die Temperatur der Mischung sich auf ca. 24 °C verringert hat.

DIE MOUSSE ZUBEREITEN: Die Gelatine in eine Schüssel geben und in 2 Eßlöffel heißem Wasser auflösen, dann unter ständigem Rühren in die Bombenmischung gießen. Mit einem Schaumlöffel die Mischung unter die gut abgekühlte Italienische Meringe heben. Schließlich die geschlagene Sahne, Ingwer, Schnaps und – falls gewünscht – die kandierten Grapefruitschalen behutsam unterheben. Die Ingwermousse ist nun fertig und sollte verwendet werden, bevor die Gelatine eindickt.

SPEZIALGERÄTE:
Zuckerthermometer

ANMERKUNGEN:
Für einzelne Desserts 20 Tortenringe von 6 cm Durchmesser und 3 cm Höhe mit der Mousse füllen; für die Böden eine »Kokosnuß-Dacquoise« (S. 31) verwenden.

Diese Mousse hält sich tiefgefroren bis zu 1 Woche.

Coulis, Saucen, Gelees und Marmeladen

COULIS: Bei der Zubereitung einer Coulis als Beilage zu einem Dessert ist die Auswahl der jeweiligen Früchte wichtig. Ein zu starkes Aroma dominiert das Dessert, was eigentlich nicht der Fall sein sollte. Ganz allgemein gilt, daß eine Coulis leicht, von klarem Geschmack und nicht zu süß sein sollte. Man gießt nur eine kleine Menge auf den Teller oder um das Dessert herum, doch manchmal ist es empfehlenswert, eine Extraportion Coulis in einer Sauciere zu reichen, für Gourmets mit besonders großem Appetit!

SAUCEN: Saucen werden immer geschätzt. Sie sind schwerer und cremiger als Coulis und können heiß oder kalt serviert werden, je nachdem, woraus sie bestehen und auf welche Weise sie das Dessert geschmacklich verfeinern oder bereichern sollen.

GELEES UND MARMELADEN: Die Rezepte in diesem Kapitel gehören zu meinen Lieblingsdesserts, so vor allem die »Aprikosenmarmelade mit Mandeln«. Am liebsten esse ich sie auf Pfannkuchen oder Toast. Ich erinnere mich noch immer gern daran, daß meine Mutter auf dem Markt stets die reifsten Früchte der Jahreszeit kaufte und daraus Marmelade machte. Jedes Glas versah sie sorgfältig mit einem Etikett, auf das sie das genaue Zubereitungsdatum geschrieben hatte, denn Marmeladen sollte man genießen, solange sie noch jung und frisch sind.

Aprikosenmarmelade mit Mandeln (siehe Rezept S. 58)

COULIS, SAUCEN, GELEES UND MARMELADEN

OBSTCOULIS
Coulis de fruits

Eine Coulis kann man praktisch aus jeder Obstsorte zubereiten, je nachdem, zu welchem Dessert sie gereicht werden soll. Von einer Mischung aus verschiedenen Früchten ist dagegen abzuraten.

ZUTATEN:
*800 g frisches Obst
(z. B. Beeren, Ananas,
Aprikosen, Pfirsiche,
Kiwis etc.)
Saft von 1 Zitrone
250 ml »Sorbetsirup«
(S. 144)*

Ergibt 800 g – 1 kg, je nach Struktur und Konsistenz der Frucht. Pro Person rechnet man etwa 100 g Coulis.

*Zubereitungszeit:
15 Minuten*

Das Obst waschen, abtropfen lassen, putzen und je nach Sorte schälen oder entkernen. In einem Mixer oder einer Küchenmaschine zusammen mit dem Zitronensaft und Sirup glattpürieren. Durch ein Spitzsieb passieren und im Kühlschrank bis zur Verwendung kalt stellen.

ANMERKUNGEN:
Obstcoulis kann man auch mit Früchten aus der Dose oder dem Glas zubereiten. Dazu lediglich 125 ml Sorbetsirup verwenden und mit der gleichen Menge Wasser verdünnen.

Obstcoulis hält sich in einem luftdichten Behälter mehrere Tage im Kühlschrank. Er läßt sich auch gut einfrieren. Vor dem Servieren auftauen und kräftig durchschlagen.

ERDBEERCOULIS
Jus de fraises

Diese leichte Coulis ist bei Kindern besonders beliebt (man kann auch andere rote Früchte verwenden, so zum Beispiel Himbeeren, Walderdbeeren, rote Johannisbeeren oder Kirschen). Sie gibt auch eine gute Grundlage für ein sehr leichtes, fruchtiges Sorbet ab: Einfach aufschlagen, ohne noch Sirup zuzufügen.

ZUTATEN:
*750 g gefrorene Erdbeeren
75 g Zucker
$1/2$ Zitrone, grobgehackt*

Ergibt ca. 850 ml

*Zubereitungszeit:
5 Minuten plus 30 Minuten*

*Garzeit:
3 Stunden*

Sämtliche Zutaten in eine Schüssel geben und fest mit Frischhaltefolie verschließen. Die Schüssel in ein Wasserbad stellen und den Inhalt bei 90–95 °C 3 Stunden pochieren; auf keinen Fall kochen lassen.

Ein Sieb mit dem Tuch auslegen und über einer Schüssel den pochierten Saft und das Fruchtfleisch hineingießen. 30 Minuten abtropfen lassen, dann das Tuch an den Rändern zusammenfassen und leicht etwas mehr Saft ausdrücken; nicht pressen, sonst wird er trübe. Die Coulis nach dem Erkalten in einen luftdichten Behälter gießen und bis zur Verwendung in den Kühlschrank stellen. Sie hält sich bis zu 2 Wochen.

SPEZIALGERÄTE:
*Mull- oder Passiertuch
Kochthermometer*

ANMERKUNG:
Ein Löffel Erdbeercoulis in einem Glas Champagner oder Sekt ergibt einen köstlichen Cocktail.

COULIS, SAUCEN, GELEES UND MARMELADEN

ORANGENSAUCE
Sauce à l'orange

Diese Sauce paßt gut zu vielen kalten Desserts oder einer Schokoladenmousse. Ich reiche sie zu meinen »Gratins mit roten Johannisbeeren und Walderdbeeren« (S. 92).

ZUTATEN:
*2 Eier
150 g Zucker
250 ml Orangensaft (möglichst frisch gepreßt)*

Für 8 Personen

*Zubereitungszeit:
8 Minuten*

Die Eier in einer Schüssel verrühren, ein Drittel des Zuckers zugeben und mit dem Schneebesen zu einer cremigen Masse schlagen. In einem Topf den Orangensaft mit dem restlichen Zucker aufkochen, dann den kochenden Saft zu den Eiern gießen, dabei ständig weiterschlagen. Die Mischung zurück in den Topf geben und bei mittlerer Temperatur unter ständigem Rühren 2 Minuten garen lassen. Die Sauce durch ein Spitzsieb in eine Schüssel passieren und auf Zimmertemperatur abkühlen lassen; hin und wieder aufschlagen. Nach dem Erkalten in einen dicht verschließbaren Behälter gießen und in den Kühlschrank stellen.

ANMERKUNG:
Die Sauce hält sich drei Tage im Kühlschrank.

APFELCOULIS
Coulis de pommes

Diese vielseitige Coulis ist eine ideale Beilage für viele Desserts. Wenn die Coulis für Ihren Geschmack zu dick ist, kann sie mit etwas »Sorbetsirup« (S. 144) verdünnt werden.

ZUTATEN:
*500 g Äpfel, am besten Granny Smith
375 ml Wasser
75 g Zucker
Saft von 1 Zitrone
1 Vanilleschote, längs geschlitzt*

Ergibt 600 ml

*Zubereitungszeit:
10 Minuten*

Die Äpfel abwaschen und jeden einzelnen in 6 bis 8 Teile schneiden. Zusammen mit den übrigen Zutaten in einen Topf geben und zugedeckt langsam garen, bis die Äpfel beinahe zu einem Püree eingekocht sind. Die Vanilleschote entfernen, dann die Äpfel in einem Mixer 2 Minuten zu einem sehr flüssigen Püree verarbeiten. Durch ein feines Spitzsieb streichen und bei Zimmertemperatur abkühlen lassen.

ANMERKUNGEN:
Apfelcoulis hält sich in einem luftdichten Behälter bei 5°C im Kühlschrank bis zu 1 Woche.

Wie bei meinem Apfelsorbet entferne ich weder die Schale noch das Kerngehäuse, da sie sehr viel Aroma enthalten.

COULIS, SAUCEN, GELEES UND MARMELADEN

SABAYON MIT HIMBEERGEIST
Sabayon à l'alcool de framboises

Dieses Sabayon verwende ich in vielen meiner Rezepte, so beispielsweise in »frische Feigen auf einem Sabayon-Bett« (S. 67). Man kann es auch einfach in einer Schüssel zu Himbeeren bzw. Walderdbeeren oder zu meinen »Haselnußschindeln« (S. 172) servieren.

ZUTATEN:
3 Eigelb
65 g Zucker
50 ml Wasser
75 ml Himbeergeist
½ Blatt Gelatine
(nur erforderlich für ein kaltes Sabayon)

Für 4 Personen
(ergibt ca. 400 ml)

Vor- und Zubereitungszeit:
15 – 20 Minuten

Frische Feigen auf einem Sabayon-Bett

SPEZIALGERÄTE:
Kochthermometer

ANMERKUNGEN:
Statt Himbeergeist kann man auch andere Obstschnäpse, wie zum Beispiel Birnen- oder Pflaumenschnaps, nehmen; ein schwerer Süßwein wie Banyuls oder Marsala ist ebenso empfehlenswert.

Das Sabayon läßt sich im Wasserbad 10 – 15 Minuten vor dem Servieren warm halten, danach verliert es an Luftigkeit.

DAS SABAYON: Einen Topf, der groß genug ist, um eine Rührschüssel hineinzustellen, zur Hälfte mit warmem Wasser füllen und das Wasser langsam auf 35 – 40 °C erhitzen. Eigelb, Zucker, Wasser und Himbeergeist in eine Schüssel geben und die Schüssel in den Topf (Wasserbad) stellen. Mit einem Schneebesen 10 – 12 Minuten schlagen und darauf achten, daß die Temperatur nicht über 90 °C steigt, damit das Sabayon nicht gerinnt. Falls nötig, die Hitze während des Schlagens abdrehen. Das Sabayon sollte cremig wie halb aufgegangener Eischnee werden und glatt, glänzend, schaumig und wunderschön kräftig sein; die Temperatur in der Mitte sollte 50 °C betragen.

Soll das Sabayon warm gegessen werden, serviert man es am besten sofort. Für ein kaltes Sabayon weicht man das halbe Gelatineblatt mit 1 Eßlöffel warmem Wasser in einem Schüsselchen ein und rührt es, sobald es sich auflöst, in das Sabayon.

SERVIERVORSCHLAG: Das Sabayon in großen Burgundergläsern oder Sektschalen oder in einer Glasschüssel servieren. Wer das Sabayon kalt servieren möchte, stellt die gefüllten Gläser bzw. die Schüssel 5 Minuten in die Tiefkühltruhe und anschließend 1 – 2 Stunden in den Kühlschrank. Das Sabayon kalt, aber nicht gefroren servieren.

COULIS, SAUCEN, GELEES UND MARMELADEN

COULIS, SAUCEN, GELEES UND MARMELADEN

SCHOKOLADENSAUCE
Sauce chocolat

ZUTATEN:

200 g Zartbitterschokolade oder Blockschokolade
150 ml Milch
2 EL Crème double
30 g Zucker
30 g Butter, gewürfelt

Ergibt ca. 430 g

Zubereitungszeit: 10 Minuten

Die Schokolade langsam im Wasserbad bei mittlerer Temperatur schmelzen, dabei ab und zu rühren. In einem Topf Milch, Crème double und Zucker zum Kochen bringen, dabei leicht mit einem Schneebesen rühren. Die Mischung unter ständigem Rühren zu der geschmolzenen Schokolade gießen. Die Sauce zurück in den Topf geben und 15 Sekunden köcheln lassen.

Den Topf von der Kochstelle nehmen, nach und nach die Butter unterschlagen, bis eine glatte und völlig homogene Sauce entsteht. Durch ein Spitzsieb passieren und warm oder gekühlt servieren.

ANMERKUNGEN:

Die Sauce hält sich 3 Tage im Kühlschrank; in einem luftdichten Behälter oder einer mit Frischhaltefolie abgedeckten Schüssel aufbewahren.

Nach Wunsch vor dem Servieren langsam aufwärmen.

Linke Seite: Warme Schokoladensauce fertig zur Verwendung

KARAMELSAUCE
Sauce caramel

ZUTATEN:

100 g Zucker
80 ml Wasser
500 ml Crème double
2 Eigelb, leicht geschlagen (nach Wunsch)

Ergibt ca. 700 ml

Zubereitungszeit: 8 Minuten

In einem großen Topf den Zucker im Wasser bei niedriger Temperatur auflösen und zum Kochen bringen. Den Innenrand des Topfes mit einem in kaltes Wasser getauchten Backpinsel abpinseln, damit sich keine Kristalle bilden. So lange kochen, bis der Zucker eine dunkle Bernsteinfärbung annimmt. Sofort von der Kochstelle nehmen und die Crème double einrühren.

Den Topf bei hoher Temperatur wieder auf die Kochstelle setzen und die Sauce mit dem Schneebesen rühren. 2 Minuten köcheln lassen, dann von der Kochstelle nehmen. Jetzt kann man die Sauce durch ein Sieb streichen und nach dem Erkalten servieren. Wer eine schwerere, glattere Sauce möchte, rührt etwas von dem Karamel unter das Eigelb, gibt die Mischung wieder in den Topf und erhitzt die Sauce auf 80 °C; sie darf jedoch nicht kochen. Die Sauce durch ein Spitzsieb streichen und abkühlen lassen, dabei hin und wieder umrühren,.

SPEZIALGERÄTE:

Kochthermometer

ANMERKUNG:

Die Karamelsauce hält sich in einem luftdichten Behälter 48 Stunden im Kühlschrank.

HONIGSAUCE
Sauce au miel

ZUTATEN:

250 ml flüssiger Honig
125 ml »Sorbetsirup«
Saft von 3 Limonen
Orangen- oder Zitronenschale (nach Wunsch)

Ergibt 400 g

Zubereitungszeit: 5 Minuten

In einer Schüssel den Honig und den Sorbetsirup (Rezept siehe S. 144) mit einem Spatel gut vermischen. Dann den Limonensaft zufügen und so lange rühren, bis eine glatte Sauce entsteht.

Für eine Orangen- oder Zitronen-Honigsauce kann man nach Belieben feingeschnittene Streifen blanchierter Orangen- bzw. Zitronenschale hinzufügen.

Die Sauce in einen luftdichten Behälter füllen und bis zur Verwendung aufbewahren.

ANMERKUNG:

Verwenden Sie diese sehr süße Sauce in kleinen Mengen. Sie läßt sich mit Vanille, Zimt oder Gewürznelken aromatisieren.

COULIS, SAUCEN, GELEES UND MARMELADEN

Eingemachtes Obst nach Alt-Herren-Art
Confiture de vieux garçon

Ältere Herren sind Leckermäuler, und die folgende Süßspeise ist genau das richtige für ihren Geschmack. Wer es lieber noch süßer hat, erhöht die Zuckermenge um 15–20 Prozent. Dieses eingemachte Obst ist für mich ein Hochgenuß. Ich habe es vor vielen Jahren von Lyn Hall zu Weihnachten geschenkt bekommen, und seitdem gönne ich es mir jedes Jahr zur Weihnachtszeit. Am besten macht man das Obst im Frühsommer ein. Bis zum Verzehr sollte man mindestens drei Monate warten, es schmeckt jedoch noch besser nach sechs Monaten – wenn man es so lange aushält!

ZUTATEN:

1 kg weiches Obst nach Wahl (z. B. Kirschen, Beeren aller Art, kernlose Weintrauben)
750 g feiner Kandiszucker
1 Vanilleschote, längs geschlitzt
2 kleine Zimtstangen
2 kleine Ingwerwurzeln, geschält
1 Prise Muskat
10 Pimentbeeren (nach Wunsch)
750 ml Cognac oder weißen Rum

Ergibt 2 Einmachgläser à 1 l

Zubereitungszeit: 10 Minuten

DAS OBST VORBEREITEN: Waschen, abtropfen lassen und auf Küchenpapier trocknen. Beeren mit Stiel wie schwarze und rote Johannisbeeren und Trauben entstielen. Die Erdbeeren und Himbeeren putzen. Die Kirschenstiele auf 2 cm kürzen.

DAS OBST EINMACHEN: Die Gläser mit kochendem Wasser sterilisieren und gründlich trocknen. Das Obst schichtweise in die Gläser geben und pro Schicht jeweils einen Teil des Zuckers und der Gewürze zufügen. Mit dem gewählten Alkohol aufgießen und die Gläser verschließen.

Falls das Obst nach ein paar Tagen gärt, noch etwas von demselben Alkohol zugießen und die Gläser erneut verschließen. Nach zwei Wochen, wenn die ersten Früchte eingesunken sind, nach Bedarf noch mehr Obst zufügen.

SPEZIALGERÄTE:

2 Einmachgläser à 1 l mit breiter Öffnung

ANMERKUNG:

Servieren Sie das Dessert nach dem Abendessen in einem Likörglas mit einem Cocktailspieß aus Holz oder Kaffeelöffel für das Obst. Den Saft trinkt man nach dem Kaffee. Was für ein Genuß!

Rhabarberkompott mit Sauternes
Compote de rhubarbe au Sauternes

Dieses süße fruchtige Kompott serviert man am besten mit Brioche (S. 19).

ZUTATEN:

450 g sehr zarter, junger Rhabarber, geschält
200 ml Sauternes oder guter weißer Dessertwein
50 g Zucker
Saft von 1 Zitrone

Für 4 Personen

Zubereitungszeit: 5 Minuten

Garzeit: 6 Minuten

ZUBEREITUNG: Den Rhabarber waschen und in 4 cm lange Stücke schneiden. Mit den übrigen Zutaten in einen Topf geben und langsam zum Kochen bringen. Die Temperatur herunterdrehen und ca. 6 Minuten sacht pochieren, bis der Rhabarber zart ist. In der Pochierflüssigkeit bei Zimmertemperatur abkühlen lassen, dann vor dem Servieren 2 Stunden in den Kühlschrank stellen.

SERVIERVORSCHLAG: Das Kompott in einer Glasschüssel oder auf einzelnen Desserttellern servieren.

Rechte Seite: Ein Löffel »Eingemachtes Obst nach Alt-Herren-Art«

APRIKOSENMARMELADE MIT MANDELN
Confiture d'abricots aux amandes

Diese Marmelade schmeckt köstlich auf Toast. Ich serviere sie meinen Gästen im »Waterside Inn« im Sommer zum Frühstück.

ZUTATEN:

750 g sehr reife Aprikosen
75 ml Wasser
550 g Zucker, gemischt mit 1 TL Pektin (nach Wunsch)
Saft von 1 Zitrone
75 g ganze Mandeln, enthäutet und 2 Stunden in Milch eingeweicht (s. Anmerkung)

Ergibt 1,2 kg

Zubereitungszeit: 10 Minuten

Die Aprikosen kalt waschen, halbieren und die Steine entfernen.

Das Wasser, die Zucker-Pektin-Mischung und den Zitronensaft in den hohen Topf geben und bei niedriger Temperatur langsam zum Kochen bringen. Die Aprikosen zugeben und sacht kochen, dabei hin und wieder die Oberfläche abschäumen. Die Mandeln abtropfen lassen, mit kaltem Wasser spülen und bei Verwendung von sehr reifen Aprikosen nach 45 Minuten, bei nur soeben reifen Aprikosen nach 1 Stunde in den Topf geben und weitere 3 Minuten garen.

Die Marmelade im Topf abkühlen lassen und mit einem Löffel in sterilisierte Gläser füllen, solange sie gerade noch warm ist. Vollständig auskühlen lassen, dann die Gläser mit Zellophan dicht verschließen.

SPEZIALGERÄTE:

Ein hoher Henkeltopf zum Marmeladekochen

ANMERKUNG:

Wenn man frische Mandeln an Stelle der halbgetrockneten nimmt, wird die Marmelade noch besser. Frische Mandeln, die im Juni und Juli erhältlich sind, müssen nicht in Milch eingeweicht werden.

COULIS, SAUCEN, GELEES UND MARMELADEN

BROMBEERGELEE
Gelée de mûres

Dieses wunderbare Gelee erinnert mich lebhaft an meine Kindheit. Als Kind in der Vendée habe ich immer von Anfang September an Brombeeren gesammelt und meiner Mutter die Ernte gebracht. Und schon nach wenigen Stunden war das Gelee fertig in den Gläsern. So war meine Mutter! Das Obst hatte keine Chance zu verderben, und es war herrlich, am nächsten Tag Pfannkuchen mit frischem Gelee zu essen. Natürlich war bis zum Ende des Winters kein einziges Glas mehr übrig!

ZUTATEN:
1 kg Brombeeren, am besten wilde
200 ml Wasser
1 Zitrone, gewaschen und in große Stücke geschnitten
Zucker (die gleiche Menge in Gramm wie der abgewogene Saft von den gekochten Brombeeren)

Ergibt ca. 750 g
Zubereitungszeit:
15 Minuten, plus Austropfen des Saftes

Garzeit:
ca. 7 Minuten

DIE BROMBEEREN ZUBEREITEN: Die Früchte waschen und putzen und zusammen mit dem Wasser und der Zitrone in einen Topf geben. Bei niedriger Temperatur zum Kochen bringen, dann 5 Minuten sacht köcheln lassen. Die Zitronenstücke entfernen, dann die Brombeeren und den Saft in das Passiergerät oder den Mixer geben. Den Fruchtbrei in den Saftbeutel oder das über ein Sieb gelegte Mulltuch gießen und den Saft langsam austropfen lassen. Nach 30 Minuten ganz vorsichtig möglichst viel Saft auspressen. Den Saft abmessen und zusammen mit der gleichen Menge Zucker in den Marmeladentopf gießen.

DAS GELEE KOCHEN: Langsam kochen, dabei zunächst mit einem Spatel rühren, damit sich der Zucker völlig auflöst. Zum Kochen bringen und von da an die Kochzeit messen; das Gelee ist nach ca. 7 Minuten fertig. Die Oberfläche, falls nötig, abschäumen. Das Brombeergelee in sterilisierte Gläser gießen, abkühlen lassen und mit Zellophan verschließen.

SPEZIALGERÄTE:
Passiergerät mit grobem Einsatz oder Mixer
Saftbeutel oder Mulltuch

ANMERKUNG:
Da Brombeeren ganz unterschiedlichen Zucker- und Saftgehalt haben, ist es schwierig, eine genaue Zuckermenge anzugeben, bevor sie gekocht sind.

APFELGELEE ODER -GLASUR
Gelée de pommes

Dieses klare, durchsichtige Gelee läßt sich ausgezeichnet als Glasur für Obst- und Schichttorten verwenden.

ZUTATEN:
500 ml Wasser
250 g Zucker
500 g Dessertäpfel (am besten Cox Orange)
1 Zitrone
6 Blatt Gelatine, in kaltem Wasser eingeweicht und gut abgetropft

Ergibt 650 ml
Zubereitungszeit:
20 Minuten

Garzeit:
15 Minuten

In einem Topf das Wasser und den Zucker erhitzen, bis sich der Zucker ganz aufgelöst hat und die Flüssigkeit zu kochen beginnt; dabei hin und wieder mit einem Schneebesen rühren und die Oberfläche, falls nötig, abschäumen.

Die Äpfel und die Zitrone waschen, aber nicht schälen. Das Obst samt Kerngehäuse grob hacken und zu dem kochenden Zuckersirup geben. Den Topf zudecken und die Äpfel 10 Minuten köcheln lassen. Den Topf von der Kochstelle nehmen und das Obst zur Seite schieben, um Platz zum Auflösen der Gelatine zu schaffen. Sobald sie sich vollständig aufgelöst hat, das Gelee vorsichtig durch ein Spitzsieb oder einen Saftbeutel in eine Schüssel passieren.

Das Gelee kann, sobald es kalt, aber noch nicht eingedickt ist, als Glasur verwendet werden.

SPEZIALGERÄTE:
Saftbeutel oder Spitzsieb

ANMERKUNG:
Das Gelee hält sich in einem luftdichten Behälter 4 Tage im Kühlschrank. Vor der Verwendung erneut erhitzen und wieder abkühlen lassen.

KALTE DESSERTS

Seit über zwanzig Jahren serviere ich meine kalten Desserts auf dem Teller fertig arrangiert. Das Ergebnis ist optisch und auch im Geschmack einzigartig. Wenn Sie Ihre Desserts ebenso servieren möchten, arrangieren Sie sie mehrere Stunden oder nur ein paar Minuten vor dem Servieren und geben Sie etwas Coulis oder Sauce daneben bzw. rundherum auf den Tellerrand. Ihr Gast kann sich somit an einem köstlichen, individuellen Dessert gütlich tun, das eigens für ihn zubereitet und mit der idealen Temperatur serviert wurde. Im Fachhandel gibt es für diesen Zweck überaus praktische Stapelringe für Teller; sobald man das Dessert auf Portionstellern arrangiert hat, legt man einen Ring um den Tellerrand, stapelt die Teller übereinander und stellt sie in den Kühlschrank, fertig zum Servieren.

Mit zwei oder drei Coulis, Saucen oder Cremes kann man den Teller mit hübschen Federmustern dekorieren. Auch Kreise oder Ovale lassen sich mit der Spitze eines Messers oder einem Zahnstocher aufbringen, doch sollten die Verzierungen unaufdringlich sein, damit sie die Aufmerksamkeit nicht von der Hauptattraktion ablenken, dem Dessert.

Tulpe mit roten Früchten

KALTE DESSERTS

APFELPHANTASIE
L'assiette de pommes

An diesem schlichten Dessert mag ich vor allem den Gegensatz zwischen knusprig und weich. Alle drei Bestandteile lassen sich im voraus zubereiten und in letzter Minute arrangieren.

ZUTATEN: ❋

SIRUP:
200 g Zucker
½ Vanilleschote, längs geschlitzt
200 ml Wasser
Saft von 1 Zitrone

4 Äpfel, nicht zu reif, zu je ca. 200 g
100 g »Konditorcreme« (S. 39)
½ Menge »Apfelsorbet« (S. 146)
20 g Puderzucker (nach Wunsch)

Für 4 Personen

Zubereitungszeit: 25 Minuten

Backzeit: 20 Minuten

DER SIRUP: Zucker, Vanille, Wasser und Zitronensaft in einem Topf langsam erhitzen, bis der Sirup anfängt zu köcheln.

DIE APFEL-GAUFRETTEN: Die Äpfel schälen und mit einem Entkerner die Kerngehäuse entfernen. Mit der Mandoline oder einem Garniermesser von jedem Apfel 8 Scheiben mit Wellen- oder Waffelmuster (Gaufretten) abschneiden. Möchte man ein Waffelmuster, muß man mit der Mandoline oder dem Waffelmusterschneider arbeiten und den Apfel jedesmal um ein Viertel drehen. Die Gaufretten alle gleichzeitig in den kochenden Sirup werfen und den Kochvorgang sofort beenden. Die Gaufretten im Sirup abkühlen lassen.

Den Backofen auf 160 °C (Gasherd Stufe 1–2) vorheizen.

DIE KNUSPRIGEN APFELCHIPS: Den Rest der Äpfel in feine Würfel schneiden, auf einem beschichteten Backblech verteilen und im vorgeheizten Backofen 20 Minuten garen. Auf Zimmertemperatur abkühlen lassen.

Die Backofentemperatur auf 180 °C (Gasherd Stufe 2–3) erhöhen.

Die Schablone auf ein beschichtetes Backblech oder Backtrennpapier legen, etwas Konditorcreme einfüllen und mit einer Palette glattstreichen. Die Schablone seitlich versetzen und auf die gleiche Weise fortfahren. Insgesamt 16 Scheiben Konditorcreme präparieren. Die gegarten Apfelwürfel auf die Mitte der Konditorcremescheiben geben und im vorgeheizten Backofen 3 Minuten backen, bis sie goldgelb sind. Die Scheiben vorsichtig mit einer Palette vom Backblech heben und mit den Fingerspitzen etwas biegen. Diese knusprigen Apfelchips zum Auskühlen auf einen Kuchenrost legen und nach Wunsch mit Puderzucker bestreuen.

SERVIERVORSCHLAG: Auf vier gekühlten halbtiefen Tellern jeweils einen großen Löffel Apfelsorbet in die Mitte setzen. In jede Sorbetkugel vier knusprige Apfelchips stecken. Die Gaufretten rundherum arrangieren und etwas von dem Pochiersirup darübergeben. Sofort servieren.

SPEZIALGERÄTE:
Mandoline oder Hobel mit Waffelmusterschneider oder gewelltes Garniermesser
2 antihaftbeschichtete Backbleche oder Backtrennpapier
1 kreisrunde Schablone, 6 cm im Durchmesser, 1 mm dick

KALTE DESSERTS

Tulpen mit roten Früchten
Tulipes de fruits rouges

In diesen knusprigen Teigtulpen, die im Munde zergehen, lassen sich rote Früchte auf besonders attraktive Weise servieren.

ZUTATEN: ❊

1 Menge »Tulpenteig« (S. 28, 24 Stunden im voraus zubereitet)
10 g Kakaopulver (gesiebt)

1 kg gemischte Beeren der Jahreszeit (z. B. Brombeeren, Zucht- oder Walderdbeeren, rote Johannisbeeren, Heidelbeeren)
150 ml »Pfirsichcoulis« (siehe »Obstcoulis« S. 51), gemischt mit dem Saft von 1 Orange und ½ Zitrone

Für 6 Personen

Zubereitungszeit: 40 Minuten

Backzeit: ca. 12 Minuten

SPEZIALGERÄTE:

3 Schablonen, 1 mm dick und 16, 13 und 10 cm im Durchmesser
Spritztüte
Mit Alufolie überzogene Tütenform aus Pappe zum Formen der gebackenen Tulpen
3 leicht eingefettete 60 x 40 cm große Backbleche

ANMERKUNG:

Die Tulpen lassen sich einen Tag im voraus zubereiten; sie sollten allerdings unbedingt in einem luftdichten Behälter an einem trockenen Platz aufbewahrt werden.

DER TULPENTEIG: Zubereitung entsprechend dem Rezept auf S. 28. Ein Viertel des fertigen Teigs in eine Schüssel geben und zum Färben und Aromatisieren das Kakaopulver untermischen.

FORMEN DER TULPEN: Die größte Schablone in eine Ecke des Backblechs legen und mit einer hauchdünnen Schicht des nicht aromatisierten Teigs füllen; mit einer Palette glattstreichen, bis die Schablone ganz ausgefüllt ist (1). Die Schablone versetzen und den Vorgang fünfmal wiederholen, bis man sechs hauchdünne Scheiben hat. Mit den kleineren Schablonen je sechs Scheiben von 13 und 10 cm Durchmesser herstellen.

Den Backofen auf 180 °C (Gasherd Stufe 2–3) vorheizen.

DIE TULPEN VERZIEREN UND BACKEN: Die Spritztüte mit dem Schokoladenteig füllen. Die Spitze mit der Schere abschneiden und die Teigscheiben spiralförmig verzieren (2). Dann mit der Spitze eines Messers strahlenförmig Streifen ziehen, abwechselnd von außen nach innen und umgekehrt, so daß ein hübsches Wellenmuster entsteht (3). Die Strahlen auf den größten Scheiben sollten einen Abstand von 1,5 cm haben, die auf den kleineren etwas weniger.

Jeweils nur ein Backblech in den vorgeheizten Backofen schieben und die Teigscheiben 3–4 Minuten backen, bis sie eine blaß-nußbraune Farbe bekommen. Die Scheiben auf dem Backblech wenden, dann nacheinander um die Tütenform rollen; mit der Seite beginnen, die der Spiralmitte gegenüberliegt (4). Die Tulpe in Form drücken, zunächst leicht, dann etwas fester, bis sie genug Stabilität hat, um sie von der Tütenform zu lösen. Die geformten Tulpen zum Abkühlen auf ein Kuchengitter legen und bis zur Verwendung an einen trockenen Platz stellen.

KALTE DESSERTS

SERVIERVORSCHLAG: Die Früchte – mit Ausnahme der Walderdbeeren – waschen, alle Früchte putzen und mischen. Jeweils eine Tulpe von jeder Größe auf einem Servierteller arrangieren und mit den Früchten füllen; einige Beeren aus der Tulpe herausquellen lassen. Um die Tulpen herum und dazwischen ein wenig Pfirsichcoulis gießen und sofort servieren.

KALTE DESSERTS

Rote Beeren mit leicht kandierten Orangentropfen

L'assiette de baies rouges aux pustules d'oranges mi-confites

Lavendelblüten haben einen sehr starken Duft. Am besten verwendet man sie, wenn sie gerade aufblühen; dann duften sie noch nicht so stark. Leicht kandiert sehen sie sehr hübsch aus und verbreiten einen Hauch von Sommer.

ZUTATEN: ❋

2 große, sehr saftige Orangen
350 ml »Sorbetsirup« (S. 144) für die Orangen
150 ml Sorbetsirup für den Lavendel (falls man ihn verwendet)

100 g Zucker
20 kleine Lavendelzweige, frisch aufgeblüht (nach Wunsch)

400 g gekühlte gemischte Beeren, je nach Jahreszeit (in gleichen Mengen oder in jeder beliebigen Mischung), z. B. kleine Erdbeeren, Himbeeren, Walderdbeeren, rote Johannisbeeren, Brombeeren, schwarze Johannisbeeren, Blaubeeren

Für 4 Personen

Zubereitungszeit:
25 Minuten

Garzeit:
2½ Stunden (für die Orangenschalen)

DIE ORANGEN ZUBEREITEN: Mit der Spitze eines Messers die Orangenschale zu 4 Vierteln einschneiden, dann vorsichtig die viergeteilte Schale ablösen, ohne sie zu beschädigen. Die Schalen in einen Topf geben, mit kaltem Wasser bedecken, zum Kochen bringen und 2 Minuten blanchieren, dann mit frischem Wasser abspülen und abtropfen lassen.

350 ml Sorbetsirup in einem Topf zum Kochen bringen, die Orangenschalen hineingeben und bei niedriger Temperatur etwa 1 Stunde köcheln lassen (siehe Foto). Die Schalen im Sirup abkühlen lassen. Nach dem Erkalten den Sirup erneut aufkochen und abermals 1 Stunde köcheln lassen. Falls der Sirup zu dick wird, etwas kaltes Wasser zugießen. Wenn die Schalen leicht kandiert sind, im Sirup bei Zimmertemperatur abkühlen lassen. Die Schalen abtropfen lassen und mit kleinen, unterschiedlich großen Ausstechformen aus jedem Stück kreisrunde Scheiben ausstechen; diese in eine Schüssel geben. Die Schalenreste kann man grob würfeln, in Zucker wälzen und als kleine Bonbons zum Kaffee reichen.

DIE ORANGEN-KARAMEL-SAUCE: Die geschälten Orangen in Viertel zerteilen, Kerne entfernen und die Früchte in einem Mixer 2–3 Minuten pürieren. Das Püree durch ein mit einem Mulltuch ausgelegtes feines Sieb in einen Topf passieren und möglichst viel Saft auspressen (ca. 150 ml). Den Saft langsam erhitzen.

Den Zucker in einen anderen Topf geben und bei sehr niedriger Temperatur unter ständigem Rühren auflösen, bis er hellbraun karamelisiert. Nach und nach den warmen Orangensaft zugießen und dabei immer rühren, dann die Sauce bei mittlerer Temperatur 3–4 Minuten lang einkochen lassen. Abkühlen lassen und in den Kühlschrank stellen.

DER LAVENDEL: Die 150 ml Sorbetsirup zum Kochen bringen und die Lavendelblüten hineingeben. 2 Minuten sehr sacht köcheln lassen, dann den Lavendel in dem Sirup bei Zimmertemperatur abkühlen lassen. Kurz vor dem Servieren abtropfen lassen.

SERVIERVORSCHLAG: Die gut gekühlten Früchte auf vier halbtiefen Tellern arrangieren. Die kandierten Orangentropfen zwischen den Beeren verteilen und pro Teller fünf Lavendelzweige zufügen. Etwas gekühlte Orangen-Karamel-Sauce darübergießen und servieren.

ANMERKUNG:

Sämtliche Bestandteile dieses Desserts können im voraus, falls gewünscht sogar am Vortag zubereitet werden; das Arrangieren der Zutaten kurz vor dem Servieren dauert nur 5 Minuten.

KALTE DESSERTS

KALTE DESSERTS

Frische Feigen auf einem Sabayon-Bett
La coupe de figues sur douillet de Sabayon

Dieses cremige und köstliche Herbstdessert gelingt besonders leicht und kann auch am Vortag zubereitet werden. Es erfreut sich bei jung und alt gleichermaßen großer Beliebtheit.

ZUTATEN: ❋
*Doppelte Menge »Sabayon« (S. 53), zubereitet mit Marsala oder Sauternes
5–6 sehr reife Feigen, möglichst 2 Sorten, violett und grün*

Für 6–8 Personen

Zubereitungszeit: 5 Minuten

DAS SABAYON: Vor der Zubereitung eine Glasschüssel im Gefrierschrank gut kühlen.

Das Sabayon entsprechend dem Rezept auf Seite 53, doch statt mit Himbeergeist mit Marsala oder Sauternes zubereiten. Da das Sabayon kalt serviert werden soll, ist zusätzlich die Gelatine erforderlich.

Das Sabayon in die gekühlte Schüssel gießen und 10 Minuten ins Tiefkühlfach, dann mindestens 2 Stunden in den Kühlschrank stellen.

SERVIERVORSCHLAG: Kurz vor dem Servieren die Feigen in Stücke schneiden und die violetten und grünen Stücke abwechselnd rundherum am Rand und in der Mitte der Schüssel arrangieren. Sofort servieren.

Crème brûlée mit Pistazien
Crème brûlée pistache

Ich liebe Pistazien, und eine Crème brûlée bereite ich vorzugsweise mit Pistazien oder Walderdbeeren zu. Serviert man dazu separat in einer Schale selbst hergestellte »Vanilleeiscreme« (S. 137), kommt der Pistaziengeschmack noch besser zur Geltung.

ZUTATEN:
*500 ml Milch
500 ml Schlagsahne
60 g Pistazienpaste
260 g Zucker
200 g (ca. 10) Eigelb
50 Pistazien, die Haut abgezogen*

Für 6 Personen

Zubereitungszeit: 10 Minuten

Backzeit: 30 Minuten

DIE CREME: Milch, Sahne, Pistazienpaste und 100 g vom Zucker in einem Topf erhitzen, dabei ständig mit einem Schneebesen rühren.

In einer Schüssel das Eigelb mit 60 g Zucker schlagen, bis es blaßgelb wird. Sobald die Milch aufkocht, die Milchmischung unter ständigem Rühren nach und nach zu den Eiern gießen.

DIE CREME GAREN: Den Backofen auf 100 °C (Gasherd Stufe $1/2$) vorheizen.

Die Creme in die Gratinformen füllen und in dem warmen Backofen 30 Minuten garen. Die Formen aus dem Ofen nehmen und vorsichtig auf ein Kuchengitter gleiten lassen. Die Creme sofort nach dem vollständigen Erkalten in den Kühlschrank stellen.

SERVIERVORSCHLAG: Kurz vor dem Servieren die Creme mit 70 g Zucker bestreuen und mit einem Salamander oder unter einem sehr heißen Grill karamelisieren, bis sich ein zarter, goldbrauner Überzug bildet.

Eine kleine Bratpfanne erhitzen, die Pistazien hineingeben, mit dem restlichen Zucker bestreuen und 1 Minute kräftig rühren, bis sie gut mit dem Zucker überzogen sind. Die Pistazien auf einen Teller geben, mit einer Gabel voneinander lösen und jede Crème brûlée mit circa 8 Pistazien garnieren. Sofort servieren.

SPEZIALGERÄTE:
*6 Gratinformen von 15 cm Durchmesser
Salamander (nach Wunsch)*

ANMERKUNGEN:
Der Zuckerüberzug wird je nach Feuchtigkeitsgehalt innerhalb von 1–2 Stunden weich; daher empfehle ich, die Crème brûlée erst kurz vor dem Servieren zu karamelisieren.

Pistazienpaste, falls im Handel nicht erhältlich, kann man auch selber herstellen, indem man frisch abgezogene Pistazien im Mörser zu einem sehr glatten Püree zerstampft.

Linke Seite: Frische Feigen auf einem Sabayon-Bett

KALTE DESSERTS

MARZIPANFEIGEN
Figues au parfum d'amandes

Dieses einfache, phantasievolle Dessert ist für Kinder so faszinierend, daß sie vielleicht sogar bei der Zubereitung der falschen Feigen mithelfen wollen!

ZUTATEN:

½ Menge »Brandteig« (S. 26)
2 sehr reife schwarze oder grüne Feigen
½ Menge »Mousseline-Creme« (S. 42)
2 EL Kirschwasser (nach Wunsch)
500–750 g Marzipan (je nach Geschmack und Können)
Lebensmittelfarbstoff: mauve, grün, gelb, rot (je nach gewünschtem Effekt)
50 g Puderzucker zum Bestäuben

Für 6 Personen

Zubereitungszeit: 45 Minuten

Backzeit: 20 Minuten

DIE »FEIGEN« DRESSIEREN UND BACKEN: Den Backofen auf 200 °C (Gasherd Stufe 3–4) vorheizen.
  Den Brandteig in einen Spritzbeutel füllen und mit 5-mm-Tülle ca. 12 Windbeutel von 3 cm Durchmesser auf ein Backblech dressieren. Sie können ruhig unterschiedlich groß ausfallen, denn schließlich sind auch nicht alle Feigen gleich groß. Die Windbeutel 20 Minuten im Backofen backen, dann herausnehmen und ihren Boden mit einer scharfen Messerspitze durchstechen; die Windbeutel auf ein Kuchengitter legen und bei Zimmertemperatur abkühlen lassen.

DIE »FEIGEN« FÜLLEN: Die frischen Feigen fein würfeln, vorsichtig unter die Mousseline-Creme heben und das Kirschwasser zufügen. Mit dem Spritzbeutel mit 1-cm-Tülle die Windbeutel durch die Öffnung im Boden mit dieser Mischung gut füllen.

DAS MARZIPAN VORBEREITEN UND DIE FEIGEN UMHÜLLEN: Das Marzipan auf die Arbeitsfläche geben und mit den Händen zwei Drittel davon mauve und den Rest eher grün färben. Die genauen Farbnuancen nach eigenem Kunstverständnis festlegen.
  Die Arbeitsfläche mit Puderzucker bestreuen und 50–70 g Marzipan zu einer kleinen ca. 3 mm dicken Scheibe ausrollen und dabei die beiden Farben sacht mischen, so daß ein Marmormuster entsteht. Einen Windbeutel auf die Scheibe setzen und das Marzipan um den Windbeutel legen. Die Ränder zusammendrücken, so daß es aussieht wie ein Stielansatz, und voilà, fertig ist die »Feige«! Mit dem Modellierwerkzeug oder der stumpfen Seite einer Messerschneide so bearbeiten, daß sie einer echten Feige ähnelt, und hier und da mit den Fingerspitzen vorsichtig etwas Puderzucker auftupfen (siehe Foto gegenüber). Mit den übrigen Windbeuteln ebenso verfahren.

SERVIERVORSCHLAG: Die Marzipanfeigen auf einen Porzellanteller servieren oder, etwas rustikaler, in der Holzkiste, in der die echten Feigen verkauft wurden.

SPEZIALGERÄTE:

Modellierwerkzeug aus Kunststoff (z. B. für Fimo) (nach Wunsch)
Spritzbeutel mit 5-mm-Lochtülle
Spritzbeutel mit 1-cm-Lochtülle

ANMERKUNGEN:

Zum Picknick die »Feigen« in der Holzkiste transportieren, in der sie geliefert wurden.

Sie sollten innerhalb von 24 Stunden gegessen werden, da die Mousseline-Creme bei längerer Lagerung sauer wird.

ENGELSHAAR IN HELLEM SAUTERNES-GELEE
Cheveux d'ange en gelée de Sauternes mi-prise

Dieses originelle, erfrischende Dessert bildet den vollendeten Abschluß eines eleganten Sommermahls.

ZUTATEN: ❉

½ Flasche süßer Weißwein, vorzugsweise Sauternes
2 Blatt Gelatine, in kaltem Wasser eingeweicht und gut abgetropft

200 ml »Sorbetsirup« (S. 144)
8 Eigelb, durch ein Sieb gestrichen

6 Kumquats
1 kleiner Granatapfel

Für 6 Personen

Zubereitungszeit: 30 Minuten, plus Eindickzeit

Garzeit: 10 Minuten für die Kumquats

DAS SAUTERNES-GELEE: Von dem Sauternes 50 ml in einem kleinen Topf erhitzen. Von der Kochstelle nehmen, die Gelatine zufügen und auflösen, dann den restlichen Wein zugießen, jedoch nicht zu stark verrühren. Etwa 1 Stunde im Kühlschrank eindicken lassen.

DAS ENGELSHAAR: Den Sirup in einem flachen Brattopf erhitzen. Sobald er anfängt zu sieden, 2 Eigelb in eine Spritztüte füllen, die Spitze so abschneiden, daß eine winzige Öffnung (etwa 1 mm) entsteht.

Die Tüte etwa 5 cm über der Sirupoberfläche von einer Seite des Brattopfs zur anderen bewegen und dabei das Eigelb durch das Loch in den Sirup fließen lassen (siehe Foto rechts). Das Eigelb etwa 1 Minute pochieren, bis es Fäden wie Engelshaar bildet. Die Fäden mit einem flachen Schaumlöffel herausholen und in eine Schüssel mit kaltem Wasser geben. Mit dem übrigen Eigelb ebenso verfahren. Nach 5 Minuten das Engelshaar mit dem Schaumlöffel aus dem kalten Wasser heben, gut abtropfen lassen, in eine Schüssel geben und in den Kühlschrank stellen.

SPEZIALGERÄTE:
Spritztüte

DIE KUMQUATS: In einem kleinen Topf mit kochendem Wasser blanchieren, mit kaltem Wasser abschrecken und abtropfen lassen. Den Pochiersirup von dem Engelshaar in denselben Topf gießen und zum Kochen bringen. Die Kumquats hineingeben und 10 Minuten pochieren, dabei den Sirup sachte köcheln lassen. Die Kumquats in dem Sirup bei Zimmertemperatur abkühlen lassen, dann in den Kühlschrank stellen.

DER GRANATAPFEL: Schälen, die Kerne in eine Schüssel löffeln und in den Kühlschrank stellen.

SERVIERVORSCHLAG: Das Engelshaar in sechs Ballongläsern oder flachen Glasschälchen jeweils in der Mitte arrangieren. Eine Kumquat darauf legen und rundherum am Rand die Granatapfelkerne verteilen. Das Sauternes-Gelee durch leichtes Rühren etwas auflockern, in die Schälchen gießen und damit das Engelshaar, die Kumquats und Granatapfelkerne bedecken. Mit Löffel und Gabel servieren.

ANMERKUNG:
Das Dessert läßt sich einen Tag im voraus zubereiten und kurz vor dem Servieren arrangieren.

PALMEN MIT EXOTISCHEN FRÜCHTEN
Le cocotier et ses fruits exotiques

Dieses Dessert eignet sich vorzüglich für eine Kinderparty. Die Kombination von Früchten und knusprigem Teig wird bei den Kleinen garantiert ein voller Erfolg.

ZUTATEN: ❉

600 g »Jean Millets Blätterteig« (S. 24) oder »Schneller Blätterteig« (S. 25)
Mehl zum Bestäuben
Verquirltes Eigelb (1 Eigelb, gemischt mit 1 EL Milch und 1 Prise Salz)
Puderzucker zum Bestäuben
1 sehr reife Mango, ca. 300 g
70 ml »Sorbetsirup« (S. 144)
70 ml Wasser
1 Kokosnuß

Für 4 Personen

Zubereitungszeit: 30 Minuten

Backzeit: 10 Minuten

DIE TEIGPALMEN: Den Teig auf einer leicht mit Mehl bestäubten Fläche zu einem 60 x 14 cm großen und 2 mm dicken Rechteck ausrollen. Die Schablone auf eine Seite des Rechtecks legen und mit der Spitze eines Messers eine Palmenform ausschneiden. Um möglichst wenig Teig zu verschwenden, die Schablone umdrehen, so daß der Stamm oben ist und die Blätter zum Körper zeigen. Eine zweite Palme ausschneiden, dann den Vorgang wiederholen, bis man insgesamt vier Palmen hat.

Die Palmen behutsam auf ein leicht befeuchtetes Backblech legen, ohne dabei die Form zu beschädigen. Mit verquirltem Eigelb bepinseln und 20 Minuten in den Kühlschrank stellen.

Den Backofen auf 180 °C (Gasherd Stufe 2–3) vorheizen.

DIE PALMEN BACKEN: Die Palmen erneut mit verquirltem Eigelb einpinseln und 10 Minuten im vorgeheizten Backofen backen. 1 Minute bevor sie fertig sind, mit Puderzucker bestäuben und zum Glasieren für 1 weitere Minute in den Ofen schieben.

DIE MANGO-COULIS: Die Mango schälen, das Fleisch rundherum vom Kern schneiden und in einem Mixer zusammen mit Sirup und Wasser 1 Minute zu einer glatten Coulis pürieren.

DIE KOKOSNUSS: Die Schale entfernen und das Fleisch in kleine Stücke brechen.

SERVIERVORSCHLAG: Die Palmen auf vier flachen Tellern arrangieren. Die Mango-Coulis um jede Palme herumgießen und unten am Stamm etwas Kokosnußfleisch häufeln.

SPEZIALGERÄTE:
Selbstgemachte Pappschablone von einer doppelten Palme, ca. 12 cm groß (siehe abgebildete Teigpalme auf S. 188)

ANMERKUNG:
Statt Blätterteig kann man »Süßen Mürbeteig« (S. 20) verwenden. Den Teig 3 mm dick ausrollen, nach dem Backen jedoch nicht mit Puderzucker glasieren.

KALTE DESSERTS

ANISPARFAIT MIT BROMBEERCOULIS
Parfait à l'anis et son coulis de mûres

Die ungewöhnliche Kombination von Brombeeren mit Anisschnaps und üppigem Parfait findet immer wieder großen Anklang. In meinem Restaurant »The Waterside Inn« gehört das Anisparfait den ganzen Sommer und Herbst über zu den beliebtesten Desserts.

ZUTATEN: ❋
½ Menge »Biskuit Joconde« (S. 31)
140 g »Krokant« (S. 189)

BROMBEERCOULIS
350 g Brombeeren
1 EL Pastis oder Ricard
120 ml »Sorbetsirup« (S. 144)

PARFAITMISCHUNG
100 g Zucker
Saft von ½ Zitrone
4 Eigelb
40 ml Pastis oder Ricard
1 Blatt Gelatine, in kaltem Wasser eingeweicht und gut abgetropft
300 ml Schlagsahne, cremig geschlagen

GARNIERUNG
36 Brombeeren, gewaschen und geputzt
8 kleine Minzezweige

Für 8 Personen

Zubereitungszeit: 45 Minuten

DER BISKUIT: Aus dem fertiggebackenen Biskuitboden mit einer glatten Ausstechform von 6 cm Durchmesser acht Scheiben ausstechen. Die Tortenringe auf einem kleinen Backblech arrangieren und die Biskuitscheiben als Boden hineinlegen, dann in den Kühlschrank stellen.

DIE BROMBEERCOULIS: Die Brombeeren waschen, putzen und in einem Mixer mit dem Pastis oder Ricard und dem Sorbetsirup 2 Minuten pürieren. Die Coulis durch ein mit einem Mulltuch ausgelegtes Spitzsieb passieren und in den Kühlschrank stellen.

DIE KROKANTBÖDEN: Den Krokant hauchdünn ausrollen und Scheiben von 8 cm Durchmesser ausstechen. An einen trockenen Ort stellen.

DIE PARFAITMISCHUNG: 2 Eßlöffel Wasser, Zucker und Zitronensaft in einem kleinen schweren Topf zum Kochen bringen. Den Innenrand des Topfes mit einem in kaltes Wasser getauchten Backpinsel abpinseln. Das Zuckerthermometer in den Sirup tauchen und die Mischung langsam auf 115 °C erhitzen. Nun das Eigelb cremig schlagen. Sobald das Zuckerthermometer 121 °C anzeigt, den Topf vom Herd nehmen und den Sirup 1 Minute ausköcheln lassen. Dann den Sirup in einem dünnen Strahl zu dem Eigelb gießen, dabei ständig leicht schlagen (Rührgerät Stufe 1), bis die Mischung ganz kalt ist.

Den Pastis oder Ricard etwas erwärmen und die Gelatine darin auflösen, ein paar Minuten abkühlen lassen und vorsichtig unter die geschlagene Sahne ziehen. Mit einem Rührbesen ein Drittel der Sahne unter die Parfaitmischung ziehen, dann den Rest mit einem Spatel vorsichtig unterheben.

DIE PARFAITS ARRANGIEREN: Einen Spritzbeutel mit der Parfaitmischung füllen und diese in die Tortenringe spritzen. Mit einer Palette glattstreichen und die Desserts mindestens 2 Stunden tiefkühlen.

SERVIERVORSCHLAG: Mit einem Kaffeelöffel jedes Parfait in der Mitte 2 cm tief aushöhlen. Die Tortenringe von den Parfaits heben, dazu mit einem in kaltes Wasser getauchten Messer zwischen den Parfaits und den Ringen entlangfahren.

Jedes Parfait auf eine Krokantscheibe setzen und auf einzelnen Tellern arrangieren. Die zwölf größten Brombeeren längs halbieren. Drei ganze Brombeeren in die Vertiefung von jedem Parfait legen, dann drei halbierte Beeren auf den Teller, zusammen mit einem Minzezweig. Etwas von der Brombeercoulis auf die ganzen Beeren gießen und ein wenig auf die Teller. Sofort servieren.

SPEZIALGERÄTE:
Zuckerthermometer
8 Tortenringe, 6 cm Durchmesser, 3 cm hoch
Mulltuch
Spritzbeutel mit 7-mm-Lochtülle

ANMERKUNG:
Dieses eisgekühlte Dessert hält sich im Gefrierschrank mindestens 1 Woche.

KALTE DESSERTS

Meringekissen mit glasierten Maronen

Douillets de meringue aux marrons glacés

Besonders gut schmeckt dieses köstliche Dessert mit einer Coulis oder mit warmer »Schokoladensauce« (S. 55).

ZUTATEN: ❊

½ Menge »Französische Meringe« (S. 37)
30 g Mandeln, leicht geröstet und gestiftelt
1 TL Mohn (nach Wunsch)

200 g »Schokoladensahne« (S. 42)
½ Menge »Kastanien-Bavaroise« (S. 43), im voraus zubereitet und gekühlt
200 g glasierte Maronen oder Kastanien in Sirup (ganz oder in Stücke geschnitten)

Für 6 Personen

Zubereitungszeit:
35 Minuten plus
1 Stunde für die Meringe

DIE MERINGEBÖDEN: Den Backofen auf 100 °C (Gasherd Stufe ½) vorheizen. Die Meringe entsprechend dem Rezept auf S. 37 zubereiten. Mit Hilfe der Schablone auf das Backblech oder das Backtrennpapier eine Meringescheibe geben und mit einer Palette glattstreichen. Die Schablone versetzen und auf die gleiche Weise weitere 17 Scheiben zubereiten (siehe Abbildung rechts). Die Mandeln und den Mohn auf sechs Scheiben streuen. Die Meringen 1 Stunde backen, aus dem Backofen nehmen und auf dem Backblech abkühlen lassen. Die Scheiben, wenn sie fast kalt sind, mit einer Palette auf einen Kuchenrost heben. An einen sehr trockenen Platz stellen, sobald sie ganz kalt sind.

DIE KISSEN ARRANGIEREN: Die »Schokoladensahne« zubereiten und in den Spritzbeutel füllen. Auf die zwölf Meringeböden ohne Mandel-Mohn-Belag einen aus drei Ringen bestehenden, insgesamt 1 cm hohen Rand spritzen. Die Kissen 5 Minuten in den Kühlschrank stellen.

SPEZIALGERÄTE:

1 Schablone, 7,5 cm Durchmesser, 4 mm dick
Spritzbeutel mit 3-mm-Lochtülle
1 antihaftbeschichtetes Backblech oder Backtrennpapier

ANMERKUNGEN:

Mit Ausnahme der Sahnecreme, die ganz zum Schluß zubereitet werden muß, können alle anderen Bestandteile dieses Desserts am Vortag zubereitet werden.

Die Kastanien-Bavaroise sollte fest sein, damit die Meringe nicht aufweicht und außen knusprig und innen etwas klebrig bleibt.

KALTE DESSERTS

SERVIERVORSCHLAG: Die schönsten Maronenstücke zum Dekorieren zurücklegen. Mit einem Löffel die Kastanien-Bavaroise in die Mitte der 12 Kissen mit Rand geben und auf der Bavaroise einige kleine Stücke glasierte Maronen arrangieren. Jeweils zwei dieser gefüllten Meringeböden aufeinanderlegen und mit je einem mit Mandeln und Mohn bestreuten Boden abschließen. Die Kissen mit einer Palette auf Servierteller gleiten lassen, mit einer hübschen Marone oder Maronenhälfte dekorieren und gleich servieren.

MOKKAPARFAIT
Parfait au café

Bei diesem Parfait sollte man mit der Verzierung zurückhaltend sein; eine leichte Schokoladenglasur oder ein paar Kaffee- oder Schokoladenbohnen als Garnitur genügen, um es noch attraktiver zu machen.

ZUTATEN:

½ Menge gebackene »Haselnuß-Dacquoise« (S. 31)
1 EL Wasser
75 g Zucker
4 Eigelb
1 Blatt Gelatine, in kaltem Wasser eingeweicht und gut abgetropft
2 EL Instantkaffee, in 2 EL warmem Wasser aufgelöst
250 ml Schlagsahne, cremig geschlagen

Für 10 Personen

Zubereitungszeit:
40 Minuten

DIE DACQUOISE-BÖDEN: Entsprechend der Größe der Tortenringe zehn Dacquoise-Scheiben ausstechen. Die Tortenringe auf ein Backblech setzen, mit den Dacquoise-Böden auslegen und in den Kühlschrank stellen.

DIE PARFAITMISCHUNG: Das Wasser in einen kleinen schweren Topf geben, den Zucker zufügen und bei niedriger Temperatur langsam zum Kochen bringen. Den Innenrand des Topfes mit einem in kaltes Wasser getauchten Backpinsel abpinseln, um Zuckerkristalle aufzulösen. Das Thermometer in den Sirup tauchen und den Sirup so lange kochen, bis die Temperatur 115 °C beträgt. Nun das Eigelb mit einem Elektromixer oder mit der Hand schlagen. Sobald der Sirup 121 °C heiß ist, die Temperatur abdrehen und den Sirup 1 Minute köcheln lassen. Den Sirup in einem dünnen Strahl zu dem Eigelb gießen, dabei ununterbrochen rühren, jedoch langsamer. Wenn der Sirup vollständig mit dem Eigelb vermischt ist, die gut abgetropfte Gelatine einrühren und schlagen, bis die Mischung völlig abgekühlt ist. Den aufgelösten Kaffee einrühren, dann mit einem Spatel behutsam die geschlagene Sahne unterziehen.

DIE PARFAITS HERSTELLEN: Die Tortenringe in einer Reihe aufstellen, die Parfaitmischung hineinspritzen und die Oberflächen mit einer Palette glattstreichen. Die Parfaits ins Gefrierfach stellen.

SERVIERVORSCHLAG: Mit einem in kaltes Wasser getauchten Messer zwischen den Parfaits und den Tortenringen entlangfahren und die Ringe abheben. Die Parfaits auf einzelne Teller verteilen und gefroren wie Eiscreme servieren. Man kann sie entweder einfach so servieren oder rundherum mit einem Band »Crème anglaise mit Mokkaaroma« (S. 40) garnieren.

SPEZIALGERÄTE:

Zuckerthermometer
Spritzbeutel mit 7-mm-Lochtülle
10 Tortenringe, 6 cm Durchmesser, 3 cm hoch

ANMERKUNG:

Die Parfaits lassen sich gut bis zu 1 Woche einfrieren; daher reicht dieses Rezept eventuell für zwei Mahlzeiten, je nach Anzahl der Gäste und deren Appetit.

KALTE DESSERTS

KROKANTKÖRBCHEN MIT GELBEN PFIRSICHEN
La coupelle de nougatine aux pêches jaunes

Dieses elegante und zarte Dessert ist genau das richtige für ein Festessen oder ein Abendessen bei Kerzenschein. Allerdings erfordert seine Zubereitung einiges Geschick. Da es ein typisches Winterdessert ist, verwende ich Dosenpfirsiche in Sirup. Sie passen farblich und geschmacklich ausgezeichnet zu dem Krokant.

ZUTATEN: ❊

*850 g »Krokant«, frisch zubereitet (nach dem Rezept S. 189 benötigt man für diese Menge 350 g Mandeln, 460 g Zucker und 40 g Butter)
2 EL Erdnußöl, zum Einfetten*

*2 EL »Glasur Royal« (S. 181)
50 g Zucker*

½ Menge »Ingwermousse« (S. 49), mindestens 2 Stunden im voraus zubereitet und im Kühlschrank aufbewahrt

*6 Hälften gelbe Pfirsiche in Sirup (ca. 320 g, Abtropfgewicht)
48 Pinienkerne, mit Puderzucker bestreut und unter einem sehr heißen Grill oder einem Salamander glasiert*

Für 6 Personen

*Zubereitungszeit:
1 Stunde 15 Minuten*

DIE KROKANTBÖDEN: Den Backofen auf 160 °C (Gasherd Stufe 1–2) vorheizen. Auf einem erwärmten, aber nicht ganz heißen, eingefetteten oder mit Backtrennpapier belegtem Backblech eine Hälfte Krokant 2 mm dick ausrollen. Er sollte stets frisch zubereitet werden, damit er geschmeidig ist. Sollte er zu hart sein, schiebt man das Backblech mit dem Krokant für ein paar Sekunden in den warmen Backofen; den Krokant auf keinen Fall überhitzen, damit er nicht am Backblech haftenbleibt. Mit einer glatten Ausstechform sechs Krokantscheiben ausstechen, dann rasch mit den Fingern in jede Scheibe fünf Wellen drücken. Die vordere Welle sollte eine stärker ausgeprägte Form haben (1). Die Krokantböden auf einen Rost legen.

1

DIE KROKANTKÖRBCHEN: Die Halbkugelform langsam im Backofen erwärmen. Die Schneide eines kleinen, scharfen Messers über einer Gasflamme erhitzen.

Die zweite Hälfte Krokant wie zuvor ausrollen und weitere sechs Scheiben ausstechen. Mit dem sehr heißen Messer jede Scheibe einmal von der Mitte zum Rand einschneiden, das Messer falls nötig erneut erhitzen. Diese Scheiben nacheinander um die erwärmte Halbkugel legen und formen. Den Krokant links und rechts von dem Einschnitt leicht einrollen (2), dabei darauf achten, daß das ganze Körbchen schön in Form bleibt. Während dieses Vorgangs sollte der Krokant formbar, aber nicht zu weich sein.

2

Die Krokantkörbchen auf den Rost legen und die Ränder mit Hilfe einer Spritztüte mit »Glasur Royal« verzieren.

50 g Zucker in einem kleinen Topf bei sehr niedriger Temperatur ohne Wasser unter ständigem Rühren auflösen. Sobald er karamelisiert, mit einem Teelöffel ein wenig Karamel auf die Unterseite der Körbchen geben und die Körbchen sofort auf die Krokantunterlagen kleben.

SPEZIALGERÄTE:

*1 Halbkugelform aus Edelstahl, 4,5 cm hoch, 9 cm Durchmesser
Schweres Nudelholz oder spezielle Krokantrolle aus Metall
Leicht eingefettetes Backblech oder ein Bogen Backtrennpapier
Beliebige runde Ausstechform mit 14 cm Durchmesser
Spritztüte
Spritzbeutel mit 15-mm-Lochtülle*

ANMERKUNGEN:

Damit der Krokant beim Ausrollen oder Formen der Wellen schön geschmeidig ist, erwärmt man ihn nötigenfalls immer wieder ein paar Sekunden in der Mikrowelle oder 2–3 Minuten im Backofen bei 160 °C (Gasherd Stufe 1–2).

Die Krokantkörbchen kann man 2 oder 3 Tage im voraus zubereiten. Sie werden an einem sehr trockenen Platz aufbewahrt und frühestens 1 Stunde vor der Mahlzeit mit der Mousse gefüllt.

DIE INGWERMOUSSE: Die gekühlte Mousse in den Spritzbeutel füllen und in die Körbchen spritzen, diese jedoch nicht bis zum Rand füllen. Die Körbchen lassen sich nun bis zu 1 Stunde im Kühlschrank aufbewahren.

SERVIERVORSCHLAG: Die Pfirsichhälften abtropfen lassen und vorsichtig trockentupfen. Jede Hälfte in dünne Scheiben schneiden und auf der Mousse in jedem Körbchen fächerartig zu einer Blütenform arrangieren. Die Pinienkerne darüberstreuen und die Krokantkörbchen auf Teller setzen, die zu ihrer Form passen. Gekühlt, aber nicht eiskalt servieren.

KALTE DESSERTS

KALTE DESSERTS

GUGELHUPF NACH ART DES HAUSES
Kouglof à ma façon

Dieses Rezept ist meine ganz persönliche Variante eines wunderbaren Winterdesserts. Die Gugelhupfe erinnern ein wenig an den britischen »Bread-and-Butter Pudding«, sind aber feiner und schöner anzusehen. Wer keine kleinen Gugelhupfformen hat, bereitet einfach ein großes Dessert zu; es muß allerdings länger mit Sirup getränkt und regelmäßig begossen werden.

ZUTATEN:

GUGELHUPFTEIG
*12 g frische Hefe
60 ml Milch, gekocht und lauwarm abgekühlt
7 g feines Salz
250 g Mehl
3 Eier
175 g weiche Butter
35 g Zucker
Mehl zum Bestäuben
100 Sultaninen plus ca. 50 g zum Garnieren, eingeweicht in 50 ml Rum
90 Mandeln, blanchiert und abgezogen, längs halbiert (d.h. 180 Hälften)
1 Eiweiß
500 ml »Sorbetsirup« (S. 144)
300 g »Chantilly-Sahne« (S. 42)
15 kleine Minzezweige
750 ml »Crème anglaise« (S. 40)*

Ergibt 15 kleine Gugelhupfe oder 1 großen Gugelhupf

*Zubereitungszeit:
50 Minuten plus
45 Minuten zum Aufgehen und 24 Stunden Ruhezeit*

*Backzeit:
25 Minuten*

DER GUGELHUPFTEIG: Mit den angegebenen Zutaten entsprechend dem Rezept für Briocheteig (S. 19) zubereiten und im Kühlschrank 24 Stunden ruhen lassen.

DIE GUGELHUPFE IN DIE FORM GEBEN: Die 100 g Sultaninen unter den Teig mischen. Den Teig in 15 kleine Stücke à 50 g teilen und diese auf einer leicht bemehlten Fläche zu Kugeln formen. Eine Kugel in eine Gugelhupfform drücken, so daß sie sich den Konturen der Form genau anpaßt. Die übrigen Formen auf die gleiche Weise füllen.

Die Mandelhälften auf der flachen Seite mit etwas Eiweiß befeuchten und jeweils mit der flachen Seite in den Ausbuchtungen der Form auf den Teig drücken (12 Hälften pro Form). Die Gugelhupfe an einem warmen, zugfreien Platz circa 45 Minuten aufgehen lassen.

Nun den Backofen auf 200 °C (den Gasherd auf Stufe 3–4) vorheizen.

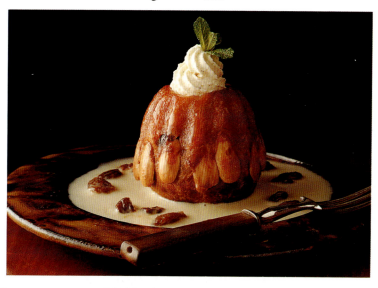

DIE GUGELHUPFE BAKKEN: Im vorgeheizten Backofen 25 Minuten backen. Vorsichtig aus der Form lösen, damit die Mandeln nicht abfallen. Die Gugelhupfe auf ein Kuchengitter setzen und bei Zimmertemperatur abkühlen lassen.

DIE GUGELHUPFE TRÄNKEN: Den Sorbetsirup mit 250 ml Wasser zum Kochen bringen, dann auf ca. 40 °C abkühlen lassen. Die Gugelhupfe in ein oder zwei flache Schüsseln setzen und mit dem Sirup übergießen. Etwa 20 Minuten durchziehen lassen, dann auf einem Kuchengitter abtropfen lassen.

Sobald die Gugelhupfe kalt sind, die »Chantilly-Sahne« in den Hohlraum spritzen und mit einem Zweig Minze verzieren.

SERVIERVORSCHLAG: Je einen Gugelhupf in die Mitte eines Tellers setzen. Rundherum etwas Crème anglaise gießen und die restlichen Sultaninen auf die Creme streuen. Mit Zimmertemperatur servieren.

SPEZIALGERÄTE:
*15 kleine Gugelhupfformen, unten 4 cm, oben 9 cm Durchmesser, 5 cm hoch, eingefettet mit 50 g Butter
Spritzbeutel mit 1-cm-Sterntülle*

ANMERKUNG:
Eine geringere Teigmenge bedeutet unweigerlich eine Qualitätseinbuße; die Gugelhupfe halten sich jedoch ungetränkt mehrere Tage, wenn man sie in einem luftdichten Behälter an einem trockenen Platz lagert, tiefgefroren bis zu 8 Tagen. Kurz vor dem Servieren mit Sirup tränken.

KALTE DESSERTS

LIEBESNESTER MIT ROTEN JOHANNISBEEREN
Puits d'amour aux perles de groseilles

Dieses Dessert paßt hervorragend zu besonderen Anlässen wie Verlobung oder Hochzeit.
Köstlich schmeckt es auch mit einer »Obstcoulis« aus roten Beeren (S. 51).

ZUTATEN: ❃

250 g Reste von »Schnellem Blätterteig« (S. 25) oder »Teig für Tortenböden« (S. 22)
Verquirltes Eigelb (1 Eigelb verrührt mit 1 EL Milch und 1 Prise Salz)
½ Menge Brandteig (S. 26)
Butter zum Einfetten
200 g Zucker

½ Menge »Chiboust-Creme« (S. 39), frisch zubereitet ohne Alkohol
200 g rote Johannisbeeren plus ein paar Zweige zum Verzieren

Für 8 Personen

Zubereitungszeit: 25 Minuten

Backzeit: 25 Minuten

DIE BÖDEN ZUBEREITEN: Die Blätterteigreste auf einer leicht bemehlten Fläche 3 mm dick ausrollen. Mit dem Ausstecher acht Scheiben ausstechen und vorsichtig auf ein Backblech legen. Mehrmals mit einer Gabel einstechen. 20 Minuten in den Kühlschrank stellen.

DIE NESTER BACKEN: Den Backofen auf 220 °C (Gasherd Stufe 4–5) vorheizen.
Den Innenrand jeder Teigscheibe mit verquirltem Eigelb bepinseln. Den Brandteig in den Spritzbeutel mit Lochtülle füllen und auf dem Eigelbring eine ordentliche Teigwurst spritzen. Anschließend auf die Mitte von jedem Teigboden eine Spirale Brandteig spritzen, dabei die Tülle dicht über den Teigboden halten, damit die Spirale halb flachgedrückt und somit niedriger wird als der Außenrand. Den Brandteig am Rand mit verquirltem Eigelb bepinseln und die Nester im heißen Backofen 10 Minuten backen. Dann die Temperatur auf 180 °C (Gasherd Stufe 2–3) reduzieren und weitere 7–8 Minuten backen. Die Nester aus dem Ofen nehmen und auf einen Kuchenrost gleiten lassen.

DIE BRANDTEIGHERZEN: Eine fettdichte Spritztüte mit Brandteig füllen und die Spitze mit der Schere so abschneiden, daß eine winzige Öffnung (etwa 2 mm) entsteht. Auf ein leicht eingefettetes Backblech acht Herzen von 4 x 4 cm und acht kleinere Herzen von 2,5 x 2,5 cm Größe dressieren. Die Herzen im Backofen 8 Minuten bei 180 °C (Gasherd Stufe 2–3) backen, dann auf den Kuchenrost legen.

DER KARAMEL: Den Zucker in einem kleinen Topf bei niedriger Temperatur unter ständigem Rühren auflösen, bis er sich blaßgelb färbt. Sofort von der Kochstelle nehmen. Die Nester vorsichtig mit der Hand in den Karamel tauchen, so daß Boden und Rand teilweise mit Karamel überzogen werden. Mit einer Pinzette die Herzen bis zur Hälfte in den Karamel tauchen, so daß sie nur halbhoch überzogen sind, und auf einen Kuchenrost legen. Falls der Karamel während dieses Arbeitsvorgangs auskühlt und hart wird, erwärmt man ihn 30–60 Sekunden bei sehr niedriger Temperatur, damit er flüssig wird und nicht zu dick auf dem Brandteig haftenbleibt.

DIE LIEBESNESTER FERTIGSTELLEN: Die frisch zubereitete, warme Chiboust-Creme in den Spritzbeutel mit der Sterntülle füllen. Eine großzügige Rosette Chiboust-Creme in den Hohlraum von jedem Nest spritzen. Auf den Brandteigrand eine Perlenkette aus roten Johannisbeeren arrangieren. In die Creme ein großes und ein kleines Herz setzen, dann zum Schluß jedes »Liebesnest« mit einem kleinen Zweig roter Johannisbeeren garnieren.

SPEZIALGERÄTE:

1 glatte, runde Ausstechform, 10 cm Durchmesser
2 Spritzbeutel, einer mit 1-cm-Lochtülle, einer mit 15-mm-Sterntülle
1 fettdichte Spritztüte
Pinzette

ANMERKUNGEN:

Die fertigen »Liebesnester« lassen sich einfrieren, doch mit den roten Johannisbeeren verziert man sie besser erst, nachdem sie aus dem Tiefkühlfach kommen.

Zum Füllen der Nester benötigt man zwar nur ein Viertel der Chiboust-Creme, doch das Rezept gelingt nur mit mindestens einer halben Menge. Die übrige Creme kann man beispielsweise am nächsten Tag in Gläsern mit etwas gewürfeltem Obst servieren.

HEISSE DESSERTS

Heiße oder warme Süßspeisen sind im Herbst und Winter besonders beliebt. Sie dürfen auch ein wenig üppiger ausfallen als die kleinen, kühlen Sommerdesserts, die in erster Linie erfrischen sollen. Heiß servierte Desserts erfordern zwar meist einige Vorbereitung und müssen während oder auch genau am Ende des Hauptgangs fertiggestellt und sofort aufgetragen werden. Doch wer die Situation im Griff behält, wird für seine heißen Desserts Beifall ernten.

Die in diesem Kapitel vorgestellten heißen Soufflés sind meine große Leidenschaft. Kein Dessert ist so köstlich, leicht, schmelzzart und verführerisch wie ein Soufflé. Soufflés sind der krönende Abschluß eines Essens. Sie werden nicht einfach bloß gegessen – sie werden genossen. Serviert mit einer Coulis, einer sehr leichten Sauce oder Eiscreme sind sie ein Gaumenschmaus.

Die drei goldenen Regeln, die es zu beachten gilt, wenn ein Soufflé gelingen soll, lauten:
1. Wollen, daß es gelingt
2. Gut organisieren
3. Das Soufflé sofort servieren. Es heißt nicht umsonst: »Du kannst auf ein Soufflé warten, aber ein Soufflé wartet nie auf dich.«

Himbeersauce wird in die Mitte des Soufflés gegossen.

HEISSE DESSERTS

SOUFFLÉS MIT KANDIERTEN FRÜCHTEN
Soufflés aux fruits candis

Diese zartsüßen, fruchtigen Soufflés servieren wir seit vielen Jahren für unsere Stammgäste im »Waterside Inn«. Frisch geschlagene Honigeiscreme ist eine köstliche Beilage.

ZUTATEN:
30 g weiche Butter
110 g Zucker

100 g gemischte kandierte Früchte, zu gleichen Mengen (Kirschen, Engelwurzstengel, Orangen oder Zitronen, Aprikosen)
4 EL Milch
1 geschlitzte Vanilleschote oder 1 TL Vanilleessenz
180 g »Konditorcreme« (S. 39)
20 g flüssiger Honig
7 Eiweiß
8 Makronen mit Vanillearoma (nach Wunsch)
2 EL Puderzucker

Für 4 Personen

Zubereitungszeit:
25 Minuten

Backzeit:
6–7 Minuten

DIE SOUFFLÉ-FORMEN VORBEREITEN: Die Formen mit der weichen Butter ausstreichen. 30 g Zucker in eine Form hineingeben und die Form rütteln, damit der Zucker überall gleichmäßig haftet. Den überschüssigen Zucker in die nächste Form schütten und den Vorgang wiederholen, bis alle Formen beschichtet sind.

Den Backofen auf 220 °C (Gasherd Stufe 4–5) vorheizen und ein Backblech hineinschieben, damit es heiß wird.

DIE SOUFFLÉS ZUBEREITEN: Die kandierten Früchte sehr fein hacken. Die Milch in eine Schüssel geben und die Früchte mit einem Löffel untermischen. Die Vanilleschote mit einem spitzen Messer auskratzen und das Mark oder die Vanilleessenz in die Mischung einrühren.

Die Konditorcreme in eine weite Schüssel geben und in der Mikrowelle oder im Wasserbad erwärmen. Wenn sie lauwarm ist, die Früchtemischung und den Honig zufügen.

Das Eiweiß mit einem Rührgerät oder mit dem Schneebesen schlagen, bis es halb aufgegangen ist, dann den restlichen Zucker zufügen und weiterschlagen, bis es steif, aber trotzdem cremig ist. Mit dem Schneebesen ein Drittel des Eiweiß unter die Konditorcreme ziehen, dann den Rest zugeben und behutsam mit einem Spatel unterheben. Die Soufflé-Formen zu einem Drittel mit der Mischung füllen, jede Form mit zwei grob zerstoßenen Makronen bestreuen, dann die Formen ganz füllen und die Oberfläche mit einer Palette glattstreichen. Die Mischung behutsam mit der Spitze eines Messers vom Rand der Formen wegdrücken.

DIE SOUFFLÉS BACKEN: Die Formen auf das heiße Backblech stellen und die Soufflés im heißen Backofen 6–7 Minuten backen.

SERVIERVORSCHLAG: Die Soufflés leicht mit Puderzucker bestäuben und auf mit Papierdeckchen ausgelegten Tellern sofort servieren.

SPEZIALGERÄTE:
4 Soufflé-Formen,
10 cm Durchmesser,
6 cm hoch

HEISSE DESSERTS

ORANGEN MIT SOUFFLÉ-FÜLLUNG UND KARAMELSAUCE
Oranges soufflées, sauce caramel

Dieses köstliche Dessert ist äußerst empfindlich und sollte unverzüglich serviert werden. Das gilt zwar für alle Soufflés, aber für dieses ganz besonders, da die zarte Mischung kein Mehl enthält. Der Gegensatz zwischen dem warmen, weichen Soufflé und dem kühlen Schokoladensorbet ist einfach himmlisch.

ZUTATEN:

12 unbehandelte Orangen à ca. 300 g
75 g Zucker

2 Mengen frisch zubereitete »Orangen-Karamel-Sauce« (siehe »Rote Beeren mit leicht kandierten Orangentropfen«, S. 64)
50 ml Grand Marnier (nach Wunsch)

½ Menge »Schokoladensorbet« (S. 148), mehrere Stunden zuvor geschlagen und sehr fest
20 g weiche Butter

48 kleine frische Zitronenverbenen- oder Minzeblätter
1 Menge »Meringeüberzug mit Eigelb« (S. 35)
1 Vanilleschote, geschlitzt

Für 8 Personen

Zubereitungszeit:
45 Minuten

Backzeit:

DIE KANDIERTEN ORANGENSCHALEN: Die Orangen kalt waschen und abtrocknen. Mit einem Kartoffelschälmesser von zwei der Orangen die Schalen abschälen. Die Schalen in feine Streifen schneiden, in einen kleinen Topf geben, mit kaltem Wasser bedecken und bei hoher Temperatur zum Kochen bringen. Abschrecken und abtropfen lassen. Die Schalen zurück in den Topf geben, den Zucker zufügen und mit kaltem Wasser bedecken. Langsam garen, bis fast die gesamte Flüssigkeit verdampft und nur ca. 1 Eßlöffel Sirup übriggeblieben ist. Die kandierten Schalen in ein Sieb geben und bis zur Verwendung abtropfen lassen.

DIE ORANGENSCHNITZEL: Zwei weitere Orangen schälen und von allen vier geschälten Orangen das weiße Mark und die Haut entfernen. Die Orangen filetieren, dabei das Messer zwischen die Trennhaut und das Fruchtfleisch schieben und das Segment herauslösen. Nacheinander die einzelnen Fruchtsegmente herauslösen, dabei die leeren Häutchen wie die Seiten eines Buches umblättern. Die Schnitzel in einer Schüssel bei Zimmertemperatur stehenlassen.

DIE ORANGEN-KARAMEL-SAUCE: Die stabilere Seite der restlichen Orangen als Basis verwenden und das obere Drittel zickzackförmig abschneiden. Die Orangen mit einem Suppenlöffel aushöhlen, ohne dabei die Orangenschale zu beschädigen, und das Fruchtfleisch in eine Schüssel geben. Die kleinen Deckel der Orangenschale wegwerfen.
Die ausgehöhlten Orangenschalen in den Kühlschrank stellen. Das Fruchtfleisch im Mixer pürieren und damit die Orangen-Karamel-Sauce nach dem Rezept auf S. 64 zubereiten; nach Wunsch den Grand Marnier zufügen. Die Sauce bei Zimmertemperatur stehenlassen.

DIE ORANGENBEHÄLTER: Den Backofen auf 170 °C (Gasherd Stufe 2) vorheizen.
Mit einem Backpinsel die Zickzackkanten sehr leicht mit weicher Butter bestreichen. Das Schokoladensorbet auf die Orangenbehälter verteilen. Mindestens 20 Minuten tiefkühlen.

DIE SERVIERTELLER: In der Zwischenzeit die Servierteller vorbereiten. (Unbedingt vor dem Fertigstellen und Backen der Orangen erledigen). Je sechs Orangenschnitzel auf den Tellern arrangieren, dabei in der Mitte für die Orangen mit Soufflé-Füllung Platz lassen. Zwischen die einzelnen Schnitzel ein Zitronenverbenen- oder Minzeblatt legen und etwas Orangen-Karamal-Sauce auf die Teller gießen.

DIE ORANGEN MIT SOUFFLÉ-FÜLLUNG FERTIGSTELLEN UND BACKEN: Entsprechend dem Rezept auf S. 35 den Meringeüberzug

SPEZIALGERÄTE:

Spritzbeutel mit 15-mm-Sterntülle
Eiswürfel oder grob zerstoßenes Eis

ANMERKUNG:

Da die Eiswürfel im Bräter fast vollständig schmelzen, ist beim Herausnehmen des Bräters Vorsicht geboten, damit man kein Wasser verschüttet.

zubereiten und mit dem Mark der Vanilleschote aromatisieren. Das Eis in einen 4–5 cm hohen Bräter geben, der für alle 8 Orangen ausreichend groß ist, und die mit Sorbet gefüllten Orangen hineinstellen. Die Meringe mit dem Spritzbeutel bis 2 cm über den Zackenrand einfüllen. Sofort im vorgeheizten Backofen 7–8 Minuten backen.

SERVIERVORSCHLAG: Die Orangen, sobald sie fertig sind, in die Mitte der einzelnen Teller setzen. Die kandierten Schalen darauf arrangieren und unverzüglich servieren.

PASSIONSFRUCHT-SOUFFLÉS
Soufflés aux fruits de la passion

Das perfekte Dessert: Es ist schnell und leicht zubereitet, schmeckt erfrischend und aromatisch.

ZUTATEN:
30 g weiche Butter
150 g Zucker
250 g »Konditorcreme«
(S. 39)
12 Passionsfrüchte
(insgesamt ca. 240 g)
8 Eiweiß

Für 4 Personen

Zubereitungszeit:
15 Minuten

Backzeit:
7–8 Minuten

SPEZIALGERÄTE:
4 Soufflé-Formen,
10 cm Durchmesser,
6 cm hoch

DIE SOUFFLÉ-FORMEN VORBEREITEN: Die Formen mit der weichen Butter ausstreichen. 30 g Zucker in eine Form hineingeben und die Form rütteln, damit der Zucker überall gleichmäßig haftet. Den überschüssigen Zucker in die nächste Form schütten und den Vorgang wiederholen, bis alle Formen beschichtet sind.

Den Backofen auf 190 °C (Gasherd Stufe 3) vorheizen und ein Backblech hineinschieben, damit es heiß wird.

DIE SOUFFLÉS ZUBEREITEN: Die Konditorcreme in eine weite Schüssel geben und in der Mikrowelle oder bei mittlerer Temperatur im Wasserbad erwärmen, bis sie lauwarm ist. Die Passionsfrüchte halbieren und mit einem Teelöffel das Innere aus insgesamt zehn Früchten herauskratzen und in einen Mixer geben. Den Inhalt der übrigen zwei zum Garnieren aufbewahren.

Die Passionsfrüchte mehrere Sekunden lang mixen, bis die Kerne etwas zerkleinert sind, dann zu der Konditorcreme geben.

Mit einem elektrischen Rührgerät oder mit dem Schneebesen das Eiweiß halb aufschlagen. Den restlichen Zucker zufügen und weiterschlagen, bis sich weiche Spitzen bilden. Mit dem Schneebesen ein Drittel des Eiweiß unter die Konditorcreme mischen, dann den Rest

behutsam mit dem Spatel unterziehen. Die Mischung in die vorbereiteten Formen füllen und die Oberfläche mit einer Palette glattstreichen. Mit der Spitze eines Messers die Mischung vom Rand der Form wegdrücken.

DAS SOUFFLÉ BACKEN: Die Formen auf das heiße Backblech stellen und die Soufflés im vorgeheizten Backofen 7–8 Minuten backen.

SERVIERVORSCHLAG: Sobald die Soufflés aus dem Backofen kommen, etwas von dem zurückbehaltenen Fruchtinneren auf jedes Soufflé löffeln und vorsichtig in der Mitte verteilen. Die Soufflés auf mit Papierdeckchen ausgelegte Servierteller setzen und sofort servieren.

SCHOKOLADENSOUFFLÉS
Soufflés chocolat

Diese Soufflés sind spielend leicht herzustellen. Wer möchte, reicht dazu eine samtweiche, frisch zubereitete »Vanilleeiscreme« (S. 137) oder etwas Crème double, von der sich jeder Gast selbst einen Löffel voll auf sein Soufflé geben kann.

ZUTATEN:
30 g weiche Butter
180 g Zucker
300 g »Konditorcreme« (S. 39)
65 g ungesüßtes Kakaopulver, gesiebt
8 Eiweiß
2 EL Puderzucker

Für 4 Personen

Zubereitungszeit: 20 Minuten

Backzeit: 7–8 Minuten

SPEZIALGERÄTE:
4 Soufflé-Formen, 10 cm Durchmesser, 6 cm hoch

DIE SOUFFLÉ-FORMEN VORBEREITEN: Die Formen mit der weichen Butter ausstreichen. 30 g Zucker in eine Form hineingeben und die Form rütteln, damit der Zucker überall gleichmäßig haftet. Den überschüssigen Zucker in die nächste Form schütten und den Vorgang wiederholen, bis alle Formen beschichtet sind.
Den Backofen auf 190 °C (Gasherd Stufe 3) vorheizen und ein Backblech auf die mittlere Schiene schieben, damit es heiß wird.

DIE SOUFFLÉS ZUBEREITEN: Die Konditorcreme in eine weite Schüssel geben und in der Mikrowelle oder bei mittlerer Temperatur im Wasserbad anwärmen. Sobald die Creme lauwarm ist, den Kakao einrühren.
Das Eiweiß mit einem elektrischen Rührgerät oder mit dem Schneebesen halb aufschlagen. Den restlichen Zucker zufügen und weiterschlagen, bis sich weiche Spitzen bilden. Mit dem Schneebesen ein Drittel des Eiweiß unter die Schokoladencreme ziehen, dann den Rest mit einem Spatel vorsichtig unterheben. Die Mischung in die Formen füllen und die Oberfläche mit einer Palette glattstreichen. Mit der Spitze eines Messers die Mischung vom Rand der Formen wegdrücken.

DIE SOUFFLÉS BACKEN: Die Formen auf das heiße Backblech stellen und die Soufflés im vorgeheizten Backofen 7–8 Minuten backen.

SERVIERVORSCHLAG: Sobald die Soufflés aus dem Backofen kommen, Puderzucker darüberstäuben. Dann die Soufflés auf mit Papierdeckchen ausgelegte Teller setzen und sofort servieren.

Marmorsoufflés mit Minze und Schokolade

Soufflés à la menthe marbrés au chocolat

Diese erfrischenden Soufflés sind in der Tat etwas Außergewöhnliches. Die Minze und die geschmolzene Schokolade ergeben zusammen eine überraschende Geschmackskombination.

ZUTATEN:

30 g weiche Butter
180 g Zucker
300 g »Konditorcreme« (S. 39)
50 ml grüner Pfefferminzlikör
8 Eiweiß
80 g bittere Kuvertüre oder Edelbitterschokolade, gehackt
4 Zweige Minze
2 EL Puderzucker

Für 4 Personen

Zubereitungszeit: 20 Minuten

Backzeit: 7–8 Minuten

SPEZIALGERÄTE:

4 Soufflé-Formen, 10 cm Durchmesser, 6 cm hoch

DIE SOUFFLÉ-FORMEN VORBEREITEN: Die Formen mit der weichen Butter ausstreichen. 30 g Zucker in eine Form hineingeben und die Form rütteln, damit der Zucker überall gleichmäßig haftet. Den überschüssigen Zucker in die nächste Form schütten und den Vorgang wiederholen, bis alle Formen beschichtet sind.

Den Backofen auf 190 °C (Gasherd Stufe 3) vorheizen und ein Backblech hineinschieben, damit es heiß wird.

DIE SOUFFLÉS ZUBEREITEN: Die Konditorcreme in eine weite Schüssel geben und in der Mikrowelle oder bei mittlerer Temperatur im Wasserbad erwärmen. Wenn sie lauwarm ist, den Pfefferminzlikör einrühren.

Das Eiweiß mit dem Schneebesen oder mit einem elektrischen Rührgerät halb aufschlagen, dann den restlichen Zucker zufügen und weiterschlagen, bis sich weiche Spitzen bilden. Mit einem Schneebesen ein Drittel des geschlagenen Eiweiß unter die Konditorcreme heben, dann den Rest mit einem Spatel vorsichtig unterziehen. Die gehackte Schokolade hineinstreuen. Die Mischung in die vorbereiteten Formen füllen und die Oberfläche mit einer Palette glattstreichen. Mit der Spitze eines Messers die Mischung vom Rand der Formen wegdrücken.

DIE SOUFFLÉS BACKEN: Die Soufflé-Formen auf das heiße Backblech setzen und im vorgeheizten Backofen 7–8 Minuten backen.

SERVIERVORSCHLAG: Sobald die Soufflés aus dem Backofen kommen, jedes Soufflé mit einem Minzezweig garnieren und leicht mit Puderzucker bestreuen. Die Formen auf mit Papierdeckchen ausgelegte Teller setzen und sofort servieren.

HEISSE DESSERTS

SCHOKOLADENPFANNKUCHEN MIT SOUFFLÉ-FÜLLUNG
Crêpes soufflées au chocolat

Dieses Dessert ist genau nach dem Geschmack von »Schokoholics«: Schokoladenpfannkuchen, Schokoladensoufflé, und, wem das noch nicht reicht, eine Schokoladensauce dazu – alles köstlich und cremig.

ZUTATEN:

40 g ungesüßtes Kakaopulver
1 EL Puderzucker plus
2 Prisen zum Bestäuben
20 g Mehl
2 ganze Eier plus 1 Eigelb
75 ml Schlagsahne
115 ml Milch
45 g Butter, geklärt

1 Menge »Schokoladensoufflé«-Mischung (S. 87)
½ Menge »Schokoladensauce« (S. 55; nach Wunsch)

Ergibt 12 Pfannkuchen (für 6 Personen)

Zubereitungszeit:
20 Minuten plus
30 Minuten Ruhezeit

Bratzeit:
27 Minuten

DER PFANNKUCHENTEIG: Kakao, 1 Eßlöffel Puderzucker, Mehl, ganze Eier mit dem extra Eigelb und Sahne in eine Schüssel geben. Mit einem Schneebesen verrühren, aber nicht zu heftig bearbeiten, dann unter ständigem Rühren die Milch zugießen. Die Schüssel mit Frischhaltefolie abdecken und den Teig bei Zimmertemperatur 30 Minuten ruhen lassen.

DIE PFANNKUCHEN ZUBEREITEN: Die Bratpfanne auf die Kochstelle setzen und den Boden mit geklärter Butter auspinseln. Wenn die Pfanne sehr heiß ist, mit einer Schöpfkelle so viel Teig hineingeben, daß der Boden bedeckt ist (1). Die Pfannkuchen 1 Minute backen, dann mit einer Palette vorsichtig wenden und erneut 1 Minute backen. Die gebackenen Pfannkuchen auf einen Teller geben und jeweils einen Streifen Backtrennpapier darüberlegen, damit der nächste Pfannkuchen nicht am ersten festhaftet. Sämtliche Pfannkuchen auf diese Weise backen und stapeln, nach jedem zweiten Pfannkuchen die Pfanne mit zerlassener Butter einpinseln. Die Pfannkuchen bei Zimmertemperatur abkühlen lassen und, sobald sie kalt sind, mit einem scharfen Messer oder einer Ausstechform auf 14 cm Durchmesser zurechtschneiden (2).

SPEZIALGERÄTE:

Antihaftbeschichtete 16-cm-Bratpfanne
11 schmale Streifen Backtrennpapier

ANMERKUNG:

Pfannkuchen mit Soufflé-Füllung sind noch empfindlicher als Soufflés, daher sollten sie unbedingt unmittelbar nach dem Backen serviert werden.

DIE PFANNKUCHEN BACKEN UND FÜLLEN: Den Backofen auf 200 °C (Gasherd Stufe 3–4) vorheizen und sechs Servierteller anwärmen.

Sechs Pfannkuchen einzeln auf ein Backblech legen und jeweils in die Mitte 2 gehäufte Eßlöffel von der Schokoladensoufflé-Mischung geben. Die Pfannkuchen mit einer Palette in der Mitte umklappen, ohne sie zusammenzudrücken (3). Mit den übrigen Pfannkuchen ebenso verfahren und sofort im heißen Backofen 3 Minuten backen (4). Sobald sie fertig sind, mit Puderzucker bestreuen. Die Pfannkuchen mit einer Palette einzeln abheben und auf angewärmte Teller legen; pro Person sind zwei Pfannkuchen gedacht. Sofort servieren.

SERVIERVORSCHLAG: Nach Wunsch etwas Schokoladensauce auf eine Seite jedes Tellers neben die Pfannkuchen gießen.

HEISSE DESSERTS

HEISSE DESSERTS

GRATINS MIT ROTEN JOHANNISBEEREN UND WALDERDBEEREN

Gratins de perles de groseilles et fraises des bois

Diese saftigen, zarten, heißen Gratins kann man mehrere Tage im voraus zubereiten und dann erst unmittelbar vor dem Servieren backen.

ZUTATEN: ❈

*»Italienische Meringe«
(S. 37), mit 5 Eiweiß und
160 g Zucker zubereitet*

*125 ml Zitronensaft
125 ml Schlagsahne
6 Eigelb
60 g Zucker
25 g Mehl
2 Blatt Gelatine, in kaltem
Wasser eingeweicht und
gut abgetropft*

*1 EL Zitronenschale, fein
geraspelt und blanchiert
125 g Walderdbeeren und
125 g rote Johannisbeeren
oder 250 g von einer Sorte
30 g Puderzucker*

*½ Menge »Orangensauce«, gekühlt (S. 52),
zum Servieren*

Für 10 Personen

*Zubereitungszeit:
35 Minuten plus
2 – 3 Stunden Tiefkühlzeit*

*Backzeit:
8 Minuten*

DIE ITALIENISCHE MERINGE: Die Meringe nach dem Rezept auf S. 37 zubereiten. Mit Frischhaltefolie abdecken und bei Zimmertemperatur abkühlen lassen, bis sie lauwarm ist.

DIE ZITRONENCREME: Zitronensaft und Sahne in einem Topf erhitzen. Eigelb und Zucker in einer Schüssel leicht cremig schlagen. Das Mehl zufügen und glattrühren. Die kochende Zitronensahne dazugießen, dabei mit dem Schneebesen ständig weiterschlagen. Die Mischung zurück in den Topf geben und bei sehr hoher Temperatur 2 Minuten unter ständigem Rühren köcheln lassen. Den Topf von der Kochstelle nehmen und die abgetropfte Gelatine einrühren. Abkühlen lassen.

DIE GRATINMISCHUNG: Mit einem Rührbesen die Hälfte der lauwarmen Italienischen Meringe unter die lauwarme Zitronencreme heben, dann den Rest vorsichtig mit einem Spatel unterziehen und die Zitronenschale hineinstreuen. Nur kurz vermischen.

DIE GRATINS FERTIGSTELLEN: Ein Drittel der Früchte zum Verzieren zurückbehalten. Ein Backblech mit Backtrennpapier auslegen und darauf die Tortelettringe arrangieren. Mit einer Palette oder einem Spritzbeutel mit 1-cm-Lochtülle den Boden der Ringe bis zu einem Drittel hoch mit der lauwarmen Gratinmischung füllen und die Seiten ebenfalls beschichten. Die restlichen Erdbeeren und roten Johannisbeeren darüberstreuen, dann die Ringe mit dem Rest der Gratinmischung bis oben füllen und die Oberfläche mit einer Palette glattstreichen. Mehrere Stunden tiefkühlen.

DIE GRATINS BACKEN: Den Backofen auf 220 °C (Gasherd Stufe 4 – 5) vorheizen.

Die Gratins aus dem Gefrierschrank nehmen. Die Spitze eines Messers in kochendes Wasser tauchen, damit an der Innenseite der Ringe entlangfahren und die Ringe abheben. Die Gratins mit Puderzucker bestreuen, mit einer Palette hochheben und auf die vorbereiteten Formen verteilen. Im heißen Backofen ca. 8 Minuten backen, bis die Gratins aufgehen und etwas Farbe bekommen. Sie sollten noch weich sein und in der Mitte leicht flüssig (siehe Foto rechts).

SERVIERVORSCHLAG: Sobald die Gratins aus dem Backofen kommen, rundherum etwas Orangensauce gießen. Die zurückbehaltenen Erdbeeren auf der Sauce arrangieren und die Gratins mit einem Johannisbeerzweig garnieren.

SPEZIALGERÄTE:

*10 Tortelettringe, 8 cm
Durchmesser, 2 cm hoch*

*10 runde Gratinformen,
14 cm Durchmesser, in der
Mitte eine Fläche von 8 cm
Durchmesser, sehr leicht
mit Butter bestrichen
Backtrennpapier*

ANMERKUNG:

Die vorbereiteten Gratins lassen sich bis zu einer Woche einfrieren; sobald die Mischung gefroren ist, einfach mit Frischhaltefolie abdecken.

HEISSE DESSERTS

ZITRUSRAVIOLI MIT PFIRSICHGRATIN
Ravioles au citrus et gratin de pêches

Dieses vielseitige Drei-Sterne-Dessert erfordert Geduld und einiges Geschick, doch wer sich Schritt für Schritt an meine detaillierte Beschreibung hält, wird garantiert mit Erfolg belohnt werden.

ZUTATEN:

ZITRONENFÜLLUNG
*40 ml Zitronensaft
Schale von ½ Zitrone
30 g Zucker
1 große Prise Stärkemehl
1 Eigelb
15 g Eiweiß*

RAVIOLITEIG
*15 g Schweineschmalz, mit Zimmertemperatur
75 g Mehl plus Mehl zum Bestäuben der Arbeitsfläche
30 ml Wasser
1 winzige Prise feines Salz*

*Verquirltes Eigelb (1 Eigelb, gemischt mit 1 EL Milch und 1 Prise Salz)
30 g Zucker
5 Minzeblätter*

FRUCHTSAUCE
*150 ml Orangensaft
30 g Zucker
3 Passionsfrüchte*

*3 Bananen
60 g Demerara-Zucker*

PFIRSICHGRATIN
*½ Menge frisch zubereitetes »Sabayon« (S. 53), den Alkohol durch dieselbe Menge »Sorbetsirup« (S. 144) ersetzen
3 Pfirsiche mit weißem Fleisch, geschält und mit Zitronensaft eingerieben
½ Menge »Vanilleeiscreme« (S. 137)*

Für 6 Personen

Zubereitungszeit:
1 Stunde 20 Minuten

Garzeit:
7 Minuten

DIE ZITRONENFÜLLUNG: Sämtliche Zutaten für die Füllung in einen kleinen Topf geben und bei niedriger Temperatur unter ständigem Rühren zum Kochen bringen. Die Mischung, sobald sie zu kochen beginnt, in eine Schüssel geben und abkühlen lassen. Wenn sie kalt ist, mit Frischhaltefolie abdecken und in den Kühlschrank stellen.

DER RAVIOLITEIG: Die ersten vier Zutaten in eine Schüssel geben und mit den Fingern zu einem glatten Teig verarbeiten. Mit Frischhaltefolie zugedeckt für 30 Minuten in den Kühlschrank stellen.

DIE ORANGEN-PASSIONSFRUCHT-SAUCE: Den Orangensaft mit dem Zucker in einen kleinen Topf geben und bei niedriger Temperatur um ein Drittel reduzieren. In einer Schüssel abkühlen lassen. Die Passionsfrüchte halbieren, das Innere mit einem Teelöffel herauslösen und unter die Orangensauce mischen. Bei Zimmertemperatur stehenlassen.

DIE RAVIOLI FÜLLEN: Den Teig in zwei Stücke von 45 bzw. 55 Prozent der Teigmenge teilen.
Auf einer leicht bemehlten Fläche das kleinere Teigstück mit einer Nudelmaschine oder einem Nudelholz zu einem 2 mm dicken, 28 x 19 cm großen Rechteck ausrollen. Die Zitronenfüllung in den Spritzbeutel füllen und 18 kleine Kugeln in versetzten Reihen auf das Rechteck dressieren, sechs entlang der Längsseite und drei entlang der Schmalseite (1). Den Teig um die Kugeln herum mit verquirltem Eigelb bestreichen.

Den restlichen Teig zu einem dünnen 30 x 21 cm großen Rechteck ausrollen und dieses über die erste Teiglage legen. Mit den Fingerspitzen den Teig vorsichtig um die Kugeln mit der Zitronenfüllung herum andrücken.

Die stumpfe Seite des 3-cm-Ausstechers leicht um die Kugeln herum in den Teig drücken. Mit dem größeren gezackten Ausstecher (2) die 18 Ravioli ausstechen und auf einen ganz leicht mit Mehl bestäubten Bogen Pergamentpapier legen.

DIE BANANEN: Die Bananen schälen und jeweils in 18 diagonale Scheiben schneiden und die Scheiben in Dreierhäufchen auf einem Backblech arrangieren. Die Bananenhäufchen

SPEZIALGERÄTE:
*3-cm-Ausstechform, glatt
5-cm-Ausstechform, gezackt
Spritzbeutel mit 5-mm-Lochtülle
Brennstab
Nudelmaschine oder Nudelholz*

ANMERKUNG:
Im Winter statt der Pfirsiche sehr reife Birnen verwenden.

HEISSE DESSERTS

mit Demerara-Zucker bestreuen und mit einem Brennstab karamelisieren (3).

DAS SABAYON: Das Sabayon nicht länger als eine halbe Stunde im voraus zubereiten und bis zur Verwendung im Wasserbad stehenlassen.

DIE RAVIOLI KOCHEN: 1 Liter Wasser mit 30 g Zucker zum Kochen bringen, die Ravioli und Minzeblätter hineingeben und bei niedriger Temperatur 7 Minuten kochen. In der Zwischenzeit die Servierteller anwärmen.

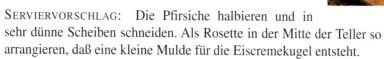

SERVIERVORSCHLAG: Die Pfirsiche halbieren und in sehr dünne Scheiben schneiden. Als Rosette in der Mitte der Teller so arrangieren, daß eine kleine Mulde für die Eiscremekugel entsteht.

Drei Ravioli auf jeden Tellerrand legen, dazwischen die Bananen. Etwas Orangen-Passionsfrucht-Sauce über die Ravioli geben. Die Pfirsichscheiben mit Sabayon bedecken (4) und mit dem Brennstab glasieren (5). In die Mitte eine Kugel Eiscreme geben und sofort servieren.

HEISSE DESSERTS

BRATAPFEL IM GOLDENEN KÄFIG MIT KNUSPRIGEN APFELPERLEN

Pomme en cage dans sa croûte dorée et ses perles croquantes

Dieses rustikale Dessert duftet wundervoll. Man kann zwar die goldenen Käfige weglassen, doch sie verleihen dieser einfachen und preiswerten Süßspeise eine künstlerische Note, und sie sind wirklich nicht schwer herzustellen.

ZUTATEN:

*150 g Reststücke von »Jean Millets Blätterteig« oder vom »Schnellen Blätterteig« (S. 24 oder 25) oder »Teig für Tortenböden« (S. 22)
Mehl zum Bestäuben
Verquirltes Eigelb
(1 Eigelb, gemischt mit 1 EL Milch und 1 Prise Salz)*

*6 Äpfel (möglichst Cox Orange) je ca. 150 g
50 g Butter
100 g getrocknete Aprikosen, feingewürfelt
60 g zähflüssiger Honig
80 g geröstete Mandelblättchen*

*250 g Zucker
250 g »Aprikosencoulis« (siehe »Obstcoulis«, S. 51)*

Für 4 Personen

*Zubereitungszeit:
50 Minuten*

*Backzeit:
30 Minuten*

DIE GOLDENEN KÄFIGE: Auf einer leicht bemehlten Arbeitsfläche den Teig zu einem ca. 2 mm dicken Quadrat ausrollen. Mit dem Gitterschneider nur in einer Richtung über den Teig rollen (1). Das Teigquadrat mit einem langen Messer in vier kleine Quadrate schneiden. Ein Quadrat über eine Halbkugelform legen und den Teig leicht mit den Fingerspitzen zerteilen, so daß ein Gittermuster entsteht (2). Den überschüssigen Teig unten um die Form herum mit dem Ausstecher abschneiden. Drei weitere Teigkäfige auf die gleiche Weise herstellen und 20 Minuten in den Kühlschrank stellen.

In der Zwischenzeit den Backofen auf 180 °C (Gasherd Stufe 2–3) vorheizen.

DIE KÄFIGE BACKEN: Die Teigkäfige mit dem verquirlten Eigelb bepinseln, ohne daß etwas davon auf die Form tropft. Im vorgeheizten Backofen 7–8 Minuten backen, dann bei Zimmertemperatur abkühlen lassen. Die Käfige, wenn sie fast kalt sind, vorsichtig von den Formen heben.

1

2

DIE BRATÄPFEL: Die Backofentemperatur auf 150 °C herunterdrehen (Gasherd Stufe 1).

Vier Äpfel waschen, abtrocknen und mit der Spitze eines Messers in der Mitte rundherum einschneiden, damit sie gleichmäßig garen. Die Kerngehäuse ausstechen, dann die Äpfel in einen mit der gesamten Buttermenge ausgestrichenen Bräter setzen.

In einer Schüssel die gewürfelten Aprikosen, den Honig und 40 g Mandelblättchen vermischen. Diese Mischung in die Äpfel füllen und die überschüssige Menge auf den Früchten wie eine Kuppel häufen. 30 Minuten backen und die Äpfel alle 10 Minuten mit Saft und Butter aus dem Bräter begießen. Die garen Äpfel im Bräter warm halten.

SPEZIALGERÄTE:

*4 Halbkugelformen, 9 cm Durchmesser, 4,5 cm hoch, außen leicht eingefettet und gekühlt
Gitterschneider
Glatte Ausstechform, 10 cm
7 mm Kugelausstecher*

DIE KNUSPRIGEN APFELPERLEN: Die übrigen zwei Äpfel schälen. Mit dem Kugelausstecher 24 Apfelkugeln ausstechen.

HEISSE DESSERTS

In einem kleinen schweren Topf den Zucker ohne Wasser unter ständigem Rühren zu Karamel schmelzen. Sobald er sich hellbraun färbt, den Topf von der Kochstelle nehmen.

Die restlichen Mandelblättchen auf einem Backblech verteilen. Die Apfelkugeln nacheinander kurz in den Karamel tauchen, dann auf die Mandeln legen. Mit den Fingerspitzen die Mandeln um die Apfelkugeln herum etwas andrücken, möglichst ohne den gerade erst hart gewordenen Karamel zu berühren (siehe Foto gegenüber).

SERVIERVORSCHLAG: Einen Bratapfel in die Mitte jedes Serviertellers setzen und mit dem Saft aus dem Bräter befeuchten. Die kalte Aprikosencoulis drum herum gießen und am Rand sechs knusprige Apfelperlen arrangieren. Die Teigkäfige vorsichtig über die Äpfel setzen und sofort servieren.

HEISSE DESSERTS

COULIBIAC MIT WINTERFRÜCHTEN
Coulibiac aux fruits d'hiver

Dieses Dessert sieht im Vergleich zu einigen anderen vielleicht nicht ganz so eindrucksvoll aus, doch es schmeckt wunderbar, und wenn man es beim Servieren aufschneidet, verbreiten die heißen Früchte im ganzen Raum einen hinreißenden Duft.

ZUTATEN: ❖

*250 g Rhabarber
180 g Zucker
2 Bananen
80 g Butter
Saft von 1 Zitrone
2 Äpfel (am besten Cox Orange) je ca. 200 g
1 Prise gemahlener Zimt*

*400 g »Briocheteig« (S. 19)
Mehl zum Bestäuben
4 Pfannkuchen, 18 cm Durchmesser zubereitet mit 1/3 der Menge »Pfannkuchenteig« (S. 27)*

*100 g weiche getrocknete Aprikosen, grob gewürfelt
100 g Aprikosenmarmelade, gemischt mit dem Fleisch von 2 Passionsfrüchten
Verquirltes Eigelb (1 Eigelb, gemischt mit 1 EL Milch und 1 Prise Salz)*

Für 6 Personen

Zubereitungszeit: 40 Minuten

Backzeit: 35 Minuten

DER RHABARBER: Die Stangen schälen und in 6 cm lange Stücke schneiden. Kalt abspülen und zusammen mit 100 g Zucker und 100 ml Wasser in einem Topf zum Kochen bringen. Sobald die Flüssigkeit aufkocht, von der Kochstelle nehmen. Den Rhabarber in dem Pochiersirup abkühlen und nach dem Erkalten abtropfen lassen.

DIE BANANEN: Die Bananen schälen, in drei Längsstreifen teilen. In einer Pfanne die Bananen bei hoher Temperatur mit 40 g Butter und 40 g Zucker ganz kurz bräunen, aber nicht garen. Auf einen Teller legen.

DIE ÄPFEL: Schälen, das Kerngehäuse entfernen und mit dem Apfelentkerner aus dem Fruchtfleisch möglichst viele Stangen ausstechen. Die Stangen in der Pfanne bei hoher Temperatur zusammen mit 40 g Butter und 40 g Zucker 1 Minute bräunen lassen. Mit Zimt bestäuben, mit Zitronensaft beträufeln und auf einen Teller geben.

DEN COULIBIAC FERTIGSTELLEN: Auf einer leicht mit Mehl bestäubten Fläche den Briocheteig vorsichtig zu einem 30 x 20 cm großen Rechteck ausrollen. Den Teig mit den kalten Pfannkuchen belegen (1). Jeweils die Hälfte von Bananen, Rhabarber, Äpfeln und gewürfelten Aprikosen 20 cm lang in der Mitte auslegen (2). Mit einem Löffel die Hälfte der Aprikosenmarmelade mit dem Passionsfruchtfleisch auf den Früchten verteilen, dann die restlichen Früchte darauflegen und den Rest Marmelade darauf verteilen. Die Pfannkuchen über die Früchte klappen und die vier Ränder des Briocheteigs mit verquirltem Eigelb bepinseln (3).

Eine der Längsseiten des Teigs über die in Pfannkuchen eingepackten Früchte klappen. Den Teig oben mit verquirltem Eigelb bepinseln, dann die andere Längsseite des Teigs über die erste klappen (4). Mit einer Teigrolle die beiden Teigenden leicht abflachen (5), die überstehenden Teigenden etwas kürzer schneiden, mit verquirltem Eigelb bepinseln und hochklappen. Den Coulibiac

SPEZIALGERÄTE:
Apfelentkerner

ANMERKUNG:
Zur Krönung des Ganzen kann man zu dem Coulibiac noch ein mit Kirschgeist aromatisiertes Sabayon (S. 53) servieren, was aber nicht unbedingt nötig ist.

HEISSE DESSERTS

umgedreht auf ein Backblech legen und 20 Minuten in den Kühlschrank stellen.

Den Backofen auf 180 °C (Gasherd Stufe 2 – 3) vorheizen.

DEN COULIBIAC BACKEN: Den Coulibiac mit verquirltem Eigelb bepinseln. Mit einem Messer ein dekoratives Muster in die Oberfläche ritzen (6) und zwei kleine Abzugslöcher in den Coulibiac stechen. Im vorgeheizten Ofen 35 Minuten backen.

SERVIERVORSCHLAG: Den ofenfrischen, heißen Coulibiac im ganzen servieren und mit einem sehr scharfen Messer in Scheiben schneiden.

HEISSE DESSERTS

Mandelblätterteigtörtchen mit Walnüssen und Pistaziencoulis

Pithiviers aux noix, coulis à la pistache

Dieses himmlische Herbstdessert ist meine Leib- und Magenspeise. Frische Walnüsse bekommt man von Oktober bis November – ein zwei Monate währendes Vergnügen.

ZUTATEN: ❈

750 g »Jean Millets Blätterteig« (S. 24)
1 Prise Mehl
24 Walnüsse, möglichst frisch, abgezogen und geviertelt
180 g »Frangipane« (S. 43)
Verquirltes Eigelb (1 Eigelb, gemischt mit 1 EL Milch und 1 Prise Salz)
20 g Puderzucker
250 g Zucker
Öl zum Einfetten
120 g Pistazien, abgezogen
300 g »Crème anglaise« (S. 40)

Für 6 Personen

Zubereitungszeit: 35 Minuten

Backzeit: ca. 15 Minuten

DIE BLÄTTERTEIGTÖRTCHEN ZUBEREITEN: Den Backofen auf 220 °C (Gasherd Stufe 4–5) vorheizen.

Auf einer leicht mit Mehl bestäubten Fläche 40 Prozent des Teigs zu einem 30 x 20 cm großen Rechteck ausrollen. Das Rechteck der Länge nach halbieren, dann dreimal in der Breite durchschneiden, so daß sechs kleine, gleich große Quadrate entstehen. Die Teigstücke auf ein befeuchtetes Backblech legen. 24 Walnußviertel zum Karamelisieren zurücklegen und die restlichen unter die Frangipanecreme mischen. Die Mischung in die Mitte der einzelnen Teigquadrate häufeln und die Ränder des Teigs um die Mischung herum mit verquirltem Eigelb bepinseln.

Den restlichen Teig zu einem 45 x 30 cm großen Rechteck ausrollen und in sechs gleich große Quadrate schneiden. Diese auf die gefüllten Quadrate legen und die Teigränder mit den Fingerspitzen andrücken, damit die Taschen fest verschlossen sind.

DIE BLÄTTERTEIGTÖRTCHEN SCHNEIDEN UND VERZIEREN: Die Ausstechform mit der stumpfen Seite auf eines der Törtchen pressen (1). Mit einem kleinen, sehr spitzen Messer den Teig außerhalb des Ausstechers in zwölf bis fünfzehn »Öhrchen« schneiden, von denen drei etwas größer sind (2). Den Ausstecher abheben und den Vorgang mit den anderen fünf Törtchen wiederholen.

Die Oberfläche der Törtchen mit verquirltem Eigelb bepinseln und mit der Messerspitze geschwungene Linien einritzen, die von der Mitte zum Rand der Kuppel verlaufen und aussehen wie die Bogen eines Kreises. In die »Öhrchen« ein Netz aus quer laufenden Linien ritzen (3).

DIE BLÄTTERTEIGTÖRTCHEN BAKKEN: Die Törtchen 14 Minuten im heißen Backofen backen, die Temperatur nach 10 Minuten auf 190 °C (Gasherd Stufe 3) herunterdrehen. Die Kuchen aus dem Backofen nehmen und die Temperatur auf 240 °C (Gasherd Stufe 5–6) erhöhen. Die Kuchen gut mit Puderzucker bestäuben und für 1–2 Minuten wieder in den heißen Backofen schieben, bis

SPEZIALGERÄTE:

Glatte runde Ausstechform, 8 cm Durchmesser

ANMERKUNGEN:

Sämtliche Bestandteile dieses Desserts können am Vortag zubereitet werden. Backen Sie die Blätterteigtörtchen kurz vor der Mahlzeit, und stellen Sie sie bis zum Servieren warm, doch achten Sie darauf, daß sie nicht austrocknen.

HEISSE DESSERTS

sie mit einer hübschen Glasur wie mit Firnis überzogen sind. Aus dem Backofen nehmen und mit einer Palette auf einen Rost heben.

DIE WALNÜSSE KARAMELISIEREN: Den Zucker in einen kleinen, schweren Topf geben und unter ständigem Rühren mit einem Spatel bei niedriger Temperatur auflösen. Sobald sich der Zucker aufgelöst hat, den Topf von der Kochstelle nehmen und mit einer Gabel die zurückbehaltenen Walnüsse nacheinander in den Zucker tauchen und auf ein leicht eingeöltes Backblech legen.

DIE PISTAZIENCOULIS: 80 g von den Pistazien mit der Crème anglaise im Mixer 3 Minuten pürieren, dann durch ein feines Sieb in eine Sauciere passieren. Die übrigen Pistazien hacken.

SERVIERVORSCHLAG: Die warmen Blätterteigtörtchen auf einzelne Dessertteller verteilen. Rundherum etwas Pistaziencoulis gießen, auf die Coulis kleine Häufchen gehackter Pistazien streuen und vier karamelisierte Walnußviertel auf jedem Teller arrangieren. Sofort servieren.

Ungebacken lassen sich Mandelblätterteigtörtchen mindestens eine Woche einfrieren. Glasiert und verziert werden sie erst nach dem Auftauen.

GROSSE DESSERTS UND TORTEN

Diese imposanten Desserts werden gerne zu besonderen Anlässen in geselliger Runde serviert, so zum Beispiel an Feiertagen, Familienfesten oder bei Besuch von Freunden. Man schneidet sie am Tisch vor den staunenden Augen der Gäste auf.

Die Böden bestehen aus leichtem Biskuit, Meringe, Génoise oder Blätterteig und werden mit zarten Cremes und köstlichen Obstmousses gefüllt. Sie sollten stets gekühlt serviert werden, einige mit einer Obstcoulis, andere ohne jede Beilage.

Da sich alle hier vorgestellten Torten problemlos mehrere Tage einfrieren lassen, können Sie auch gleich zwei auf einmal zubereiten. Wenn Sie dann unerwartet Besuch bekommen, zaubern Sie wie aus dem Nichts ein erstaunliches selbstgemachtes Dessert aus der Tiefkühlung hervor. Solche Torten sind auch ein schönes Mitbringsel für Freunde.

Glasieren der Kardinaltorte

GROSSE DESSERTS UND TORTEN

KARDINALTORTE
Entremets Cardinal

Dieses samtweiche, reichhaltige, fruchtige und herrliche Dessert gilt bei meinen Gästen im »Waterside Inn« als ganz besonderer Leckerbissen – und auch bei mir. Die Torte reicht gewöhnlich sogar für zehn Personen.

ZUTATEN:

HIMBEERPARFAIT
200 g bittere Kuvertüre, gehackt
100 g Zucker
1 ganzes Ei
2 Eigelb
3 Blatt Gelatine, in kaltem Wasser eingeweicht und gut abgetropft
250 ml Himbeerpüree, durch ein Sieb gestrichen
300 ml Schlagsahne, cremig geschlagen

1 »Schokoladen-Génoise« (S. 33), 20 cm Durchmesser, davon ein 3–5 mm dicker Tortenboden abgeschnitten
700 g Himbeeren (200 g von den schönsten zum Dekorieren beiseite legen)

GLASUR
50 ml Grenadine
50 ml Himbeermarmelade, durch ein Sieb gestrichen

Für 8–10 Personen

Zubereitungszeit: 45 Minuten plus 2–6 Stunden Kühlzeit

DAS HIMBEERPARFAIT: Die Kuvertüre im Wasserbad bei mittlerer Temperatur zum Schmelzen bringen. 2 Eßlöffel Wasser und den Zucker in einen kleinen Topf geben und bei niedriger Temperatur zum Kochen bringen; dabei die Oberfläche abschäumen und den Innenrand des Topfes mit einem in kaltes Wasser getauchten Backpinsel abpinseln. Wenn der Sirup ein paar Minuten gekocht hat, das Zuckerthermometer eintauchen. Bei 116 °C das ganze Ei und das Eigelb in die Rührschüssel einer Küchenmaschine geben und auf niedriger Stufe rühren. Sobald der Sirup 121 °C erreicht, den Topf von der Kochstelle nehmen. Warten, bis der Sirup nicht mehr köchelt, dann den Sirup in einem dünnen Strahl unter ständigem Rühren zu den Eiern gießen. 1 Gelatineblatt hinzufügen und mit mittlerer Geschwindigkeit 5 Minuten rühren. Bei niedriger Geschwindigkeit die geschmolzene Kuvertüre einrühren, 1–2 Minuten weiterrühren, bis die Mischung homogen ist.

Mit einem Schneebesen vorsichtig 200 ml Himbeerpüree unter die geschlagene Sahne ziehen. Mit einem Spatel die Himbeersahne unter die Mischung aus Ei und Kuvertüre heben. Dieses Himbeerparfait, das sofort verwendet werden muß, nicht zu heftig durchrühren.

SPEZIALGERÄTE:
Zuckerthermometer
1 Tortenring, 22 cm Durchmesser, 4 cm hoch
Tortenscheibe aus stabilem Karton, 22 cm Durchmesser
Passiertuch oder Mulltuch
Brennstab (nach Wunsch)

ANMERKUNGEN:
Die Torte läßt sich unglasiert eine Woche einfrieren; unmittelbar oder ein paar Stunden vor dem Servieren glasieren.

In diesem Rezept feuchte ich die Schokoladen-Génoise nicht mit Sirup an, da das cremige Himbeerparfait den Teig bereits ausreichend durchtränkt. Wie alle Parfaits sollte auch dieses eiskalt serviert werden.

DIE TORTE ZUSAMMENSETZEN: Die Schokoladen-Génoise auf die Tortenscheibe legen. Den Ring um die Génoise legen, dann zur Hälfte mit dem Himbeerparfait füllen. 500 g von den Himbeeren in einer einzigen dichten Schicht auf dem Parfait verteilen, ohne jedoch die Beeren dabei zu zerdrücken, dann den Ring mit dem restlichen Parfait füllen. Die Oberfläche mit einer Palette glattstreichen. Die Torte 2–3 Stunden in den Gefrierschrank oder 5–6 Stunden in den Kühlschrank stellen.

DIE GLASUR: Grenadine, Marmelade und das restliche Himbeerpüree in einen kleinen Topf geben und 2–3 Minuten kochen lassen. Den Topf von der Kochstelle nehmen und die beiden restlichen Gelatineblätter zufügen, dann dieses Gelee vorsichtig durch ein mit einem

GROSSE DESSERTS UND TORTEN

Passiertuch oder Mulltuch ausgelegtes Sieb passieren und bei Zimmertemperatur aufbewahren. Wenn die Glasur fast erkaltet ist, dickt sie allmählich ein, ohne zu erstarren. Sie sollte jetzt sofort verwendet werden. Den Ring beim Glasieren um die Torte lassen.

Falls die Torte im Gefrierschrank ist, herausnehmen und bei Zimmertemperatur ca. 20 Minuten stehenlassen. Ist sie im Kühlschrank, kann sie direkt glasiert werden. Die Hälfte der Glasur auf die Torte gießen, mit einer Palette glattstreichen, dann 5 Minuten zurück in den Kühlschrank stellen. Sobald die Glasur fest ist, den Rest daraufgießen und das Dessert bis zum Servieren im Kühlschrank aufbewahren.

SERVIERVORSCHLAG: Zum Entfernen des Tortenrings den Ring kurz rundherum mit einem Brennstab erwärmen oder mit einem in heißes Wasser getauchten Messer zwischen Ring und Tortenrand entlangfahren. Den Ring mit einer Drehbewegung nach oben ziehen oder die Torte auf eine Blechdose stellen und den Ring nach unten gleiten lassen (siehe S. 17). Die Torte auf einen Servierteller stellen. Die zurückbehaltenen Himbeeren rundherum auf der Torte in dekorativen Halbkreisen arrangieren und sofort servieren.

SCHOKOLADEN-MINZE-SCHNECKEN
Le colimaçon chocolat menthe

Dieses leicht und schnell zubereitete Dessert paßt gut zum Nachmittagskaffee und schmeckt jung und alt gleichermaßen. Wer einen besonderen Effekt möchte, garniert die Oberfläche mit »Schokoladenröllchen« (S. 154) und serviert dazu eine »Crème anglaise« (S. 40) mit Mokkageschmack.

ZUTATEN: ❋
¾ Menge »Schokoladen-Génoise«-Biskuitmischung (S. 33)
1 Menge »Minzmousse« (S. 48)
Puderzucker zum Bestäuben

Ergibt 3 Schnecken für je vier Personen

Zubereitungszeit: 20 Minuten

Backzeit: 8 Minuten

DER SCHOKOLADENBISKUIT: Den Backofen auf 200 °C (Gasherd Stufe 3–4) vorheizen.

Die Schokoladen-Génoise-Biskuitmischung entsprechend dem Rezept auf Seite 33 zubereiten. Die Mischung gleichmäßig auf dem ausgelegten Backblech verteilen und mit einer Palette glattstreichen. Den Biskuit im vorgeheizten Backofen 8 Minuten backen.

Den Teig mitsamt dem Backtrennpapier zum Abkühlen auf ein Kuchengitter gleiten lassen. Auf den kalten Biskuit ein Geschirrtuch und dann ein weiteres Gitter legen und den Biskuit umdrehen. Das Backpapier entfernen und ca. 5 mm vom Rand des Teigs abschneiden.

Die halb eingedickte Minzmousse auf dem Biskuit verteilen und dabei rundherum einen 2 cm breiten Rand lassen. 30 Minuten in den Kühlschrank stellen, dann mit Hilfe des Geschirrtuchs den Biskuit von der Schmalseite wie eine Biskuitrolle aufrollen. Vor dem Servieren mindestens 2 Stunden in den Kühlschrank stellen.

SERVIERVORSCHLAG: Mit einem gezackten Messer die Rolle in drei gleich große Stücke schneiden. Die Stücke aufrecht wie ein Schneckenhaus auf einen Teller stellen und mit Puderzucker bestäuben. Gut gekühlt servieren und die Schnecken am Tisch in Scheiben schneiden.

SPEZIALGERÄTE:
60 x 40 cm großes Backblech, mit Backtrennpapier ausgelegt

ANMERKUNG:
Da sich die Schnecken 1 Woche einfrieren lassen, können Sie nach Belieben auch nur eine oder zwei servieren und den Rest im Gefrierfach aufbewahren. Vor dem Servieren im Kühlschrank 3 Stunden auftauen lassen.

GROSSE DESSERTS UND TORTEN

SCHWARZWEISSE TORTE SAINT-HONORÉ
Saint-Honoré noir et blanc

Seit meiner Jugend ist die Torte Saint-Honoré für mich der Inbegriff der hohen Schule der Patisserie und darüber hinaus eine wahre Augenweide. Diese schwarzweiße Version mit der erlesenen Kombination von Vanille- und Schokoladensahne verlangt einiges Geschick und gereicht jeder Köchin und jedem Koch zur Ehre.

ZUTATEN: ❊

*200 g Reste von »Jean Millets Blätterteig« oder »Schnellem Blätterteig« (S. 24 und 25)
Mehl zum Bestäuben*

*1 Menge »Brandteig« (S. 26)
Verquirltes Ei (1 Eigelb, gemischt mit 1 EL Milch und 1 Prise Salz)*

*200 g Zucker
50 ml Wasser*

VANILLESAHNE

*600 ml gut gekühlte Crème double
60 g Puderzucker
1 geschlitzte Vanilleschote*

SCHOKOLADENSAHNE

*250 ml gut gekühlte Schlagsahne
150 g bittere Kuvertüre, auf 50 °C erhitzt*

Für 8 Personen

*Zubereitungszeit:
50 Minuten plus
1 Stunde Kühlzeit*

*Backzeit:
35 Minuten*

DER TEIGBODEN: Auf einer leicht bemehlten Fläche den Teig zu einer sauberen 2 mm dicken Scheibe ausrollen. Diese um das Nudelholz wickeln, dann auf ein mit kaltem Wasser befeuchtetes Backblech abrollen. Den Tortenring auf den Teig legen und mit einem spitzen Messer rundherum eine Teigscheibe von 24 cm ausschneiden. Mit einer Gabel mehrfach einstechen und 20 Minuten in den Kühlschrank stellen.

DEN BRANDTEIG DRESSIEREN: Den Backofen auf 200 °C (Gasherd Stufe 3 – 4) vorheizen.

Den Brandteig in den Spritzbeutel mit 12-mm-Tülle füllen und spiralförmig von der Mitte des Teigbodens nach außen spritzen, dabei die Tülle dicht über den Boden halten. Einen 3 cm breiten Rand lassen. Diesen Rand mit verquirltem Eigelb einpinseln und darauf einen hohen Ring Brandteig spritzen, dabei die Tülle ein gutes Stück über den Teigboden halten. Den Brandteigring mit verquirltem Eigelb bepinseln und den Boden im vorgeheizten Backofen 35 Minuten backen.

Mit dem restlichen Brandteig und dem Spritzbeutel mit der 5-mm-Tülle 17 kleine 2 cm große Windbeutel (Kugeln) auf das leicht eingefettete Backblech spritzen. Mit verquirltem Eigelb einpinseln und die Rückseite einer Gabel leicht auf die Windbeutel drücken. Zusammen mit dem Teigboden – aber nur 20 Minuten – im Backofen backen. Mit der Spitze eines kleinen Messers in die Unterseite der Windbeutel jeweils ein kleines Loch stechen, dann die Windbeutel und den Teigboden auf ein Kuchengitter legen und ganz auskühlen lassen.

DEN KARAMEL ZUBEREITEN: 50 ml Wasser in einen kleinen, schweren Topf gießen und 200 g Zucker zugeben. Bei niedriger Temperatur zum Kochen bringen, die Oberfläche abschäumen, dann den Innenrand des Topfes mit einem in kaltes Wasser getauchten Backpinsel abpinseln. Sobald der Zucker sich hellbernsteinfarben färbt, den Topf von der Kochstelle nehmen. Die Windbeutel mit einem kleinen spitzen Messer seitlich aufspießen, nacheinander mit der Oberfläche in den Karamel tauchen (1) und auf ein Backblech legen.

DIE VANILLE- UND SCHOKOLADENSAHNE: Die Crème double und den Puderzucker in eine Schüssel geben und das Mark der Vanilleschote darüber auskratzen. Schlagen, bis die Sahne cremig ist.

In einer zweiten Schüssel die Schlagsahne cremig schlagen, dann schnell die geschmolzene Kuvertüre (sie sollte nicht heißer als 50 °C sein) unterschlagen.

SPEZIALGERÄTE:

*2 Backbleche, 1 leicht eingefettet
1 Tortenring, 24 cm Durchmesser
Spritzbeutel mit 12-mm-Lochtülle
Spritzbeutel mit 5-mm-Lochtülle
2 Spritzbeutel, beide mit Saint-Honoré-Tülle (breite Bandtülle mit dreieckiger Einkerbung)*

GROSSE DESSERTS UND TORTEN

DIE SAINT-HONORÉ ZUSAMMENSETZEN: Die Vanillesahne in den Spritzbeutel mit der 5-mm-Tülle geben und die Windbeutel damit füllen. Nacheinander mit einem Klecks Karamel auf den Brandteigkranz kleben (2). Den Saint-Honoré-Boden mit einer 1,5 cm dicken Schicht Vanillesahne füllen.

Einen der Spritzbeutel mit Saint-Honoré-Tülle mit Vanillesahne füllen und den anderen mit Schokoladensahne. Abwechselnd Streifen von Vanille- und Schokoladensahne in Zickzackform auf die Torte spritzen (3 und 4). Die Saint-Honoré für 1 Stunde in den Kühlschrank stellen.

SERVIERVORSCHLAG: Die Saint-Honoré auf eine runde Servierplatte stellen und mit einem sehr scharfen Messer aufschneiden.

GROSSE DESSERTS UND TORTEN

Schwimmende Insel mit Datteln
Île flottante aux dattes

Dieses Dessert habe ich mir ausgedacht, als ich in Nordafrika war. Es ist eine Abwandlung der klassischen »Schwimmenden Insel«, die mit Mandeln zubereitet wird. Inspiriert haben mich die köstlichen Datteln, die überall in der Region wachsen. Das Dessert schmeckt vorzüglich im Herbst oder Winter, wenn es frische Datteln gibt.

ZUTATEN:
20 g weiche Butter
6 Datteln, entsteint und längs halbiert
6 Datteln, fein gewürfelt
½ Menge »Crème anglaise«, mit Vanille aromatisiert (S. 40)
120 g Zucker

MERINGE
4 Eiweiß
85 g Zucker
1 winzige Prise gemahlener Sternanis

Für 4 Personen

Zubereitungszeit:
20 Minuten

Backzeit:
20 Minuten

VORBEREITEN DER SCHÜSSEL ODER FORM: Die Innenseite der Schüssel oder Form mit der weichen Butter ausstreichen und die halbierten Datteln nebeneinander mit der Schnittfläche nach unten hineinlegen.

DIE MERINGE ZUBEREITEN: Den Backofen auf 140 °C (Gasherd Stufe 1 vorheizen.
In einer Schüssel mit Schneebesen oder elektrischem Rührgerät das Eiweiß halb aufschlagen. Die 85 g Zucker zufügen und weiterschlagen, bis das Eiweiß sehr steif ist und Spitzen bildet. Den Sternanis und die gewürfelten Datteln zugeben und nur ein paar Sekunden weiterschlagen. Die Meringe in die Form füllen und die Oberfläche mit einer Palette vorsichtig glattstreichen.

DIE SCHWIMMENDE INSEL BACKEN: Auf ein Backblech stellen und im warmen Backofen 20 Minuten backen. Mit einem dünnen Metallspieß in die Mitte der Schwimmenden Insel stechen, um zu prüfen, ob sie gar ist; der Spieß sollte nach dem Herausziehen glatt und sauber sein. Falls erforderlich, noch ein paar Minuten länger backen. Die gebackene Schwimmende Insel in der Schüssel oder Form vor dem Herauslösen 30 Sekunden abkühlen lassen.
Die Form mit einem Geschirrtuch festhalten und die heiße, aber nicht mehr glühendheiße Schwimmende Insel ein paar Zentimeter über einer runden, halbtiefen Servierplatte umstülpen und aus der Form lösen. Die gut gekühlte Crème anglaise um die Schwimmende Insel herumgießen, dann für 15–20 Minuten in den Kühlschrank stellen. Inzwischen den Karamelüberzug zubereiten.

DER KARAMEL: In einem kleinen, schweren Topf bei niedriger Temperatur die 120 g Zucker ohne Wasser unter ständigem Rühren mit einem Holzspatel auflösen, bis der Zucker eine schöne Karamelfarbe hat. Mit einem Löffel die Oberfläche des Desserts gleichmäßig mit Karamel überziehen.

SERVIERVORSCHLAG: Die Schwimmende Insel kann gleich nach dem Erkalten des Karamels serviert werden, ca. 15 Minuten nach dem Glasieren. Legen Sie einen Löffel zu dem Dessert, damit sich Ihre Gäste selbst bedienen und ganz nach Geschmack mehr oder weniger Crème anglaise zur Schwimmenden Insel nehmen können.

SPEZIALGERÄTE:
Runde feuerfeste Tonschüssel oder eine Halbkugelform aus Edelstahl, 16 cm breite Öffnung, 8 cm hoch

ANMERKUNG:
Nach dem Karamelüberzug kann das Dessert, falls nötig, vor dem Servieren 1 Stunde im Kühlschrank aufbewahrt werden, ohne daß der Karamel an Knusprigkeit verliert.

GROSSE DESSERTS UND TORTEN

BANANEN-KARAMEL-MOUSSE-TORTE
Entremets mousse bananes et caramel

Die köstliche Kombination aus zartem Biskuit und zweierlei Mousse mit den leicht karamelisierten Bananen lohnt die Mühe der Zubereitung (siehe Foto S. 2).

ZUTATEN: ❊

140 g »Zigarettenteig«, mit Kakaopulver schokoladenbraun gefärbt (S. 28)
1 Menge »Biskuit Joconde«-Mischung (S. 31)

8 Bananen à ca. 200 g
60 g Butter
100 g Zucker
²/₃ Menge »Karamelmousse« (S. 46)
1 Menge »Bananenmousse« (S. 48)
100 ml »Apfelgelee« (S. 59)

Ergibt 2 Torten für je 8 Personen

Zubereitungszeit: 40 Minuten plus ca. 1½ Stunden zum Einfrieren

DER GEMUSTERTE BISKUIT: Den Backofen auf 250 °C (Gasherd Stufe 6) vorheizen.

Mit einer Palette den Zigarettenteig so dünn und gleichmäßig wie möglich auf der gesamten Fläche des ausgelegten Backblechs verteilen. Mit dem Zeigefinger kleine, 2 cm lange, bananenförmige Muster im Abstand von 2 cm auf der ganzen Oberfläche des Teigs zeichnen. Den Teig circa 10 Minuten in der Gefriertruhe etwas fest werden lassen.

Die Biskuit-Joconde-Mischung über dem Zigarettenteig verteilen, mit einer Palette glattstreichen, dann in dem sehr heißen Backofen 2–3 Minuten backen, bis er soeben fest, aber noch feucht ist. Den gebackenen Teig 10 Minuten etwas abkühlen lassen, dann auf einen Kuchenrost stürzen und das Backpapier entfernen.

DIE BANANEN KARAMELISIEREN: Die Bananen schälen und in diagonale, 1 cm dicke Scheiben schneiden. In einer beschichteten Pfanne die Bananen in zwei Schüben bei hoher Temperatur in Butter und Zucker je 2 Minuten sautieren, dann auf einen Teller geben.

16 Bananenscheiben zum Verzieren des Desserts zurückbehalten. Die beiden Tortenringe mit je 16 cm Durchmesser auf ein mit Frischhaltefolie ausgelegtes Backblech stellen und die restlichen Bananen darin arrangieren. 30 Minuten in den Gefrierschrank stellen.

DIE TORTEN ZUSAMMENSETZEN: Von dem gemusterten Biskuitteig drei 4 cm breite Längsstreifen abschneiden. Aus dem restlichen Teig zwei 20 cm große Scheiben ausschneiden. Die beiden Tortenringe mit den Backpapierstreifen auskleiden und auf die Tortenscheiben setzen. Die Teigstreifen mit der gemusterten Seite gegen das Backpapier drücken und so zurechtschneiden und zusammenfügen, daß der Teig die Innenseite der Ringe vollständig auskleidet. Die Biskuitscheiben auf den Boden der Ringe legen und die Karamelmousse darauf verteilen.

Die Tortenringe von den tiefgefrorenen Bananen abheben, die beiden Kreise aus Bananenscheiben von der Folie lösen und im ganzen auf die Karamelmousse legen, jedoch ohne sie anzudrücken. Die halb geschichteten Torten 30 Minuten in den Gefrierschrank stellen. Zum Schluß die Tortenringe mit der Bananenmousse auffüllen. Die Oberfläche mit einer Palette glattstreichen und erneut 30 Minuten tiefkühlen.

SERVIERVORSCHLAG: Mindestens 4 Stunden vor dem Servieren die Torten für 2 Stunden in den Kühlschrank stellen, dann mit Apfelgelee glasieren. Die Tortenringe samt den Streifen Backpapier entfernen. Die zurückbehaltenen Bananenscheiben in einem Bogen jeweils auf einer Seite jeder Torte arrangieren. Die Torten auf Servierteller stellen und bis zum Servieren im Kühlschrank aufbewahren. Sie sollten gut gekühlt sein.

SPEZIALGERÄTE:

60 x 40 cm großes Backblech, ausgelegt mit eingefettetem Backpapier oder Backtrennpapier
2 Tortenringe, 16 cm Durchmesser, 1,5 cm hoch
2 Tortenringe, 22 cm Durchmesser, 5 cm hoch
2 Streifen Backpapier zum Auskleiden der Ringe, 72 x 5 cm
2 Tortenscheiben aus festem Karton, 24 cm Durchmesser

ANMERKUNGEN:

Dieses Dessert gelingt nicht, wenn man die Zutatenmengen verringert, daher ist es nötig, zwei Torten zuzubereiten. Eine davon kann man für eine spätere Verwendung einfrieren.

Die Torten lassen sich unglasiert bis zu 1 Woche einfrieren; glasieren Sie sie ein paar Stunden vor dem Servieren.

FÜRSTENTORTE MIT GELBEN PFIRSICHEN
Souverain aux pêches jaunes

Dieses hübsche Dessert läßt sich leicht zubereiten. Wenn es frische Pfirsiche auf dem Markt gibt, sollte man sie selbst pochieren, doch erstklassige Dosenpfirsiche tun es auch und machen die Zubereitung noch einfacher. Wer möchte, serviert die Fürstentorte mit einer Erdbeercoulis (S. 51).

ZUTATEN: ❃

220 g gelbe Pfirsiche in Sirup (Abtropfgewicht)
550 g »Mousseline-Creme« (S. 42)
1 »Genueser Biskuit« (S. 33), 22 cm Durchmesser, 5 cm dick
200 ml »Sorbetsirup« (S. 144), gemischt mit 50 ml Kirschwasser (nach Wunsch)
1 Menge »Italienische Meringe« (S. 37), frisch zubereitet mit 6 Eiweiß und gekühlt
60 g Mandelblättchen, geröstet

Für 8 Personen

Zubereitungszeit: 25 Minuten

ZUBEREITUNG: Eine Pfirsichhälfte zum Verzieren zurücklegen, die übrigen fein würfeln und unter die Mousseline-Creme mischen.

Den Genueser Biskuit in drei gleich dicke Scheiben schneiden (1) und mit dem aromatisierten Sorbetsirup bepinseln (2).

DIE TORTE ZUSAMMENSETZEN: Eine Biskuitscheibe auf den Boden aus Karton legen und mit einer Palette die Hälfte der Mousseline-Creme darauf verteilen. Mit einer zweiten Biskuitscheibe abdecken und die restliche Creme darauf verteilen (3). Mit der dritten Scheibe abdecken.

Die Oberfläche und den Rand der Torte mit einer 5 mm dicken Schicht Meringe überziehen (4). Eine Handvoll Mandelblättchen in die rechte Hand nehmen, die Torte mit der linken festhalten und die Mandeln rundherum an den Rand drücken (5).

Den Spritzbeutel mit Saint-Honoré-Tülle mit Italienischer Meringe füllen und von der Tortenmitte aus geschwungene Bogen Meringe auf die gesamte Oberfläche spritzen, so daß ein Gänseblümchenmuster entsteht (6). Die Bogen mit einem Brennstab leicht anbräunen oder die Torte kurz unter einen Salamander oder sehr heißen Grill stellen. Die Pfirsichhälfte mitten auf das Dessert setzen und die Torte mindestens 1 Stunde in den Kühlschrank stellen.

SERVIERVORSCHLAG: Die Torte auf eine Servierplatte setzen und am Tisch aufschneiden.

SPEZIALGERÄTE:
Tortenboden aus Karton, 22 cm
Spritzbeutel mit Saint-Honoré-Tülle (breite Bandtülle mit dreieckiger Einkerbung)
Brennstab oder Salamander

GROSSE DESSERTS UND TORTEN

GROSSE DESSERTS UND TORTEN

APFELCHARLOTTE MIT KNUSPRIGEN APFELCHIPS
Charlotte aux pommes et ses chips

Dieses Dessert kommt ohne Sauce oder Coulis aus. Die knusprigen Apfelchips bilden zu der glatten, cremigen Bavaroise einen wunderbaren Kontrast.

ZUTATEN: ❄
3 Äpfel (am besten Cox Orange), Gesamtgewicht ca. 500 g
80 g Zucker

1 Menge »Apfelbavaroise« (S. 44)
30 x 20 cm große Lage »Haselnuß-Dacquoise« (S. 31)

APFELGELEE
Zutaten für 1/2 Menge »Apfelgelee« (S. 59):
250 ml Wasser
125 g Zucker
1/2 Zitrone, gehackt
1 geschlitzte Vanilleschote
3 Blatt Gelatine, in kaltem Wasser eingeweicht und gut abgetropft

Ergibt 2 Charlotten für je 8 Personen

Zubereitungszeit:
1 Stunde 15 Minuten

DIE APFELCHIPS UND -SCHEIBEN ZUM DEKORIEREN: Den Backofen auf 180 °C (Gasherd Stufe 2–3) vorheizen.

Die Äpfel waschen, abtrocknen und halbieren. Von der Mitte der beiden schönsten Hälften je zwei hauchdünne Scheiben (mit Stiel) schneiden, auf ein leicht eingefettetes Backblech legen, mit 1 Teelöffel Zucker bestreuen und 6 Minuten im Backofen backen, dann wenden und 4 Minuten weiterbacken. Auf einen Teller legen und abkühlen lassen.

Die sechs Apfelhälften mit der glatten Seite nach unten legen. Mit der Ausstechform aus jeder Hälfte ein dickes rundes Stück ausstechen (siehe Abbildung links) und die Stücke in hauchdünne Scheiben schneiden (siehe Abbildung rechts); das Gehäuseende wegwerfen. Die Scheiben auf dem zweiten Backblech arrangieren und mit dem restlichen Zucker bestreuen. 10–15 Minuten im Backofen backen, bis sie hellgoldbraun sind. Auf dem Backblech abkühlen lassen, dann sofort mit einer Palette abheben und an einen sehr trockenen Platz stellen.

DAS APFELGELEE: Das Gelee aus den Apfelresten einschließlich Kerngehäuse und Kerne (insgesamt etwa 250 g) und den angegebenen Zutaten nach dem Rezept auf S. 59 zubereiten, dann abkühlen lassen.

DIE CHARLOTTE ZUSAMMENSETZEN: Den Kuchenrahmen auf ein mit Backpapier ausgelegtes Backblech stellen und an jeder Schmalseite des Rahmens zwei Apfelscheiben arrangieren. Die Bavaroise entsprechend dem Rezept auf S. 44 zubereiten und in den Rahmen füllen, sobald sie etwas eindickt. Die Haselnuß-Dacquoise über die Charlotte legen, mit den Fingerspitzen ein wenig andrücken und die Charlotte mindestens 1 Stunde in die Tiefkühlung oder mindestens 3 Stunden in den Kühlschrank stellen.

SERVIERVORSCHLAG: Den Rahmen mit der Charlotte umgedreht auf die Arbeitsfläche setzen. Das Backpapier entfernen und mit einem kleinen Messer innen an dem Rahmen entlangfahren. Den Rahmen abheben. Die Charlotte in der Breite zu zwei Desserts halbieren. Die beiden Charlotten mit halb eingedicktem Apfelgelee glasieren. Die Apfelchips rundherum in die Seiten der Charlotten stecken. Eine oder beide Charlotten auf eine Servierplatte setzen und gut gekühlt servieren.

SPEZIALGERÄTE:
Rechteckiger Kuchenrahmen aus Metall oder mit Frischhaltefolie bezogenem Karton, 30 x 20 x 4 cm
Runde 4-cm-Ausstechform
2 beschichtete Backbleche, 1 leicht eingefettet Backtrennpapier

ANMERKUNG:
Sobald die Charlotte aus der Form genommen und aufgeschnitten ist, kann man eine Hälfte vor dem Glasieren mit Apfelgelee zurück in die Tiefkühlung geben. Sie hält sich mindestens 1 Woche.

GROSSE DESSERTS UND TORTEN

JUWELENGESCHMÜCKTE OBSTTORTE
Diamant de fruits, mousse au citron vert

Eine gute Zitrusmousse in kleinen Mengen zuzubereiten, ist eine knifflige Angelegenheit, daher wird man nicht umhinkönnen, gleich zwei dieser wunderbar erfrischenden Torten herzustellen – eine gute Entschuldigung für Naschkatzen!

ZUTATEN: ❃

100 g rote Johannisbeeren
150 g Erdbeeren
150 g Kiwis

1 »Genueser Biskuit« (S. 33), 20 cm Durchmesser, 5 cm dick
150 ml »Sorbetsirup« (S. 144)
25 ml Kirschwasser

1 Menge »Limonenmousse« (S. 47)
2 EL »Dekorationsschokolade« (S. 186)
100 ml »Apfelgelee« (S. 59)

Ergibt 2 Torten für je 8 Personen

Zubereitungszeit: 35 Minuten plus 2 Stunden zum Einfrieren oder 6 Stunden zum Kühlen

SPEZIALGERÄTE:
2 Tortenscheiben aus Karton, mit Frischhaltefolie bedeckt, 24 cm Durchmesser
2 Tortenringe, 22 cm Durchmesser, 5 cm hoch
Spritztüte

DIE FRÜCHTE ZUBEREITEN: Mit einer Gabel die roten Johannisbeeren von den Stengeln streifen, ohne die Früchte zu beschädigen. Die Erdbeeren putzen, in 5 mm große Würfel schneiden. Die Kiwis schälen, von der Mitte aus 8 schöne Scheiben abschneiden und diese halbieren; den Rest der Kiwis wie die Erdbeeren in Würfel schneiden. Die Obstsorten in getrennten Schüsseln mit Frischhaltefolie abgedeckt in den Kühlschrank stellen.

DER GENUESER BISKUIT: Den Sorbetsirup mit dem Kirschwasser vermischen. Mit einem Wellenschliffmesser von dem Biskuit zwei 5 mm dicke Scheiben abschneiden und mit dem Sorbetsirup bepinseln.

DIE TORTEN ZUSAMMENSETZEN: Je einen Tortenring auf die Tortenscheiben aus Karton setzen und auf der Folie rundherum an der Innenseite des Tortenrings 8 halbe Kiwischeiben arrangieren. Ein Drittel der gewürfelten Erdbeeren und Kiwi und die Hälfte der roten Johannisbeeren in die Ringe streuen (1), dann das Obst mit einer Schicht Limonenmousse bedecken (2).

Die übrigen Früchte unter den Rest Limonenmousse mischen und die Ringe bis 5 mm unter den Rand damit auffüllen. Auf jede Torte eine Biskuitscheibe legen, mit der Sirupseite nach unten (3). Sacht andrücken, die Torten mit Folie abdecken und mindestens 2 Stunden in den Gefrierschrank oder mindestens 6 Stunden in den Kühlschrank stellen.

DIE TORTEN GLASIEREN: Die Folie entfernen, die Torten umgedreht auf die Arbeitsfläche setzen und die Kartonscheiben entfernen. Mit dem fast eingedickten Apfelgelee (4) glasieren und die Glasur mit einer Palette verteilen (5). Eine Spritztüte mit der Dekorationsschokolade füllen und ein feines Muster aufspritzen (6). Die Torten bis zum Servieren in den Kühlschrank stellen.

ANMERKUNG:
Die Torte hält sich tiefgefroren bis zu 1 Woche. Man sollte sie unglasiert einfrieren und ein paar Stunden vor dem Servieren glasieren.

SERVIERVORSCHLAG: Mit einem in heißes Wasser getauchten Messer an der Innenseite der Tortenringe entlangfahren. Die Ringe mit einer leichten Drehbewegung abheben oder die Torten auf eine Blechdose stellen und die Ringe nach unten streifen (siehe S. 17). Sofort servieren oder einfrieren.

GROSSE DESSERTS UND TORTEN

GROSSE DESSERTS UND TORTEN

LAKRITZTORTE MIT BIRNENFÄCHER
Délice à la réglisse, éventail de poires

Dieses außergewöhnliche Dessert mit seinem Lakritzaroma ist ganz einfach zuzubereiten.
Die Kombination der beiden Geschmacksnoten ist einmalig.

ZUTATEN:❉

1 Menge »Gewürzkuchen«-Mischung (S. 29)
2 Birnen, je ca. 200 g, geschält, halbiert und in Sirup pochiert
1 Menge »Lakritz-Bavaroise« (S. 44)
1 Birne, ca. 120 g, geschält, doch einen kleinen Kragen Schale am unteren Ende der Frucht belassen, ganz in Sirup pochiert
60 ml »Apfelgelee« (S. 59)

Für 8 Personen

*Zubereitungszeit:
30 Minuten plus 1 Stunde zum Einfrieren*

DER GEWÜRZKUCHENBODEN: Den Gewürzkuchenteig entsprechend dem Rezept auf S. 29 zubereiten. Nur 40 Minuten in dem eingefetteten Tortenring auf Backtrennpapier backen und auf einem Kuchenrost bei Zimmertemperatur abkühlen lassen.

DIE TORTE ZUSAMMENSETZEN: Den zweiten Tortenring auf die Tortenscheibe aus Karton setzen und die Innenseite mit dem Streifen Backpapier auskleiden. Mit einem kleinen scharfen Messer drei der Birnenhälften in 5 mm dicke Scheiben schneiden. Die Scheiben vorsichtig trockentupfen, dann rosettenförmig den ganzen Boden und den Rand damit auslegen.
Ein Drittel von der Lakritzbavaroise über die Birnen in den Ring gießen und 10 Minuten in die Gefriertruhe stellen.
Die vierte Birnenhälfte in feine Würfel schneiden und unter die restliche Bavaroise mischen, dann diese Mischung in den Tortenring gießen. Mit einem Wellenschliffmesser den Gewürzkuchen zu einer gleichmäßigen, etwa 1 cm dicken Scheibe schneiden. Die Kuchenscheibe auf die Bavaroise im Ring legen und leicht mit den Fingerspitzen andrücken. Mindestens 1 Stunde in die Tiefkühlung stellen.

Leicht auf die eingeschnittene Birne drücken, damit sie sich auffächert.

SERVIERVORSCHLAG: Das Dessert mindestens 2 Stunden vor dem Servieren umdrehen, die Tortenscheibe aus Karton entfernen und unter die Torte auf einen Servierteller legen. 1 Stunde in den Kühlschrank stellen, dann mit dem Apfelgelee glasieren. Den Tortenring samt dem Backtrennpapier entfernen.
Die ganze pochierte Birne trockentupfen und mit einem kleinen scharfen Messer das Kerngehäuse aus der Frucht schneiden, ohne die Form zu beschädigen. Mit demselben Messer die Birne vom unteren Ende des Kragens an der Länge nach rundherum in Abständen von 5 mm einschneiden, leicht drücken, so daß sich die Birne fächerförmig ausbreitet, dann in der Mitte des Desserts arrangieren. Mit dem Apfelgelee leicht einpinseln und bis zum Servieren in den Kühlschrank stellen. Die Torte sehr kalt servieren.

SPEZIALGERÄTE:

2 Tortenringe, 22 cm Durchmesser, 5 cm hoch, 1 leicht eingefettet
1 Streifen Backpapier, 75 x 5 cm
1 stabile Tortenscheibe aus Karton, 24 cm Durchmesser, mit Frischhaltefolie bedeckt
Backtrennpapier

ANMERKUNGEN:

*Die Torte läßt sich bis zu 1 Woche gut einfrieren. Sie wird mehrere Stunden vor dem Servieren glasiert und mit dem Birnenfächer garniert.
Wer möchte, kann die Gewürzkuchenmischung durch »Schokoladenbiskuit« (S. 34) ersetzen, der auch wunderbar mit der Birnen-Lakritz-Kombination harmoniert.*

Millefeuille mit Ingwermousse und knusprigen Quitten

Mille-feuille, mousse gingembre et croquants de coings

Pochierte Quitten sind eine Delikatesse, erst recht, wenn sie noch leicht knusprig sind. Die Grenadine bringt den Geschmack dieser leckeren Früchte noch besser zur Geltung.

ZUTATEN: ❊
*400 g »Schneller Blätterteig« (S. 25)
Mehl zum Bestäuben
500 ml »Sorbetsirup« (S. 144)*

*2 Quitten, Gesamtgewicht ca. 400 g
Saft von 1 Zitrone
125 ml Grenadine*

*¹/₂ Menge frisch zubereitete »Ingwermousse« (S. 49)
30 g Puderzucker*

Für 8 Personen
*Zubereitungszeit:
45 Minuten plus
45 Minuten Kühlzeit*

DEN TEIG ZUBEREITEN: Den Teig auf einer leicht mit Mehl bestäubten Fläche zu einem 60 x 40 cm großen und 2 mm dicken Rechteck ausrollen, um ein Nudelholz legen und auf einem mit Backtrennpapier ausgelegten Backblech abrollen. Mindestens 30 Minuten in den Kühlschrank stellen.

DIE QUITTEN POCHIEREN: Den Sirup in einem Topf zum Kochen bringen. Die Quitten schälen und mit Zitronensaft einreiben. Sehr reife Quitten 15 Minuten, halbreife 30 Minuten in dem Sirup pochieren. Kurz vor Ablauf der Garzeit die Grenadine zufügen. Die Quitten im Pochiersirup abkühlen lassen, dann sofort in den Kühlschrank stellen.

Den Backofen auf 180 °C (Gasherd Stufe 2–3) vorheizen.

DEN TEIG BACKEN: Den Teig mit einer Gabel einstechen, mit Backtrennpapier abdecken und das zweite Backblech daraufsetzen, damit der Teig während des Backens nicht zu ungleichmäßig aufgeht.

Im vorgeheizten Backofen 8 Minuten backen, bis der Teig blaßgoldgelb ist. Das obere Backblech und das Backpapier entfernen, die Teiglage auf ein Kuchengitter geben und abkühlen lassen.

SPEZIALGERÄTE:
*1 Tortenring, 18 cm Durchmesser, 4 cm hoch (nach Wunsch)
1 Streifen Backpapier, 57 x 4 cm
2 Backbleche, 60 x 40 cm
2 Bogen Backtrennpapier
1 Tortenboden aus Pappkarton, 18 cm Durchmesser
Fleischspieß aus Metall zum Dekorieren der Millefeuille*

DIE QUITTEN SCHNEIDEN: 1 Quitte in zehn gleich große Segmente schneiden. Die zweite Quitte längs halbieren und eine 3 mm dicke Scheibe abschneiden (siehe Foto links). Den Rest der Frucht fein würfeln und die Hälfte der Würfel mit ein wenig Pochiersirup in eine Sauciere füllen. Die Quittenteile in eine Schüssel geben und in den Kühlschrank stellen.

ANMERKUNGEN: *Dieses knusprige und cremige Dessert läßt sich in dem Backpapier sehr gut einfrieren. Die Torte wird 3 Stunden vor dem Verzieren und Garnieren zum Auftauen in den Kühlschrank gestellt.*

DIE MILLEFEUILLE ZUSAMMENSETZEN: Die Ingwermousse nach dem Rezept auf S. 49 zubereiten. Sobald sie eindickt, die restlichen Quittenwürfel zugeben. Nun kann die Millefeuille zusammengesetzt werden. Das Papier von der Unterseite des Teigs entfernen, dann den Tortenring auf den Teig setzen, mit einem kleinen, scharfen Messer rundherum an dem Ring entlangfahren und so insgesamt vier Teigscheiben ausschneiden.

Eine Teigscheibe auf den Tortenboden aus Pappe legen. Den Streifen Backpapier um die Scheibe legen und mit Klebeband befestigen. Ein Drittel der Ingwer-mousse über den Teigboden gießen und mit einem Eßlöffel glattstreichen. Eine zweite Teigscheibe darauflegen, den Vorgang zweimal wiederholen und mit der vierten Scheibe abschließen. Mindestens 2 Stunden im Kühlschrank oder 45 Minuten in der Tiefkühlung fest werden lassen.

SERVIERVORSCHLAG: Den Fleischspieß zu zwei Dritteln über einer Gasflamme erhitzen. Das Backpapier um die Millefeuille herum entfernen und die Oberfläche großzügig mit Puderzucker bestreuen. Mit dem rotglühenden Fleischspieß quer über die gesamte Oberfläche der Millefeuille im Abstand von 2 cm karamelisierte, aber nicht verbrannte Linien eindrücken. Den Spieß so oft wie nötig erneut erhitzen und ein Rautenmuster entstehen lassen.

Die Millefeuille auf eine Servierplatte setzen, die Quittenscheibe in der Mitte der Torte und die Quittenstücke rundherum auf dem Tellerrand arrangieren. Die Millefeuille gekühlt, aber nicht gefroren servieren und dazu die Quittenwürfel in Sirup separat in der Sauciere reichen.

TARTES UND TORTELETTS

Ganz gleich, welchen Teig Sie als Boden verwenden, er sollte sehr dünn, gut durchgebacken und knusprig sein. Für die Füllungen der Tartes – wie diese flachen, meist süßen und mit Obst belegten Kuchen in Frankreich genannt werden – und Torteletts sollten Sie möglichst sonnengereifte, frische, aromatische Früchte nehmen. Obsttartes schmecken lauwarm oder kalt köstlich, sollten jedoch nie eiskalt serviert werden. Sie sind preiswert und einfach zuzubereiten, und Kinder lieben sie über alles. Ob schlicht oder elegant, mit ihren leuchtenden Farben sind sie stets so verführerisch, daß einem das Wasser im Munde zusammenläuft. Und die zarten Cremes, auf die die Früchte wie auf Kissen gebettet werden, erobern diesen Kuchen unbestritten einen Platz an der Spitze der Desserts.

Fast alle Tartes und Torteletts lassen sich ungebacken mehrere Tage einfrieren. Schieben Sie sie etwa eine oder zwei Stunden vor dem Servieren in den Backofen, und gönnen Sie ihnen etwas Zeit zum Abkühlen, bevor Sie genüßlich hineinbeißen...

Auf das mit Creme gefüllte Tortelett wird pochierter Rhabarber gegeben.

RHABARBERTORTELETTS
Tartelettes à la rhubarbe

Man kann auch statt der vier kleinen Torteletts eine große
Tarte zubereiten.

ZUTATEN: ❊

*600 g zarter junger Rhabarber
200 ml lieblichen Weißwein, am besten Sauternes
2 EL Wasser
150 g Zucker
1½ EL Grenadine*

*Mehl zum Bestäuben
250 g »Süßer Mürbeteig« (S. 20)*

*200 ml Schlagsahne, mit 25 g Zucker cremig geschlagen
100 g »Konditorcreme« (S. 39)*

Ergibt 8 Stück

*Zubereitungszeit:
40 Minuten*

*Backzeit:
7 Minuten*

DEN RHABARBER ZUBEREITEN: Die Stangen schälen und dabei alle sehnigen Fasern entfernen. Den Rhabarber in 5–6 cm große Stücke schneiden. Die beiden zartesten Stücke ganz klein schneiden.

Wein, Wasser, Zucker und Grenadine in einem flachen Topf zum Kochen bringen. Den feingeschnittenen Rhabarber 30 Sekunden hineingeben, dann mit einem Schaumlöffel herausnehmen und zusammen mit ein wenig von dem kochenden Sirup in eine Schüssel geben.

Die großen Rhabarberstücke zu dem noch kochenden Sirup in den Topf geben, die Temperatur herunterdrehen und etwa 30 Minuten sanft pochieren. Den Rhabarber im Sirup abkühlen lassen, dann in einem Sieb 30 Minuten abtropfen lassen. Der Sirup kann zur Zubereitung eines Sorbets oder Champagnercocktails verwendet werden.

Den Backofen auf 180 °C (Gasherd Stufe 2–3) vorheizen.

DIE TORTELETTBÖDEN: Auf einer leicht mit Mehl bestäubten Fläche den Teig 3 mm dick ausrollen. Mit der Ausstechform acht Scheiben ausstechen und damit die Tortelettformen auslegen. Mit den Fingerspitzen die Teigränder leicht hochdrücken, so daß sie etwas über den Formenrand hinausragen. Die Teigböden 10 Minuten in den Kühlschrank stellen.

DIE TORTELETTBÖDEN BACKEN: Die Böden mit einer Gabel mehrfach einstechen und im vorgeheizten Backofen 7 Minuten backen. In den Formen leicht abkühlen lassen, dann behutsam herauslösen und auf einen Kuchenrost legen.

DIE TORTELETTS FÜLLEN UND SERVIEREN: Mit einem Schneebesen geschlagene Sahne und Konditorcreme vermischen. Die Mischung auf die Torteletts verteilen. Den pochierten Rhabarber daraufgeben und den noch bißfesten, feingeschnittenen Rhabarber darüberstreuen. Die Torteletts mit Zimmertemperatur auf Desserttellern servieren.

SPEZIALGERÄTE:

*8 beschichtete oder leicht eingefettete Tortelettformen, 10 cm Durchmesser, 2 cm hoch
1 glatte 10-cm-Ausstechform*

ANMERKUNGEN:

Alle Bestandteile dieses Desserts lassen sich im voraus zubereiten; die Torteletts im letzten Moment bis höchstens 1 Stunde vor dem Servieren füllen, was nur 8 Minuten dauert. Füllt man sie früher, wird der Teig weich.

Diese Torteletts nicht in den Kühlschrank stellen, damit der Rhabarber nicht an Geschmack verliert.

Obsttoreletts mit warmem Sabayon
Grandes tartelettes aux fruits, gratinées aux cinq épices

Unter der Hitze des Grills kann sich der Duft der Früchte wunderbar entfalten, und die Gewürzmischung der »cinq épices« verleiht dem Sabayon ein moschusartiges Aroma – eine wahrhaft berauschende Kombination.

ZUTATEN:

420 g Reste vom »Schnellen Blätterteig« (S. 25) oder Mürbeteig (S. 20)
Mehl zum Bestäuben

720 g verschiedene Früchte (z. B. 1 Banane, Blaubeeren, Himbeeren, rote Johannisbeeren, Brombeeren), je nach Geschmack und Jahreszeit

1 Menge »Sabayon« (S. 53)
½ TL französische Gewürzmischung »Cinq épices« (gemahlene Mischung aus Fenchel, Gewürznelke, Piment, Sternanis und Zimt)

18 Walderdbeeren zum Verzieren (nach Wunsch)
6 kleine Minzezweige

Ergibt 6 Stück

Zubereitungszeit: 20 Minuten

Backzeit: 11 Minuten

SPEZIALGERÄTE:

6 Torteletformen, 12 cm Durchmesser, 2 cm hoch
1 glatte 16-cm-Ausstechform
Backbohnen oder getrocknete Bohnen zum Blindbacken

DIE TORTELETTBÖDEN ZUBEREITEN: Auf einer leicht mit Mehl bestäubten Fläche den Teig 2 mm dick ausrollen. Mit der Ausstechform 6 Scheiben ausstechen und damit die Tortelettformen auskleiden. Die Teigränder hochdrücken, so daß sie etwas über die Formen hinausragen. Die Teigböden 10 Minuten in den Kühlschrank stellen. In der Zwischenzeit den Backofen auf 180 °C (Gasherd Stufe 2–3) vorheizen.

DIE TEIGBÖDEN BACKEN: Mit einer Gabel die Teigböden mehrfach einstechen. Mit einem runden Stück Backtrennpapier auskleiden und mit den Bohnen füllen. 10 Minuten im vorgeheizten Backofen backen. Die Bohnen herausnehmen und die Teigböden wieder für 1 Minute in den Backofen schieben, damit der Teig auch innen gut durchgebacken ist. Die Teigböden aus dem Backofen nehmen, aus der Form lösen und auf einem Kuchenrost abkühlen lassen.

DAS OBST: Schälen, waschen und nötigenfalls putzen, in Stücke oder Scheiben schneiden und bei Zimmertemperatur stehenlassen.

DAS SABAYON: Das Sabayon entsprechend dem Rezept auf S. 53 zubereiten und je nach Geschmack mit süßem Weißwein, Kirschwasser oder Birnenlikör aromatisieren. Sobald das Sabayon aufgeschäumt ist, die Gewürzmischung darüberstreuen und bei Zimmertemperatur stehenlassen, während die Toreletts gefüllt werden. Inzwischen einen Salamander oder den Grill auf hohe Temperatur vorheizen.

SERVIERVORSCHLAG: Die Früchte in den Toreletts arrangieren, großzügig zwei Drittel des Sabayon darübergießen und unter dem heißen Grill oder Salamander ein paar Sekunden leicht glasieren. Die Toreletts sofort auf vorgewärmte Portionsteller geben und das restliche Sabayon drumherumgießen. Die Toreletts mit je drei Walderdbeeren und einem kleinen Minzezweig garnieren und dann sofort servieren.

TARTES UND TORTELETTS

SCHOKOLADENTARTE MIT HIMBEEREN
Tarte au chocolat et aux framboises

Diese Tarte gehört zu den Lieblingsdesserts meiner Gäste. Im Winter kann man statt Himbeeren in feine Scheiben geschnittene pochierte Birnen nehmen.

ZUTATEN: ❊
250 g »Süßer Mürbeteig« (S. 20)
Mehl zum Bestäuben
250 g Himbeeren

GANACHE
250 ml Schlagsahne
200 g bittere Kuvertüre oder Edelbitterschokolade, feingehackt
25 g Glukosesirup
50 g Butter, gewürfelt

Ein paar »Schokoladenröllchen« oder »Schokoladenfächer« (S. 154, nach Wunsch)
1 Prise Puderzucker

Für 8 Personen

Zubereitungszeit: 20 Minuten

Backzeit: 10 Minuten

DEN TEIGBODEN ZUBEREITEN: Den Teig auf einer leicht mit Mehl bestäubten Fläche zu einer ca. 2 mm dicken Scheibe ausrollen, dann um ein Nudelholz wickeln. Über dem Tortenring, der auf ein Backblech gestellt wurde, abrollen, ohne daß der Teig reißt. Den Ring mit dem Teig auslegen und den Rand mit den Fingerspitzen gleichmäßig hochdrücken, so daß er etwas über den Ring hinausragt. Den Tarteboden im Kühlschrank mindestens 20 Minuten ruhen lassen.

DEN TEIGBODEN BACKEN: Den Backofen auf 180 °C (Gasherd Stufe 2–3) vorheizen.

Den Teigboden mit einer Gabel mehrfach einstechen. Er muß nicht mit Backpapier ausgelegt oder mit Backbohnen gefüllt werden. 10 Minuten backen.

In der Zwischenzeit ein Dutzend von den schönsten Himbeeren aussuchen und zum Verzieren beiseite legen; die übrigen halbieren. Den fertig gebackenen Teigboden auf ein Kuchengitter setzen, vorsichtig den Ring entfernen und den Teigboden bei Zimmertemperatur abkühlen

SPEZIALGERÄTE:
1 Tortenring, 24 cm Durchmesser, 2 cm hoch, leicht mit Butter ausgestrichen

ANMERKUNGEN:
Anstelle des süßen Mürbeteigs kann man auch einen »Butterteig« (S. 21) verwenden, der zarter, allerdings auch empfindlicher und nicht so gut zu verarbeiten ist.

Statt einer großen Tarte können Sie auch kleine Torteletts machen.

lassen. Den Boden nach dem Auskühlen mit den halbierten Himbeeren bedecken.

Die Schokoladenganache-Füllung: Die Sahne in einen Topf geben und zum Kochen bringen. Den Topf von der Kochstelle nehmen, Kuvertüre oder Schokolade und Glukosesirup hineingeben und mit einem Rührbesen zu einer glatten Creme verrühren. Nun die Butter würfelweise nach und nach einrühren.

Die Tarte fertigstellen: Die Ganache gleich nach der Zubereitung auf den Tortenboden gießen und bei Zimmertemperatur abkühlen lassen. Nach dem Erkalten vor dem Servieren 1–2 Stunden in den Kühlschrank stellen.

Serviervorschlag: Die Schokoladenröllchen oder -fächer mit Puderzucker bestäuben und auf der Tarte arrangieren. Die Tarte mit den zurückbehaltenen Himbeeren garnieren und auf einer Porzellan- oder Silberplatte servieren.

KÄSETARTE
Tarte au fromage

Für diese traditionsreiche Tarte habe ich ein besonderes Faible. Im Sommer bereite ich sie mit Blätterteigresten zu, doch im Winter habe ich es lieber etwas süßer und nehme süßen Mürbeteig.

ZUTATEN:

*350 g »Süßer Mürbeteig«
(S. 20)
Mehl zum Bestäuben
150 g Quark (mit
beliebigem Fettgehalt)
50 g Zucker
150 ml Milch
3 Eier, getrennt
Saft von 1 Zitrone
Schale von 1 Zitrone, in
dünne Streifen geschnitten
und blanchiert
20 g Mehl, plus Mehl zum
Bestäuben
30 g Stärkemehl
20 g Puderzucker*

Für 8 Personen

*Zubereitungszeit:
25 Minuten*

*Backzeit:
35 Minuten*

Der Teigboden: Auf einer leicht mit Mehl bestäubten Fläche den Teig zu einer etwa 2 mm dicken Scheibe ausrollen. Den Tortenring auf ein Backblech stellen und mit dem Teig auskleiden. 20 Minuten in den Kühlschrank stellen.
In der Zwischenzeit den Backofen auf 180 °C (Gasherd Stufe 2–3) vorheizen.

Die Käsefüllung: In einer Schüssel Quark, Zucker, Milch, Eigelb, Zitronensaft und -schale, Mehl und Stärkemehl verrühren. Das Eiweiß steif schlagen und behutsam mit einem Spatel unter die Mischung heben. Den Teigboden mit der Mischung füllen und die Tarte 20 Minuten im vorgeheizten Backofen backen. Die Ofentemperatur auf 150 °C (Gasherd Stufe 1) verringern und weitere 15 Minuten backen.
Die Tarte aus dem Backofen nehmen und sofort auf einen Kuchenrost stellen. Vorsichtig den Ring abheben und die Tarte bei Zimmertemperatur abkühlen lassen, bis sie soeben kalt ist.

Serviervorschlag: Die Tarte leicht mit Puderzucker bestäuben und auf eine hübsche Porzellanplatte stellen. Frisch abgekühlt servieren, niemals jedoch eiskalt.

SPEZIALGERÄTE:

*1 Tortenring, 22 cm
Durchmesser, 2 cm hoch,
leicht eingefettet*

ANMERKUNGEN:

*Diese Tarte niemals im
Kühlschrank aufbewahren,
sonst verliert sie ihr
Aroma.*

*Statt der Zitronenschale
nehme ich manchmal ein
paar Tropfen Orangenblütenöl.*

TARTES UND TORTELETTS

Reistarte aromatisiert mit Lapsang Souchong und Litschis

Tarte au riz au parfum de lapsang souchong et fruits de litchies

Im Winter ist diese Tarte eine ganz besondere Delikatesse. Ich bestreue sie manchmal mit einem Hauch Zucker und karamelisiere sie mit einem Brennstab, um das Aroma des Tees zu verstärken. Dann braucht man sie natürlich nicht mit Litschisirup zu glasieren. Dieses sahnige Dessert kommt ohne jede Sauce oder Coulis aus.

ZUTATEN:
*350 g »Süßer Mürbeteig«
(S. 20)
Mehl zum Bestäuben
Verquirltes Ei (1 Eigelb, gemischt mit 1 EL Milch und 1 Prise Salz)*

*750 ml Milch
75 g Milchreis
75 g Zucker
10 g Lapsang-Souchong-Tee, in ein Stück Mulltuch eingewickelt*

*180 g Litschis in Sirup (Abtropfgewicht; den Sirup aufbewahren)
100 ml Schlagsahne, cremig geschlagen*

Für 8 Personen

*Zubereitungszeit:
30 Minuten*

*Backzeit:
30 Minuten*

DER TEIGBODEN: Auf einer leicht mit Mehl bestäubten Fläche den Teig zu einer 3 mm dicken Scheibe ausrollen. Den Kuchenring auf ein Backblech setzen und mit dem Teig auskleiden. 20 Minuten in den Kühlschrank stellen.

In der Zwischenzeit den Backofen auf 200 °C (Gasherd Stufe 3–4) vorheizen.

BLINDBACKEN DES TEIGBODENS: Den Boden des Teigs an mehreren Stellen mit einer Gabel einstechen. Mit Backpapier auslegen, mit Backbohnen füllen und im vorgeheizten Backofen 20 Minuten backen.

Die Bohnen und das Papier entfernen und den Teigboden mit etwas verquirltem Eigelb auspinseln. Für weitere 5 Minuten bei 160 °C (Gasherd Stufe 1–2) in den Backofen stellen; dann auf einen Kuchenrost setzen, den Ring entfernen und bei Zimmertemperatur abkühlen lassen.

DEN REIS KOCHEN: Die Milch in einem kleinen Topf erhitzen. Sobald sie kocht, den Reis hineinstreuen. 15 Minuten sacht köcheln lassen, gelegentlich mit einem Spatel umrühren. Den Zucker und den in ein kleines Mulltuch eingewickelten Tee zufügen und weitere 15 Minuten sanft kochen lassen, dabei ab und zu umrühren. Den Topf von der Kochstelle nehmen, den Tee herausnehmen und den Reis im Topf 10–15 Minuten leicht abkühlen lassen.

DIE TARTE FÜLLEN: Ein Drittel der Litschis zum Verzieren zurückbehalten und halbieren. Die restlichen Litschis grob würfeln und mit einem Spatel in den Reis rühren, dann vorsichtig die Schlagsahne unterheben. Die Mischung langsam auf den Teigboden gießen. Die halbierten Litschis geschmackvoll darauf arrangieren und die Tarte mindestens 1 Stunde bei Zimmertemperatur abkühlen lassen.

Sobald die Tarte kalt ist, den Litschisirup etwas verkochen und ein paar Minuten abkühlen lassen. Mit einem Teigpinsel die Tarte ganz dünn mit etwas Sirup bepinseln.

SERVIERVORSCHLAG: Die Tarte auf eine Servierplatte setzen und kalt, aber nicht eisgekühlt servieren.

SPEZIALGERÄTE:
*1 Tortenring, 22 cm Durchmesser, 2 cm hoch, leicht eingefettet
Backbohnen oder getrocknete Bohnen*

ANMERKUNG:
Falls frische Litschis erhältlich sind, ca. 20 verwenden. Nur schälen und entsteinen; man muß sie nicht in Sirup pochieren, sollte sie aber mit dem Sirup von einer Dose Litschis glasieren.

Tarte mit Pinienkernen und gebrannten Mandeln
Tarte aux pignons et pralines

Diese leckere Tarte serviert man einfach so oder mit »Honigsauce« (S. 55) im Sommer und warmer oder kalter »Schokoladensauce« (S. 55) im Winter.

ZUTATEN:

300 g »Teig für Tortenböden« (S. 22)
Mehl zum Bestäuben

120 g weiche Butter
200 g gemahlene Mandeln und Puderzucker, zu gleichen Teilen zusammen gesiebt
3 Eier
175 g gemischte kandierte Früchte, mindestens 2 Sorten (z. B. Engelwurzstengel, Orangen, Kirschen), fein gewürfelt
60 g Sultaninen, 6 Stunden in 60 ml Armagnac eingeweicht

120 g Pinienkerne
16 gebrannte Mandeln
Puderzucker zum Bestäuben (nach Wunsch)

Für 8 Personen

Zubereitungszeit:
25 Minuten

Backzeit:
30 Minuten

SPEZIALGERÄTE:

1 Tortenring,
24 cm Durchmesser,
2 cm hoch

DEN TEIGBODEN ZUBEREITEN: Den Tortenring auf ein Backblech stellen. Auf einer leicht mit Mehl bestäubten Fläche den Teig zu einer 2 mm dicken Scheibe ausrollen, auf ein Nudelholz wickeln und über dem Tortenring abrollen, ohne daß der Teig reißt. Den Ring mit dem Teig auskleiden und den Teigrand zwischen Zeigefinger und Daumen so zusammendrücken, daß ein welliger Rand entsteht, der etwas über die Form hinausragt. Den Teigboden mindestens 20 Minuten im Kühlschrank ruhen lassen.

DIE FÜLLUNG: In einer Schüssel die weiche Butter mit einem Spatel glattrühren, dann die Mandel-Puderzucker-Mischung und schließlich nacheinander die Eier einrühren. Wenn die Mischung gut verrührt ist, die kandierten Früchte und die eingeweichten Sultaninen zufügen. Den Backofen auf 200 °C (Gasherd Stufe 3–4) vorheizen.

DIE TARTE BACKEN: Den Boden ein paarmal mit einer Gabel einstechen, die Füllung daraufgießen und mit einem Spatel gleichmäßig verteilen. Die Oberfläche mit den Pinienkernen bedecken, dann die gebrannten Mandeln rundherum am Rand in gleichmäßigen Abständen arrangieren. Die Pinienkerne mit den Fingerspitzen leicht in die Füllung drücken und die Tarte im vorgeheizten Backofen 10 Minuten backen. Die Temperatur auf 170 °C (Gasherd Stufe 2) reduzieren und noch 20 Minuten backen.

Die Tarte aus dem Ofen nehmen und vor dem Entfernen des Rings fast ganz abkühlen lassen.

SERVIERVORSCHLAG: Die Tarte auf eine Servierplatte setzen und nach Wunsch leicht mit Puderzucker bestreuen. Man serviert sie am besten noch etwas warm; auf keinen Fall in den Kühlschrank stellen.

TARTES UND TORTELETTS

APRIKOSENDARTOIS
Dartois aux abricots

Dosenaprikosen sind gewöhnlich von hervorragender Qualität, weshalb ich sie für dieses Dessert verwende.

ZUTATEN: ❋

*450 g »Jean Millets Blätterteig« oder »Schneller Blätterteig« (S. 24 und 25)
Mehl zum Bestäuben
150 g »Frangipane«
(S. 43)
Verquirltes Ei (1 Eigelb, gemischt mit 1 EL Milch und 1 Prise Salz)
250 g (Abtropfgewicht) Aprikosenhälften aus der Dose in Sirup
Puderzucker
300 ml »Rote-Früchte-Coulis« (siehe »Obstcoulis«, S. 51)*

Für 6 Personen

*Zubereitungszeit:
20 Minuten*

*Backzeit:
25 Minuten*

DEN DARTOISBODEN VORBEREITEN: Auf einer leicht mit Mehl bestäubten Fläche 200 g von dem Teig zu einem 27 x 12 cm großen Rechteck ausrollen, um ein Nudelholz wickeln und auf ein leicht mit kaltem Wasser befeuchtetes Backblech abrollen. Mit einer Gabel mehrfach einstechen.

ANMERKUNGEN:
Der Dartois kann am Vortag zubereitet und im Kühlschrank aufbewahrt werden. Man backt und glasiert ihn kurz vor dem Servieren. Am besten noch leicht warm servieren.

Mit einem Löffel die Frangipane auf dem Teig verteilen, dabei auf beiden Längsseiten einen gut 2 cm breiten Rand lassen (1). Die Teigränder mit verquirltem Eigelb bepinseln. Die Aprikosen trockentupfen und auf der Frangipane arrangieren (2).

Den restlichen Teig zu einem 27 x 13 cm großen Rechteck ausrollen. Den Teig der Länge nach in der Mitte umklappen, ohne die beiden Hälften zusammenzudrücken (3). Im Abstand von ca. 5 mm den Teig über die ganze Länge mit dem breiten Klingenende eines Messers so einschneiden, daß an den beiden Außenrändern ein 2 cm breiter Streifen ganz bleibt (4). Den Teig wieder auseinanderklappen, über das

Nudelholz legen und auf das mit Aprikosen ausgelegte Rechteck abrollen (5). Die Ränder mit den Fingerspitzen leicht zusammendrücken und den Dartois 30 Minuten in den Kühlschrank stellen.

DEN DARTOIS BACKEN: Den Backofen auf 200 °C (Gasherd Stufe 3–4) vorheizen.

Mit einem großen Messer die Längsseiten des Dartois begradigen. Die Oberfläche vorsichtig und sparsam, die Seiten reichlich mit verquirltem Eigelb bepinseln. Mit der Spitze eines kleinen Messers die

TARTES UND TORTELETTS

Ränder an den Längsseiten diagonal einschneiden (6).

25 Minuten im vorgeheizten Backofen backen. Die Temperatur auf 220 °C (Gasherd Stufe 4–5) erhöhen, den Dartois mit Puderzucker bestäuben und wieder 1–2 Minuten in den Backofen stellen oder ein paar Sekunden unter einem Salamander glasieren.

SERVIERVORSCHLAG: Den Dartois auf einer länglichen Platte servieren und die Rote-Früchte-Coulis separat dazu reichen.

TARTES UND TORTELETTS

MIRABELLENTORTELETTS IM KÄFIG
Tartelettes fines aux mirabelles en cage

Diese einfachen, hübschen und leichten Torteletts bereitet man im Herbst am besten mit frischen Mirabellen zu; im Winter gelingen sie jedoch auch mit eingemachten Früchten vorzüglich.

ZUTATEN: ❊

450 g Reste von »Jean Millets Blätterteig« oder »Schnellem Blätterteig« (S. 24 und 25) Mehl zum Bestäuben

100 g »Konditorcreme« (S. 39)
84 entsteinte Mirabellen, pochiert in Sirup oder aus dem Glas, oder 18 frische Pflaumen, entsteint, jeweils in 6 Stücke geschnitten und 30 Sekunden in Sirup pochiert

Verquirltes Ei (1 Eigelb, gemischt mit 1 EL Milch und 1 Prise Salz)

Für 6 Personen

Zubereitungszeit:
35 Minuten

Backzeit:
18 Minuten

DEN TEIGBODEN ZUBEREITEN: Auf einer leicht bemehlten Fläche zwei Drittel des Teigs 2 mm dick ausrollen. Mit der Ausstechform 6 Scheiben ausstechen und sie umgedreht auf ein mit kaltem Wasser befeuchtetes Backblech legen. 20 Minuten in den Kühlschrank stellen.

DIE GITTERSTREIFEN: Auf der leicht bemehlten Fläche den restlichen Teig zu einem ca. 16 x 8 cm großen und 3 mm dicken Rechteck ausrollen. 30 Minuten in den Kühlschrank stellen.

DIE TORTELETTS ZUSAMMENSETZEN: Den Backofen auf 190 °C (Gasherd Stufe 3) vorheizen.

Die Teigböden mit einer Gabel ein paarmal einstechen, die Konditorcreme auf die einzelnen Torteletts verteilen und mit einem Löffel gleichmäßig verstreichen. Auf der Creme pro Tortelett 14 gut abgetropfte Mirabellen oder drei aufgeschnittene Pflaumen arrangieren. Das Teigrechteck mit verquirltem Eigelb bepinseln, der Länge nach in 3 mm breite Streifen schneiden und diese in der Breite halbieren. Je fünf Streifen schräg auf den einzelnen Torteletts anordnen, dann weitere fünf so, daß sich ein Gittermuster ergibt. Eventuell überschüssigen Teig an den Gitterstreifen abschneiden. 10 Minuten in den Kühlschrank stellen.

DIE TORTELETTS BACKEN: Die Torteletts im vorgeheizten Backofen 18 Minuten backen, bis sie goldbraun sind. Mit einer Palette vorsichtig auf einen Kuchenrost legen und bei Zimmertemperatur abkühlen lassen.

SERVIERVORSCHLAG: Die Torteletts auf einzelne Dessertteller geben und einfach so servieren, solange sie noch etwas warm sind.

SPEZIALGERÄTE:
glatte 12-cm-Ausstechform

ANMERKUNG:
Die Torteletts lassen sich bis zum letzten Arbeitsgang einen Tag im voraus zubereiten und im Kühlschrank aufbewahren. Man backt sie kurz vor dem Servieren oder während der Hauptmahlzeit.

TARTES UND TORTELETTS

PRINZESSTARTE MIT BLAUBEEREN
Tarte princesse aux myrtilles

Serviert man diese köstliche Tarte, die mit einer dicken, üppigen doppelten Karamelglasur überzogen wird, mit Zimmertemperatur, entfaltet sich der feine Geschmack von Heidelbeeren, Orange und Chiboust-Creme am besten.

ZUTATEN:
*250 g »Teig für Tortenböden« (S. 22)
Mehl zum Bestäuben
Verquirltes Ei (1 Eigelb, gemischt mit 1 EL Milch und 1 Prise Salz)*

*450 ml Crème double
4 Eier
125 g Zucker, plus 100 g zum Karamelisieren der Tarte
Schale von 1/2 Orange, sehr fein geschnitten*

*200 g Heidelbeeren
1/2 Menge frisch zubereitete »Chiboust-Creme« (S. 39)*

Für 8 Personen

*Zubereitungszeit:
35 Minuten*

*Backzeit:
25 Minuten*

DER TEIGBODEN: Den Backofen auf 220 °C (Gasherd Stufe 4–5) vorheizen.

Auf einer leicht mit Mehl bestäubten Fläche den Teig zu einer 2 mm dicken Scheibe ausrollen. Den Tortenring auf ein Backblech setzen und mit dem Teig auskleiden. Die Ränder zu einem hübschen, gleichmäßig gewellten Rand hochdrücken. 20 Minuten in den Kühlschrank stellen.

BLINDBACKEN DES TEIGBODENS: Den Boden ein paarmal mit einer Gabel einstechen, mit einem kreisrunden Stück Backtrennpapier auslegen und mit Backbohnen oder getrockneten Bohnen füllen. 15 Minuten im vorgeheizten Backofen backen.

Die Bohnen und das Papier entfernen. Den Boden vollständig mit verquirltem Eigelb auspinseln und wieder 5 Minuten in den Backofen schieben. Danach im Ring bei Zimmertemperatur stehenlassen.

Die Backofentemperatur auf 200 °C (Gasherd Stufe 3–4) herunterdrehen.

DIE FÜLLUNG: In einer Schüssel Crème double, Eier, 125 g Zucker und die feingeschnittene Orangenschale miteinander verrühren.

DIE TARTE BACKEN: Die 26 schönsten Blaubeeren zurückbehalten, die restlichen auf dem Tortenboden verteilen und die Cremefüllung daraufgießen. Umgehend im vorgeheizten Backofen 25 Minuten backen. Die Tarte aus dem Ofen nehmen und den Rand mit einem scharfen Messer glattschneiden, dann vorsichtig den Ring abheben. Die Tarte auf einem Kuchenrost bei Zimmertemperatur abkühlen lassen.

DIE CHIBOUST-CREME UND DIE GLASUR: Den Streifen Backpapier um die Tarte wickeln und mit zwei Stücken Klebeband befestigen. Die frisch zubereitete Chiboust-Creme bis zur Oberkante des Streifens auf der Tarte verteilen und die Oberfläche mit einer Palette glattstreichen. 30 Minuten in die Tiefkühlung oder mindestens 1 Stunde in den Kühlschrank stellen. Den Spritzbeutel mit der restlichen Chiboust-Creme füllen.

Die Tarte aus der Tiefkühlung oder dem Kühlschrank nehmen und vorsichtig das Klebeband und den Streifen Backpapier entfernen, dazu mit einem Messer zwischen dem Papier und der Chiboust-

SPEZIALGERÄTE:
*1 Tortenring, 24 cm Durchmesser, 2 cm hoch, leicht eingefettet
Backbohnen oder getrocknete Bohnen
Spritzbeutel mit 1-cm-Lochtülle
Streifen Backpapier, 80 x 4 cm
Salamander oder Grill Brennstab (nach Wunsch)*

ANMERKUNGEN:
Die nicht karamelisierte Tarte läßt sich bis zu einer Woche einfrieren. Vor dem Karamelisieren mindestens 3 Stunden in den Kühlschrank stellen, damit die Tarte langsam die richtige Temperatur erreicht.

Man kann auch gleich zwei Tartes zubereiten und eine davon einfrieren, die man sich dann ein paar Tage später schmecken läßt.

Creme entlangfahren. Den Salamander oder Grill so heiß wie möglich vorheizen.

50 g Zucker über die Chiboust-Creme auf der Tarte streuen und leicht karamelisieren; dazu entweder mit dem Brennstab im Abstand von 1 mm über die Oberfläche der Creme fahren oder die Tarte unter den sehr heißen Grill oder Salamander stellen.

Den restlichen Zucker, bis auf 20 g, auf der Tarte verteilen und erneut karamelisieren. Die Tarte ein paar Minuten abkühlen lassen, dann mit der übrigen Chiboust-Creme rundherum am Rand 26 Rosetten dressieren. Diese mit dem restlichen Zucker bestreuen und nach Wunsch mit einem Brennstab karamelisieren. Jede Rosette mit einer Blaubeere garnieren.

SERVIERVORSCHLAG: Unmittelbar nach dem Karamelisieren oder spätestens eine Stunde danach die Tarte auf eine runde Servierplatte setzen und mit einem sehr scharfen Messer in Portionsstücke schneiden.

TORTELETTS MIT FEIGEN UND FRISCHEN MANDELN
Tartelettes aux figues et amandes fraîches

Diese Torteletts sind spielend leicht zuzubereiten; sie sehen hübsch aus und haben einen zarten Geschmack. Im Sommer, wenn die Feigen reif sind und es frische Mandeln auf dem Markt zu kaufen gibt, schmecken sie unübertrefflich.

ZUTATEN:
250 g »Mürbeteig« (S. 20)
Mehl zum Bestäuben
600 g »Konditorcreme« (S. 39)
100 ml Schlagsahne, cremig geschlagen
7 sehr reife Feigen zu je ca. 65 g
48 frische Mandeln, ohne Schalen und abgezogen, zum Verzieren
50 g Mandelblättchen, geröstet

MANDELCOULIS
70 frische Mandeln, ohne Schalen und abgezogen
300 ml Schlagsahne
Saft von 1 Zitrone
2 EL Milch (nach Wunsch)

Für 6 Personen

Zubereitungszeit:
55 Minuten

Backzeit:
10 Minuten

DIE TEIGBÖDEN ZUBEREITEN: Auf einer leicht mit Mehl bestäubten Fläche den Mürbeteig 2 mm dick ausrollen. Mit der Ausstechform sechs Scheiben ausstechen und damit die Tortelettformen auslegen. 20 Minuten in den Kühlschrank stellen.

In der Zwischenzeit den Backofen auf 180 °C (Gasherd Stufe 2–3) vorheizen.

DIE TEIGBÖDEN BACKEN: Die Teigböden mit einer Gabel einstechen, mit einem kreisrunden Stück Backpapier auslegen und mit Backbohnen oder getrockneten Bohnen füllen. 10 Minuten blindbacken, dann die Bohnen und das Papier entfernen, die Böden aus der Form lösen und auf einen Rost legen.

DIE MANDELCOULIS: Die 70 Mandeln grob hacken und zusammen mit der Sahne in einen Mixer geben. 1 Minute zu einer leicht körnigen Coulis verarbeiten. In eine Schüssel geben, den Zitronensaft einrühren und kalt stellen. Falls die Coulis zu dick ist, mit der Milch verdünnen.

DIE TORTELETTS FÜLLEN: Mit einem Schneebesen die Konditorcreme mit der cremig geschlagenen Sahne mischen. Die Mischung auf die Teigböden verteilen und in der Mitte etwas aufhäufen. Sechs von den Feigen in je acht Segmente schneiden und diese auf den Torteletts so arrangieren, daß das Stielende etwas über den Rand der Teigböden hinausragt.

Die übrige Feige in sechs Scheiben schneiden und je eine Scheibe in die Mitte der Torteletts legen. 24 Mandeln der Länge nach spalten und acht Hälften zwischen die Feigenstücke auf jeden Teller legen. Die restlichen Mandeln ebenfalls der Länge nach halbieren – jedoch um ein Viertel gedreht, so daß zwei schmale, höhere Hälften entstehen – und auf der Feigenscheibe wie Blütenblätter arrangieren.

SERVIERVORSCHLAG: Die Torteletts sehen wunderschön auf mattbordeauxroten Tellern aus. Die Mandelcoulis um die Torteletts herumgießen, mit gerösteten Mandeln garnieren und sofort servieren.

SPEZIALGERÄTE:
Glatte 13-cm-Ausstechform
6 Tortelettformen, 10 cm Durchmesser, 2 cm hoch
Backbohnen oder getrocknete Bohnen

ANMERKUNG:
Falls keine frischen, milchigen Mandeln mit grünen Schalen erhältlich sind, kann man getrocknete, abgezogene Mandeln mehrere Stunden in kalter Milch einlegen. Sie sind jedoch kein Vergleich zu samtweichen frischen Mandeln.

TARTES UND TORTELETTS

SCHOKOLADENSCHIFFCHEN
Barquettes chocolat

Diese Schiffchen sind leicht zuzubereiten; sie eignen sich ausgezeichnet als Dessert nach dem Mittagessen. Man serviert sie ohne Beilage oder mit einer Creme anglaise (S. 40) mit Mokkageschmack.

ZUTATEN: ❊
160 g »Butterteig« (S. 21) oder »Süßer Mürbeteig« (S. 20)
Mehl zum Bestäuben
120 g »Frangipane« (S. 43)
200 g »Schokoladensahne« (S. 42)
15 g ungesüßtes Kakaopulver

Für 6 Personen

Zubereitungszeit:
25 Minuten

Backzeit:
15 Minuten

DIE FORMEN AUSLEGEN: Die Schiffchenformen in einer Reihe nebeneinander aufstellen. Auf einer leicht mit Mehl bestäubten Fläche den Teig zu einem 40 x 12 cm großen und 2 mm dicken Rechteck ausrollen, um das Nudelholz wickeln und über die Schiffchenreihe abrollen. Mit dem leicht bemehlten Daumen den Teig behutsam in jede einzelne Form drücken. Das Nudelholz über die Kante der Formen rollen, um den Teig abzuschneiden. Mit einem bemehlten Stück Teigrest den Teig genau passend in die Form drücken. 20 Minuten in den Kühlschrank stellen.

In der Zwischenzeit den Backofen auf 180 °C (Gasherd Stufe 2–3) vorheizen.

DIE TEIGSCHIFFCHEN BACKEN: Die Teigböden mit einer Gabel einstechen, dann mit einer Palette die Frangipane einfüllen und die Oberfläche glattstreichen. 15 Minuten im vorgeheizten Backofen backen.

SPEZIALGERÄTE:
6 Schiffchenformen, 9 cm lang, 5 cm breit, 1,5 cm hoch

ANMERKUNGEN:
Die Teigschiffchen lassen sich bis zu 1 Woche einfrieren. 2 Stunden vor dem Servieren aus der Tiefkühlung in den Kühlschrank stellen. Zuletzt mit Kakaopulver bestäuben.

Süßer Mürbeteig ist einfacher zu verarbeiten als Butterteig, er ist jedoch nicht so schmackhaft.

Die Teigschiffchen aus dem Backofen nehmen, sofort aus der Form lösen und auf einem Rost vollständig auskühlen lassen.

DIE TEIGSCHIFFCHEN FÜLLEN: Mit einer Palette die Schokoladensahne 2,5 cm hoch auf die Teigböden häufen und so der Länge nach verstreichen, daß sie aussehen wie Schiffchen (1). In den Kühlschrank stellen.

SERVIERVORSCHLAG: Die Creme großzügig mit Kakao bestäuben (2). Die Schiffchen auf Portionsteller geben und sehr kalt servieren.

EISCREMES UND SORBETS

Die ersten Eiscremes wurden schon vor dem 16. Jahrhundert in China zubereitet. Von dort traten sie ihren Siegeszug in alle Welt an und erfreuen sich nach wie vor wachsender Beliebtheit. Heute bietet der Handel zu erschwinglichen Preisen eine große Palette von Eismaschinen für den Hausgebrauch an, mit denen sich eine Eiscreme oder ein Sorbet in weniger als einer halben Stunde zubereiten läßt, so daß es durchaus möglich ist, sich noch nach Feierabend eine Portion selbstgemachtes Eis zu gönnen. Die Zubereitung von Sorbets aus Früchten oder Gemüse, gesüßt, ungesüßt oder mit Aromazutaten geschmacklich verfeinert, ist das reinste Kinderspiel. Ein Sorbet zu kreieren ist so ähnlich, wie einen neuen Cocktail zu mixen. Da Sorbets kalorienarm sind und nur wenig Zucker und Cholesterin enthalten, sind sie für jede »Diät« das perfekte Dessert.

Eisdesserts auf Cremebasis werden am besten unmittelbar vor dem Servieren gerührt. Die in diesem Kapitel vorgestellten Rezepte sind nur für den Eigenverbrauch gedacht und enthalten daher keine Stabilisatoren oder Konservierungsstoffe, was sie um so köstlicher macht. Wer die Crememischung jedoch pasteurisieren möchte, pochiere sie 15 Sekunden bei 79,4 °C.

Eiscreme in einer Schokoladenschale (siehe Rezept S. 143)

EISCREMES UND SORBETS

Vanilleeis
Glace vanille

ZUTATEN:

CREME ANGLAISE
6 Eigelb
125 g Zucker
500 ml Milch
1 Vanilleschote, geschlitzt

100 ml Crème double

Ergibt ca. 700 ml

Zubereitungszeit:
15 Minuten

DIE CRÈME ANGLAISE: Mit den angegebenen Zutaten entsprechend dem Rezept auf S. 40 eine Crème anglaise zubereiten. Die Creme durch ein Spitzsieb streichen und bei Zimmertemperatur abkühlen lassen. Während des Abkühlens von Zeit zu Zeit umrühren, damit sich keine Haut bildet.

DIE EISCREME RÜHREN: Die Crème anglaise in einer Eismaschine rühren, bis sie leicht eindickt, dann die Crème double zufügen und weitere 10–15 Minuten, entsprechend den für die Eismaschine angegebenen Zeiten rühren.

Pistazieneis
Glace pistache

Für mich bilden Pistazien und Vanilleeis eine so wunderbare Kombination, daß ich sie oft zusammen serviere. Diese Eiscreme ist auch ein Hauptbestandteil in meinem Rezept »Eiscreme-Trio in Schokoladenschalen« (S. 143).

ZUTATEN:

½ Menge »Crème anglaise« (S. 40), ohne Vanille zubereitet
60 g Pistazienpaste oder 80 g Pistazien, abgezogen und in einem kleinen Mörser fein gestoßen
75 ml Crème double

Für 6 Personen

Zubereitungszeit:
20 Minuten plus
ca. 15 Minuten Rührzeit

DIE CRÈME ANGLAISE: Nach dem Rezept auf S. 40, aber ohne Vanille zubereiten. Die fertige Crème anglaise unter ständigem Rühren zu der Pistazienpaste bzw. den zerstoßenen Pistazien gießen. Vollständig abkühlen lassen und ab und zu aufschlagen.

DIE EISCREME RÜHREN: Die Crème anglaise durch ein Spitzsieb streichen und in der Eismaschine rühren. Sobald sie etwas fest wird, die Crème double zufügen und je nach Eismaschine etwa 10–15 Minuten rühren.

SERVIERVORSCHLAG: Die Eiscreme in flachen Dessertschüsseln servieren. Nach Belieben mit ein paar abgezogenen und karamelisierten Pistazien garnieren (siehe Crème brûlée mit Pistazien, S. 67).

MÄDESÜSSEIS
Glace reine des prés

Mädesüßblüten haben einen feinen aromatischen Duft und wurden früher zum Aromatisieren von Bier, Met und Wein verwendet. Seit ich in den sechziger Jahren bei Mademoiselle Cécile de Rothschild Küchenchef war, nehme ich die Blüten für die Zubereitung von Eiscreme.

ZUTATEN:

½ Menge »Crème anglaise« (S. 40), ohne Vanille zubereitet
10 g getrocknete Mädesüßblüten
75 ml Crème double

Für 6 Personen

Zubereitungszeit:
15 Minuten plus
ca. 15 Minuten Rührzeit

DIE CRÈME ANGLAISE: Nach dem Rezept auf S. 40, aber ohne Vanille zubereiten. Die Mädesüßblüten in die fertige Crème anglaise geben und 20 Minuten ziehen lassen, dann die Crème anglaise durch ein Spitzsieb passieren. Vollständig abkühlen lassen und gelegentlich aufschlagen.

DIE EISCREME RÜHREN: Die Crème anglaise in einer Eismaschine rühren. Wenn sie leicht eindickt, die Crème double zufügen und je nach Maschine ca. 10–15 Minuten weiterrühren.

SERVIERVORSCHLAG: Die Eiscreme in flachen Dessertschüsselchen servieren.

ANMERKUNG:

Mädesüß bekommt man am ehesten in der Apotheke. Es hat antirheumatische und harntreibende Eigenschaften und wird oft als Aufguß getrunken; dazu nimmt man 20–30 g pro Liter kochendes Wasser.

KÜMMELEIS
Glace carvi

Diese Eiscreme mit Kümmelgeschmack esse ich gern einfach so oder als Beilage zu Schokoladendesserts, wie zum Beispiel »Schokoladenmousse-Törtchen mit karamelisierten Walnüssen und Kümmeleis« (S. 162).

ZUTATEN:

½ Menge »Crème anglaise« (S. 40)
50 g Kümmelsamen
75 ml Crème double

Für 6 Personen
(ergibt ca. 850 ml)

Zubereitungszeit:
20 Minuten plus
ca. 15 Minuten Rührzeit

DIE CRÈME ANGLAISE: Nach dem Rezept auf S. 40, aber ohne Vanille zubereiten. Die Kümmelsamen zu der fertigen Crème anglaise geben und 5 Minuten ziehen lassen. Die Crème anglaise durch ein Spitzsieb streichen und bei Zimmertemperatur abkühlen lassen, ab und zu aufschlagen.

DIE EISCREME RÜHREN: Die abgekühlte Crème anglaise in eine Eismaschine geben und rühren, bis sie leicht eindickt. Die Crème double zufügen und – je nach Eismaschine – weitere 10–20 Minuten rühren, bis die Eiscreme fest ist.

EISCREMES UND SORBETS

MANDELEIS MIT FEIGENRAND
Glace au lait d'amandes et cordon de figues

Eine Himbeercoulis, separat in einer Sauciere gereicht, rundet diese köstliche Eiscreme farblich und geschmacklich ab; wenn die Feigen jedoch schön reif und saftig sind, kann man auf die Beilage verzichten.

ZUTATEN:

½ Menge »Crème anglaise« (S. 40)
100 g gemahlene Mandeln
100 ml Crème double

3 frische Feigen, geschält
2 EL Schokoladenlikör (nach Wunsch)
12 Mandeln, die Haut abgezogen, in Milch eingeweicht und gespalten

Für 6 Personen

Zubereitungszeit: 20 Minuten plus ca. 15 Minuten Rührzeit

DIE CRÈME ANGLAISE: Nach dem Rezept auf S. 40 zubereiten. Die fertige Crème anglaise sogleich von der Kochstelle nehmen und die gemahlenen Mandeln zufügen. In eine Schüssel geben und abkühlen lassen, zwischendurch aufschlagen.

DIE EISCREME RÜHREN: Die Crème anglaise durch ein Spitzsieb streichen und in einer Eismaschine rühren. Sobald die Mischung etwas eindickt, die Crème double zufügen und je nach Eismaschine 10–15 Minuten weiterrühren.

SERVIERVORSCHLAG: Die Feigen in je acht Segmente schneiden und nach Wunsch mit Schokoladenlikör beträufeln. Sechs flache Dessertschüsseln mit Mandeleis füllen. Die Feigenstücke rundherum am Schüsselrand arrangieren, je vier Mandelhälften auf die Eiscreme legen und servieren.

FRISCHKÄSE-SORBET MIT WEISSEM PFEFFER
Sorbet au fromage blanc poivré

Zu diesem ungewöhnlichen Sorbet serviert man am besten Beerenfrüchte, so zum Beispiel Walderdbeeren und Himbeeren. Für die geschmackliche Abrundung sorgen ein paar »Haselnußschindeln« (S. 172).

ZUTATEN:

350 ml »Sorbetsirup« (S. 144)
400 g glatten Frischkäse mit beliebigem Fettgehalt (z.B. Fromage blanc, Quark, Schichtkäse)
50 ml Zitronensaft
2 g weiße Pfefferkörner, fein gestoßen

Für 6 Personen

Zubereitungszeit: 10 Minuten plus ca. 15 Minuten Rührzeit

ZUBEREITUNG: Den kalten Sorbetsirup leicht unter den Frischkäse mischen. Den Zitronensaft durch ein feines Sieb passieren und zusammen mit den zerstoßenen Pfefferkörnern dem Frischkäse zufügen.

Die Mischung in eine Eismaschine geben und je nach Maschine etwa 10–20 Minuten rühren. Sofort servieren oder bis zum Servieren ins Gefrierfach stellen.

SERVIERVORSCHLAG: Das Sorbet in Kugeln in eine Glasschüssel oder einzelne Dessertschüsseln geben; den Eiskugelportionierer für jede Kugel in kaltes Wasser tauchen.

ANMERKUNG:

Das Sorbet kurz nach dem Zufügen des Pfeffers rühren, damit es nicht zu würzig schmeckt.

Iglu mit Vanilleeis und Mirabellen
Igloo glace vanille aux mirabelles

Dieses kunstvolle und originelle Dessert mit seiner wunderbaren Geschmackskombination aus Meringe, Eiscreme und Mirabellen ist bei Kindern sehr beliebt. Wer das Rezept vereinfachen möchte, stellt mit Hilfe einer Salat- oder Rührschüssel als Form einen einzigen großen Iglu her, so ist die Zubereitung nicht ganz so knifflig. Den Schornstein zum Flambieren des Iglus läßt man größer ausfallen und schneidet das Dessert am Tisch in Portionen.

ZUTATEN:
1,25 l »Vanilleeis« (S. 137)
1 Menge frisch zubereiteter »Meringeüberzug aus Eiweiß« (S. 35)
300 g (Abtropfgewicht) Mirabellen aus der Dose oder frisch pochierte Mirabellen in Sirup, gekühlt
200 ml Sirup von den Mirabellen
1 Vanilleschote, in sehr feine Streifen geschnitten (zum Dekorieren, nach Wunsch)
8 EL Mirabellenschnaps
8 kleine Streifen Reispapier, 10 x 2 cm, für die Schornsteine aufgerollt

Für 8 Personen

Zubereitungszeit:
1 Stunde 15 Minuten plus Gefrierzeit

DIE FORMEN AUSKLEIDEN: Ein Backblech und 8 Servierteller kühl stellen. Mit Hilfe eines Löffels die 8 Formen mit dem Vanilleeis gleichmäßig auskleiden. In der Mitte von jeder Form eine halbkugelförmige Vertiefung von etwa 3 cm Durchmesser und 2 cm Tiefe machen, dann mindestens 1 Stunde ins Gefrierfach stellen.

Anschließend in die Mitte des Eiscremebodens mit dem Ausstecher ein 1 cm breites Loch stechen und die Eiscreme im Ausstecher herausheben; das so entstandene Loch ist für die Schornsteine. Die Formen umgehend zurück ins Gefrierfach stellen.

DIE IGLUS FERTIGSTELLEN: Den Meringeüberzug zubereiten und einen Spritzbeutel und eine Spritztüte mit der Mischung füllen.

20 der schönsten Mirabellen zum Garnieren beiseite legen. Die Hohlräume in den Iglus mit den restlichen gut gekühlten und gut abgetropften Mirabellen füllen. Mit einem Brennstab die Formen außen rundherum etwas erwärmen, die Iglus aus der Form lösen und auf das gekühlte Backblech geben. Die Reispapierröllchen in die Schornsteinlöcher der Iglus stecken.

Den Meringeüberzug mit dem Spritzbeutel über die Iglus dressieren und die Oberfläche mit einer Palette glattstreichen, dabei nicht die Schornsteine verstopfen. Erneut für 30 Minuten ins Gefrierfach stellen. Die Iglus können jetzt serviert werden. Mit der Meringe in der Spritztüte nur noch die Umrisse von Eisblöcken aufspritzen.

SPEZIALGERÄTE:
8 Halbkugelformen, 9 cm Durchmesser, 4,5 cm tief, in der Tiefkühlung gekühlt
Glatte 1-cm-Ausstechform
Spritzbeutel mit 5-mm-Lochtülle
Spritztüte, die Spitze abgeschnitten, damit eine winzige Öffnung entsteht
Brennstab

ANMERKUNG:
Beim Überziehen der Iglus mit der Meringe müssen Sie unbedingt schnell arbeiten, damit die Eiscreme nicht schmilzt. Die Küche sollte nicht zu warm sein.

SERVIERVORSCHLAG: Die Iglus mit einer Palette auf gut gekühlte Servierteller setzen. Mit der restlichen Meringe im Spritzbeutel an jedem Iglu einen vorstehenden Eingang formen und so wie die Iglus dekorieren. Mit dem Brennstab etwas bräunen.

Um jeden Iglueingang herum 5 Mirabellenhälften, die Vanilleschotenstreifen und den Mirabellensirup arrangieren. Am Tisch den Mirabellenschnaps erwärmen, in die Schornsteine gießen und sofort anzünden.

EISCREMES UND SORBETS

EISCREMES UND SORBETS

EISCREMES UND SORBETS

EISCREME-TRIO IN SCHOKOLADENSCHALEN
Tierce de glaces dans leur coque de couverture

Ein eisgekühltes Dessert für einen festlichen Anlaß. Drei Sorten Eiscreme in Schalen aus köstlicher Bitterschokolade, mit einem Hauch von Gold und mit Erdbeersaft serviert. Der krönende Abschluß eines eleganten Mahls.

ZUTATEN: ❃

400 g bittere Kuvertüre, temperiert (S. 154)
2 Blatt Blattgold (nach Wunsch)
½ Menge »Pistazieneis« (S. 137)
½ Menge »Kümmeleis« (S. 138)
½ Menge »Mandeleis« (S. 139)

12 Pistazien, abgezogen
1 Prise Kümmelsamen
4 Mandeln, abgezogen, mindestens 1 Stunde in Milch eingeweicht, dann gespalten
200 ml »Erdbeercoulis« (S. 51)
2 Limonen, Schalen und Mark vollständig entfernt, in Schnitzel zerteilt

Für 4 Personen

Zubereitungszeit: 35 Minuten

SPEZIALGERÄTE:

12 runde Formen aus Edelstahl oder Porzellan, unten ca. 5 cm Durchmesser, oben 8 cm, 5 cm hoch; die gesamte Außenfläche mit Klarsichtfolie so glatt wie möglich überzogen.

ANMERKUNG:

Da die Schokoladenschalen je ca. 20 g wiegen, bleiben bis zu 150 g geschmolzene Kuvertüre übrig. Zum Eintauchen der Formen ist allerdings die angegebene Menge erforderlich.

DIE SCHOKOLADENSCHALEN: Nacheinander die Formen mit der Unterseite zu zwei Dritteln in die geschmolzene und temperierte (Anleitung siehe S. 154) und im Wasserbad warm gehaltene Kuvertüre

tauchen. Nach dem Tauchen die überschüssige Schokolade ein paar Sekunden abfließen lassen, dann die Formen umgedreht auf einen Rost stellen. Die Schokolade an einem kühlen Ort (jedoch nicht im Kühlschrank) hart werden lassen.

Sobald die Schokolade hart ist, den Vorgang für eine zweite Beschichtung wiederholen (siehe oben). Die Schalen 1 Stunde in den Kühlschrank stellen. Sobald die Schokolade fest ist, die Folie von der Außenseite der Formen lösen und die Schalen vorsichtig von den Formen heben. Die Folie äußerst sacht von der Innenseite der Schalen entfernen.

Die Schalen auf einen Rost stellen und nach Wunsch einen Hauch Blattgold hier und da auf die Ränder tupfen.

SERVIERVORSCHLAG: Je drei Schokoladenschalen auf die einzelnen Teller setzen und jede Schale großzügig mit einer Portion von jeder Eissorte füllen. Das Kümmeleis mit ein paar Kümmelsamen bestreuen, auf das Pistazieneis drei Pistazien und auf das Mandeleis zwei Mandelhälften legen.

Den Erdbeersaft auf die Teller gießen und die Limonenschnitzel darauf verteilen. Sofort servieren.

EISCREMES UND SORBETS

SORBETSIRUP
Sirop à sorbet

Mit diesem Sirup lassen sich alle möglichen Sorbets, aber auch Saucen, Coulis und Cremes zubereiten.

ZUTATEN:
750 g Zucker
650 ml Wasser
90 g Glukosesirup

Ergibt ca. 1,4 l

Zubereitungszeit:
5 Minuten

Alle Zutaten in einem Topf zum Kochen bringen und dabei ab und zu mit einem Spatel rühren. Etwa 3 Minuten kochen lassen und, falls erforderlich, eventuelle Verunreinigungen von der Oberfläche abschöpfen. Eine verwendete Zuckerwaage sollte 30° Beaumé oder 1,2624 Dichte anzeigen. Den Sirup durch ein Spitzsieb streichen und nach dem vollständigen Auskühlen verwenden.

SPEZIALGERÄTE:
Zuckerwaage mit Beaumé-Graden (nach Wunsch)

ANMERKUNG:
Der Sirup hält sich in einem luftdichten Behälter oder mit Frischhaltefolie abgedeckt 2 Wochen im Kühlschrank.

BANANENSORBET
Sorbet à la banane

Für dieses Sorbet benötigt man sehr reife Bananen, eventuelle schwarze Stellen sollten aber mit einem scharfen Messer herausgeschnitten werden.

ZUTATEN:
500 g reife Bananen (Gewicht ohne Schalen)
Saft von 2 Zitronen
250 ml Milch
200 ml »Sorbetsirup« (siehe oben)
Aromastoffe (nach Wunsch):
½ Vanilleschote, geschlitzt, oder 50 ml Rum oder eine gute Prise gemahlener Zimt

Für 8 Personen (ergibt ca. 1 kg)

Zubereitungszeit:
25 Minuten plus ca. 20 Minuten Rührzeit

DIE SORBETMISCHUNG: Die Bananen in Scheiben schneiden und sogleich mit dem Zitronensaft vermischen, damit die Bananenscheiben nicht dunkel werden. Die Milch in einem Topf zum Kochen bringen und umgehend die Bananen und den Sorbetsirup zufügen. Bei 95 °C etwa 5 Minuten köcheln lassen. Nun den gewünschten Aromastoff zufügen und die Hitze abdrehen.

Die Vanilleschote, falls verwendet, entfernen, die Mischung in einem Mixer 2 Minuten pürieren, bis sie homogen und glatt ist, dann durch ein Spitzsieb passieren. Bei Zimmertemperatur vollständig auskühlen lassen, währenddessen ab und zu mit einem Spatel rühren.

DIE MISCHUNG RÜHREN: Die Sorbetmischung sollte sofort nach dem Erkalten der Bananen in der Eismaschine oder Sorbetière gerührt werden, da die Früchte ansonsten oxydieren und braun werden. Die kalte Mischung je nach Fabrikat der Eismaschine etwa 20 Minuten rühren. Das Sorbet sollte eine feste Konsistenz haben.

SERVIERVORSCHLAG: Servieren Sie dieses Sorbet einfach so in flachen Schüsselchen oder arrangieren Sie darauf dekorativ eine leicht mit »Schokoladensauce« (S. 55) bepinselte halbe Banane.

SPEZIALGERÄTE:
Kochthermometer

ANMERKUNG:
Ich gebe das Gewicht der Bananen ohne Schalen an, da die Schalen je nach verwendeter Bananensorte unterschiedlich dick sind.

ANANASSORBET IM KÖRBCHEN

L'ananas en sorbet dans sa coque

ZUTATEN: ❆

*1 sehr reife Ananas,
ca. 1,4 kg
250 ml »Sorbetsirup«
(S. 144)
Saft von 1 Zitrone
6 – 8 kandierte Veilchen*

DIE SCHLEIFE
(nach Wunsch)

*1 EL zerlassene Butter
70 g »Tulpenteig« (S. 28)
1 Prise Kakaopulver*

Für 6 Personen

*Zubereitungszeit:
45 Minuten plus
25 Minuten für die Schleife*

DIE ANANAS VORBEREITEN: Die Ananas der Länge nach in ein 60- und ein 40-Prozent-Stück auseinanderschneiden. Das größere Stück, das für die Schale verwendet wird, sollte stabil auf der Arbeitsfläche stehen. Nicht die Blätter entfernen.

Mit einem Messer mit dünner Klinge das Fruchtfleisch vom Rand schneiden, dabei 1 cm Abstand wahren; dann mit einem Löffel den gerundeten unteren Teil des Fleisches lösen, so daß sich das Ananasfleisch in einem Stück herausheben läßt. Mit dem anderen Ananasstück ebenso verfahren.

Die größere Schale im Kühlschrank aufbewahren und die kleinere wegwerfen. Aus den Ananasstücken einige 5 mm dicke halbkreisförmige Scheiben und aus diesen 12 gleichmäßige Dreiecke schneiden. Den Sorbetsirup erhitzen, die Ananasdreiecke 20 Minuten pochieren, dann im Sirup abkühlen lassen. Abtropfen lassen und den Sirup für das Sorbet aufbewahren.

DAS SORBET: Das gesamte restliche Fruchtfleisch etwas zerkleinern und zusammen mit der Hälfte des Sirups in einer Küchenmaschine 2 Minuten zu einer dicken Coulis verarbeiten, dann mit dem restlichen Sirup und dem Zitronensaft durch ein feines Sieb in eine Schüssel passieren. In einer Eismaschine ca. 20 Minuten rühren, bis die Mischung fest ist. Das Sorbet in einen Behälter geben und ins Gefrierfach stellen.

DIE SCHLEIFE: Den Backofen auf 180 °C (Gasherd Stufe 2 – 3) vorheizen. Drei Streifen Paketklebeband parallel zueinander im Abstand von 4 cm auf ein Backblech kleben. Die Zwischenräume leicht mit zerlassener Butter einpinseln. Das Backblech ein paar Minuten in den Kühlschrank stellen, dann etwas Tulpenteig so dünn wie möglich in den zwei Zwischenräumen verstreichen.

Den restlichen Teig mit dem Kakao färben, in eine Spritztüte geben und auf die Streifen aus ungefärbtem Teig leicht diagonale Linien dressieren. Das Paketklebeband entfernen und die Schleifenbänder im vorgeheizten Backofen etwa 4 Minuten backen, bis sie blaß goldbraun sind. Aus dem Ofen nehmen, eins der Bänder sofort mit einer Schere in drei gleich lange Stücke schneiden und daraus Schlaufen formen. Das zweite Band etwas schräg in zwei gleich große Stücke schneiden, die Stücke leicht wellen, so daß sie aussehen wie die losen Enden einer Schleife.

SERVIERVORSCHLAG: Die Hälfte des Sorbets in die Ananasschale füllen, dann mit zwei unterschiedlich großen Eiskugelportionierern Sorbetkugeln hineingeben. Oben in die Mitte zwei kleine Kugeln setzen. Die kandierten Ananasdreiecke zwischen den Kugeln (wer will, kann sie mit einem Brennstab karamelisieren) arrangieren. Die Sorbetkugeln mit kandierten Veilchen verzieren. Die Ananas auf eine große Servierplatte setzen und die Teigschleife über den Ananasblättern arrangieren. Sofort servieren.

SPEZIALGERÄTE:

*3 Streifen Paketklebeband,
30 x 5 cm (für die Schleife)
Spritztüte (für die Schleife)
Brennstab (nach Wunsch)*

ANMERKUNGEN:

Die Schleife dient der zusätzlichen Verschönerung und kann weggelassen werden, doch sie macht sich meiner Ansicht nach so hübsch, daß sich die Mühe lohnt.

Das ganze Dessert kann am Vortag zubereitet werden; nur das Rühren sollte kurz vor oder noch besser während der Mahlzeit erfolgen, damit das Sorbet eine köstlich weiche Textur bekommt.

Füllen Sie die Ananas im letzten Moment; es dauert nur 5 Minuten. Wer das Dessert auf dem Büfett hübsch zur Geltung bringen möchte, arrangiert die Ananasschale auf einem Bett aus zerstoßenem Eis.

EISCREMES UND SORBETS

APFELSORBET
Sorbet aux pommes

ZUTATEN:
300 g säuerliche Äpfel, am besten Granny Smith
300 ml Wasser
80 g Zucker
40 g Glukosesirup
Saft von 1/2 Zitrone
1/2 Vanilleschote, geschlitzt

Für 6 Personen

Zubereitungszeit:
10 Minuten plus
ca. 15 Minuten Rührzeit

DIE ÄPFEL KOCHEN: Die Äpfel mit kaltem Wasser waschen und in je sechs oder acht Segmente schneiden. Zusammen mit den übrigen Zutaten in einen Topf geben. Die Äpfel zugedeckt bei niedriger Temperatur kochen, bis sie fast püriert sind. Die Vanilleschote herausnehmen, dann den Inhalt des Topfes in einem Mixer 2 Minuten zu einem sehr flüssigen Püree verarbeiten. Das Püree durch ein feines Spitzsieb passieren und bei Zimmertemperatur abkühlen lassen.

DAS SORBET RÜHREN: Das Apfelpüree sogleich nach dem vollständigen Erkalten in einer Eismaschine je nach Fabrikat 15–20 Minuten rühren. Das Sorbet sollte noch ganz weich und cremig sein, daher nicht zu lange rühren.

SERVIERVORSCHLAG: Das Sorbet einfach so servieren oder kleine rohe Äpfel aushöhlen und die Hohlräume mit Apfelsorbet füllen.

ANMERKUNGEN:
Ich entferne weder Schalen noch Kerngehäuse, da sie soviel Geschmack enthalten. Um den Apfelgeschmack noch stärker zu betonen, kann man gegen Ende des Rührvorgangs 50 ml Calvados zufügen.

Die Zuckermenge sollte je nach Süße oder Säure der Äpfel variiert werden.

ÜBERRASCHUNGSMELONE
Melon glacé en surprise

ZUTATEN:
4 sehr reife Melonen zu je 500–600 g (vorzugsweise Charentais oder Cavaillon oder auch Kantalupe)
100 ml »Sorbetsirup« (S. 144)
Saft von 1/2 Zitrone
1 Menge »Gesponnener Zucker« (S. 182)
24 Walderdbeeren
Zerstoßenes Eis (nach Wunsch)

Für 4 Personen

Zubereitungszeit:
25 Minuten plus
ca. 15 Minuten Rührzeit

DIE MELONEN: Mit einem Messer mit sehr dünner, langer Klinge jede Melone so teilen, daß sechs Zacken entstehen, dabei das Messer ca. zwei Drittel vom Boden der Frucht entfernt ansetzen und diagonal zur Mitte hin schneiden (siehe Foto gegenüber). Die Melonenkerne entfernen. Mit einem 1 cm großen Kugelausstecher aus jedem Deckel sechs kleine Fruchtfleischkugeln ausstechen und in den Kühlschrank geben.

Mit einem Eßlöffel das übrige Fruchtfleisch herausholen und zusammen mit dem Sorbetsirup und Zitronensaft in der Küchenmaschine 2 Minuten lang zu einer Art dickem Coulis pürieren, dann durch ein Sieb passieren und bis zur Verarbeitung zu einem Sorbet in den Kühlschrank stellen.

DAS ENGELSHAAR: Nach dem Rezept auf S. 182, aber nicht früher als 30 Minuten vor dem Servieren, den Zucker zu Engelshaar spinnen, damit die Strähnen nicht durch die Feuchtigkeit zu weich werden.

DAS SORBET: Die Melonencoulis in eine Eismaschine gießen und 10–15 Minuten rühren, bis sie halbfest ist.

SERVIERVORSCHLAG: Die Melonenschalen auf flache Dessertteller oder in eine zu zwei Dritteln mit zerstoßenem Eis gefüllte Schüssel stellen. Mit einem Eiskugelportionierer die Schalen großzügig mit Sorbetkugeln füllen. Zwischen den Zacken jeweils eine Melonenkugel und eine Erdbeere arrangieren. Auf jede Melone einen Schleier aus Engelshaar legen und sofort servieren.

ANMERKUNGEN:
Meine Lieblingsmelonen sind die Sorten Cavaillon oder Charentais, denn sie schmecken bei weitem am besten. Doch auch andere Sorten von guter Qualität sind das ganze Jahr über erhältlich.

Die Zubereitung von kleineren Mengen Zuckerwatte ist schwierig, daher benötigen Sie für dieses Rezept 250 g Zucker.

Rechte Seite:
Überraschungsmelone

EISCREMES UND SORBETS

SCHOKOLADENSORBET
Sorbet au chocolat

Zu meinen Desserts reiche ich häufig Schokoladensorbet, besonders im Winter. Es schmeckt natürlich auch als eigenständiges Dessert vorzüglich, mit ein paar Petits fours auf einem separaten Teller serviert.

ZUTATEN:
400 ml Wasser
100 ml Milch
150 g Zucker
40 g Glukosesirup
30 g ungesüßtes Kakaopulver
100 g bittere Kuvertüre oder Edelbitterschokolade, gehackt

Für 8 Personen

Zubereitungszeit:
15 Minuten plus
ca. 15 Minuten Rührzeit

ZUBEREITUNG: Wasser, Milch, Zucker, Glukosesirup und Kakao in einem Topf mischen und unter ständigem Rühren mit einem Schneebesen zum Kochen bringen. Bei niedriger Temperatur 2 Minuten köcheln lassen. Den Topf von der Kochstelle nehmen, die gehackte Schokolade zufügen und mit dem Schneebesen 2 Minuten rühren, dann durch ein Spitzsieb in eine Schüssel passieren. Bei Zimmertemperatur abkühlen lassen und in den Kühlschrank stellen.

Die Mischung 20 Minuten vor dem Servieren in eine Eismaschine gießen und etwa 15 Minuten rühren, bis das Sorbet fest geworden ist. Sofort servieren oder im Gefrierfach aufbewahren.

SERVIERVORSCHLAG: Das Sorbet in Kugeln portionieren und in einer großen Glasschüssel oder in Portionsgläsern servieren.

GRAPEFRUIT-GRANULAT MIT KNUSPERWAFFELN
Granité de pamplemousse dans sa coque et ses dentelles croustillantes

Ein erfrischendes Dessert mit Pfiff, das wie Diamanten funkelt.

ZUTATEN:
3 sehr reife Grapefruits, möglichst rosa
50 ml »Sorbetsirup« (S. 144)

150 g Zucker
4 EL »Konditorcreme« (S. 39)
Zerstoßenes Eis zum Servieren

Für 6 Personen

Zubereitungszeit:
20 Minuten plus
Gefrierzeit

DIE GRAPEFRUITS AUSHÖHLEN: Die Grapefruits halbieren und mit einem spitzen Messer rundherum zwischen Schale und Fruchtfleisch fahren, ohne dabei die Schnitzel zu beschädigen. Einen Eßlöffel zwischen die Schale und die Schnitzel schieben und vorsichtig das Fruchtfleisch herauslösen, so daß die Schale nicht beschädigt wird. Die Grapefruitschalen in den Kühlschrank stellen. Die Schnitzel voneinander lösen und die sechs schönsten zum Garnieren beiseite legen.

DAS GRAPEFRUIT-GRANULAT: Die restlichen Schnitzel mit dem Sorbetsirup 1 Minute im Mixer pürieren, dann durch ein Spitzsieb streichen. Den dabei gewonnenen Saft in eine flache Eisschale aus Metall gießen und ins Gefrierfach stellen. Den Saft während des Gefrierens alle 30 Minuten mit einer Gabel umrühren, bis er zu großen Kristallen erstarrt ist; je nach Temperatur des Gefrierfachs kann dieser Vorgang bis zu 1½ Stunden (bei – 25 °C) oder bis zu 3 Stunden (bei – 10 °C) dauern.

DIE KARAMELISIERTEN GRAPEFRUITSCHNITZEL: In einem kleinen schweren Topf den Zucker ohne Wasser unter ständigem Rühren mit einem Spatel langsam sehr hell karamelisieren. Die Hitze abdrehen und mit einer Gabel die Grapefruitschnitzel nacheinander in den Zucker tauchen. Auf ein leicht geöltes Backblech legen.

SPEZIALGERÄTE:
Flache Metallschale
Hauchdünne Schablone von 6 cm Durchmesser
Beschichtetes Backblech oder ein Bogen Backtrennpapier

ANMERKUNG:
Dieses Dessert läßt sich auch mit Orangen zubereiten.

DIE KNUSPERWAFFELN: Den Backofen auf 180 °C (Gasherd Stufe 2–3) vorheizen.

Die Schablone auf das Backblech oder Backtrennpapier legen, etwas Konditorcreme hineingeben und mit einer Palette verstreichen. Die Schablone versetzen und den Vorgang wiederholen, bis die ganze Konditorcreme aufgebraucht ist und mindestens zwölf hauchdünne Scheiben entstanden sind (besser mehr, falls eine zerbricht). 3 Minuten backen, bis sie blaß goldgelb sind. Noch während sie heiß sind, mit einer Palette vom Backblech heben und mit den Fingerspitzen leicht wellen. Die Knusperwaffeln auf einen Kuchenrost legen und auskühlen lassen.

SERVIERVORSCHLAG: Etwas zerstoßenes Eis in sechs gestielte Glasschalen geben. Die Grapefruithälften mit dem Granulat füllen und auf dem Eis arrangieren. Die karamelisierten Grapefruitschnitzel zur Hälfte in das Granulat stecken.

Ein paar Waffeln um jedes Glas herumlegen oder separat dazu reichen. Das Grapefruit-Granulat sofort servieren.

Grapefruit-Granulat mit Knusperwaffeln

SCHOKOLADE

Schon vor Urzeiten wuchs der Kakaobaum, von dem die Kakaobohnen stammen, wild in Mittelamerika. Die Mayas legten die ersten Plantagen an, und die Azteken bereiteten später aus Kakaobohnen nicht nur ein schokoladenartiges Getränk, sondern benutzten sie auch als Zahlungsmittel: Ein Sklave kostete drei Bohnen. Christoph Kolumbus war der erste Europäer, der die Bohne entdeckte, die schließlich im Jahr 1615 durch die Heirat von Louis XIII. mit der spanischen Infantin auch am französischen Hof bekannt wurde.

Kakaoplantagen gibt es in 35 tropischen Ländern, doch 80 Prozent der Weltproduktion werden von sechs Ländern abgedeckt, von denen vier in Westafrika liegen – Côte d'Ivoire, Ghana, Kamerun und Nigeria, die zusammen 52 Prozent der Ernte einbringen. In nicht einmal einem Jahrhundert hat sich der Kakaoertrag von 115 000 Tonnen auf über zwei Millionen erhöht.

Temperieren von Schokolade mit einer Palette (siehe S. 154)

Die drei Kakaobaumarten sind Criollo, Forastero (von dem 70 Prozent der Kakaoproduktion weltweit stammen) und Trinitario. Criollo wirft zwar nur 10 Prozent des Ertrags ab, gilt aber als der beste und begehrteste Kakao. Alle Kakaobäume sind sehr empfindlich. Sie gedeihen in warmem, feuchtem Klima, brauchen aber Schutz vor Wind und allzu starker Sonne und sind anfällig für Krankheiten und Schädlingsbefall.

Bis der Kakao zum Verbraucher gelangt, durchläuft er ein kompliziertes Verfahren, das aus vielen präzisen Arbeitsschritten besteht, von denen jeder einzelne große Sachkenntnis und ständige Aufmerksamkeit verlangt.

Die Kakaoschote reift innerhalb von fünf bis sechs Monaten. Jeder Kakaobaum bringt pro Jahr zwei Ernten hervor. In Afrika ist die Haupternte zwischen September und Dezember, eine zweite kleine Ernte findet im Mai und Juni statt. Die Früchte werden binnen einer Woche nach der Ernte gespalten und alle fauligen Schoten aussortiert.

Die Samen, die von süßem, weißem Fruchtfleisch umhüllt sind, werden mit Bananenblättern abgedeckt und fünf bis sieben Tage fermentiert; zur besseren Luftzirkulation werden sie zwischendurch regelmäßig bewegt. Dieser Gärungsprozeß ist für die Entwicklung des Aromas von größter Bedeutung. Nach der Fermentation haben die zuvor hellpurpurroten Samen eine sattbraune Farbe angenommen.

Das nächste Stadium ist der entscheidende Trockenprozeß, durch den das Aroma verstärkt und Schimmelbefall verhindert wird. Einige Unternehmen verwenden heute Industriegebläse, um die Samen mit Heißluft zu behandeln, doch überwiegend werden die Samen noch immer traditionell in der Sonne getrocknet. Nach dem Trocknen, das drei bis sieben Tage dauert, werden die Samen, die nun »Kakaobohnen« heißen, von ihrem Ursprungsland an die Fabriken verschickt, wo sie zu Schokolade verarbeitet werden.

Die Bohnen werden gereinigt, entstaubt und verdorbene aussortiert. Nun werden die Bohnen geröstet, gebrochen und von Schale und Keimling befreit. Die gerösteten Bohnen werden grob zermahlen und zu der sogenannten Kakaomasse verarbeitet. Die Kakaomasse dient als Ausgangsmaterial für die Herstellung von Schokolade, oder sie wird gepreßt, wodurch ihr fast das ganze Fett (Kakaobutter) entzogen wird und der sogenannte Preßkuchen entsteht. Er wird durch Mahlen und Sieben zu Kakaopulver verarbeitet. Die Kakaomasse wird mit Zucker gemischt (und mit Milchpulver zur Herstellung von Milchschokolade), dann erneut gemahlen, bis sie eine feine, samtene Textur hat.

Nun erfolgt das sogenannte »Conchieren«, ein langwieriges Verfahren, das der Kakaomasse die restliche Feuchtigkeit und Herbheit entzieht und das Aroma voll zur Entfaltung bringt. Im ersten Arbeitsschritt, dem »trockenen Conchieren«, wird die Masse samt Zutaten wie Zucker, Milch und Aromastoffe durchlüftet, so daß die Partikel noch glatter werden. Im zweiten Arbeitsschritt, dem »flüssigen Conchieren«, wird Kakaobutter zugesetzt. Die dabei entstehende flüssige Schokoladenmasse wird zu den verarbeitenden Betrieben geschickt oder, in Blöcke gegossen, an Konditoreien geliefert.

KUVERTÜRE: Kuvertüre ist die feinste Schokolade, die für die kommerzielle und private Herstellung von Schokoladen- und Konditorwaren verwendet wird. Ihre Bestandteile sind wie die anderer Schokoladensorten gesetzlich festgelegt. So schreibt etwa die deutsche Kakaoverordnung ebenso wie die französische Gesetzgebung für Kuvertüre einen Mindestanteil an Kakaobutter von 31 Prozent vor und für dunkle Kuvertüre einen Anteil an fettfreier Kakaotrockenmasse von wenigstens 16 Prozent. Die feinste, reichhaltigste, aromatischste Kuvertüre darf höchstens 76 Prozent an festen Kakaobestandteilen enthalten; bei mehr würde sie zu bitter schmecken.

Kuvertüre kann geschmolzen und nach dem Temperieren erneut geformt werden (siehe S. 154). Sie wird zum Tauchen, Verzieren und

Dressieren verwendet. Dabei ist für ein hervorragendes Ergebnis erstklassige Kuvertüre ebenso wichtig wie das professionelle Geschick des Pâtissiers. Die Kunstfertigkeit des Meisters wird durch die Qualität der Kuvertüre ergänzt. Und der Geschmack der Schokolade verrät ihren Preis, denn ein Produkt von mangelhafter Qualität erkennt man untrüglich am Aroma der Bohnen.

Schokoladendesserts gehören zu meinen Lieblingssüßspeisen. Im allgemeinen erfordern sie mehr Sorgfalt und Zeit bei der Zubereitung als andere Desserts, aber sie sind bei jung und alt beliebt und stehen ganz oben auf der Hitliste der Desserts. Ich mag sie knusprig, cremig, glänzend, federleicht und zartschmelzend – mehr muß ich wohl nicht sagen …

Im Uhrzeigersinn von links oben: Garniturschokolade; Schokoladentränen; Rose aus Modellierschokolade, Blatt und Stengel; Schokoladenscheiben mit Wabenmuster; Schokoladenröllchen; Schokoladenfächer; Rosenblüten und Blätter aus dunkler und weißer Modellierschokolade

TEMPERIERTE KUVERTÜRE

Dieses Verfahren läßt sich mit jeder Kuvertüre durchführen und verleiht ihr einen wunderschönen Glanz; ist für ein Rezept jedoch nur geschmolzene Kuvertüre erforderlich, muß sie nicht temperiert werden. Blockschokolade braucht nicht temperiert zu werden, da sie niemals so glänzend wird wie Kuvertüre.

Die Kuvertüre wird mit einem schweren Messer zerkleinert und im Wasserbad oder – ganz professionell – in einem Temperiergerät mit Thermostat bei folgenden Temperaturen geschmolzen:

50–55 °C für halbbittere oder bittere Kuvertüre; 50 °C für Vollmilchkuvertüre, 45 °C für weiße Kuvertüre. Bei diesem Arbeitsgang sollte man unbedingt ein Schokoladenthermometer benutzen.

Man gießt ca. 80 Prozent der geschmolzenen Kuvertüre auf eine Arbeitsfläche aus Marmor und bearbeitet sie dort mit einem Metallspachtel oder einer großen Palette, indem man sie so lange wendet, bis sie auf 26–27 °C abgekühlt ist. Dann kratzt man die Schokolade mit Spachtel oder Palette von der Arbeitsfläche und mischt sie mit den 20 Prozent geschmolzener, nicht temperierter Kuvertüre, bis sie eine einheitliche Temperatur hat (28–29 °C für weiße Kuvertüre, 29–30 °C für Vollmilchkuvertüre und 30–32 °C für dunkle oder bittere Kuvertüre). Ist die Kuvertüre ein paar Grad zu heiß, gießt man etwa ein Drittel zurück auf die Arbeitsfläche und wiederholt den Vorgang, bis die richtige Temperatur erreicht ist.

Die Kuvertüre ist nun gebrauchsfertig und kann zum Tauchen, Überziehen von Konfekt, zum Gießen von Formen etc. verwendet werden. Die richtige Temperatur behält sie im Wasserbad. Nach Möglichkeit sollte Kuvertüre bei Zimmertemperatur, also 18–22 °C, und bei nicht mehr als 50–60 Prozent Luftfeuchtigkeit verarbeitet werden.

SCHOKOLADENRÖLLCHEN UND -FÄCHER
Copeaux et éventails chocolat

ZUTATEN:

100 g dunkle Kuvertüre, geschmolzen, mit 35 °C
20 g weiße Kuvertüre, geschmolzen, mit 35 °C

Ergibt eine 30 x 20 cm große Lage

Zubereitungszeit: 10 Minuten

SCHOKOLADENRÖLLCHEN: Das vorgewärmte Backblech umgedreht auf die Arbeitsfläche stellen. Mit der weißen Kuvertüre in der Spritztüte feine Linien auf das Blech zeichnen. Die geschmolzene dunkle Kuvertüre gleichmäßig über die Linien gießen und mit einer Palette glattstreichen. 15 Minuten in den Kühlschrank stellen. Dann den Spachtel mit kurzen, schnellen Bewegungen zwischen Schokolade und Backblech schieben, so daß sich die Schokolade aufrollt (siehe Foto rechts).

SCHOKOLADE

SCHOKOLADENFÄCHER: Das vorgeheizte Backblech umgedreht auf die Arbeitsfläche stellen. Die geschmolzene dunkle Kuvertüre daraufgießen und mit einer Palette gleichmäßig verteilen. Mit der weißen Kuvertüre in der Spritztüte feine, gleichmäßige Linien auf die ganze Fläche der dunklen Kuvertüre zeichnen. 15 Minuten in den Kühlschrank stellen.

Das Backblech auf die Arbeitsfläche stellen. Die Schokolade an einer Seite mit dem Zeigefinger fixieren und gleichzeitig den Spachtel mit kurzen, schnellen Bewegungen zwischen Schokolade und Backblech schieben, so daß sich die Schokolade fächerförmig auffältelt (siehe Foto oben).

SPEZIALGERÄTE:
*30 x 20 cm großes Backblech, auf 55°C vorgeheizt
Metallspachtel
Spritztüte*

ANMERKUNGEN:
Sollte die Schokolade nach 15 Minuten im Kühlschrank zu hart geworden sein, läßt man sie vor dem Formen der Röllchen oder Fächer ein paar Minuten bei Zimmertemperatur weich werden.

Die Schokoladenröllchen bzw. -fächer halten sich an einem kühlen Platz 5 Tage.

SCHOKOLADENSCHEIBEN MIT WABENMUSTER
Alvéoles chocolat

Diese dekorativen Schokoladenscheiben erinnern an Honigwaben und wirken leicht, fast luftig. Durch Temperieren bekommt die Schokolade einen wundervollen Glanz. Mit kleinen Scheiben kann man einzelne Desserts, mit einer großen Scheibe eine Torte garnieren.

ZUTATEN:
*50 g dunkle Kuvertüre, temperiert (siehe S. 154)
50 g weiße Kuvertüre, temperiert (siehe S. 154)*

Ergibt 12 Scheiben von 7 cm Durchmesser

Zubereitungszeit: 10 Minuten

Mit einem Teigpinsel die dunkle Kuvertüre auf der gesamten genoppten Seite der Luftpolsterfolie verteilen (1), dann 15 Minuten in den Kühlschrank stellen. Anschließend mit einer Palette die weiße Kuvertüre über der dunklen Kuvertüre verstreichen (2) und mindestens weitere 15 Minuten in den Kühlschrank stellen.

Die mit Frischhaltefolie bedeckte Noppenfolie vorsichtig von der Schokoladenwabe entfernen. Die Ausstechform ganz leicht über einer Gasflamme erwärmen und zwölf Schokoladenscheiben ausstechen. Sie können sofort verwendet werden.

SPEZIALGERÄTE:
*1 Bogen genoppte Luftpolsterfolie, 30 x 25 cm, mit Frischhaltefolie abgedeckt
1 glatte 7-cm-Ausstechform*

ANMERKUNGEN:
Die Scheiben kann man auch mit nur einer Schokoladensorte zubereiten; das hübsche getüpfelte oder marmorartige Muster läßt sich jedoch nur mit dunkler und weißer Schokolade erzielen.

Die Wabenscheiben lassen sich 5 Tage aufbewahren.

SCHOKOLADE

MODELLIERSCHOKOLADE
Chocolat plastique

Hübsche Schokoladenblumen erhält man, wenn man weiße Modellierschokolade mit Lebensmittelfarben rosa, gelb oder orange färbt.

ZUTATEN:

DUNKLE SCHOKOLADE
250 g dunkle Kuvertüre, mit 45°C geschmolzen
100 g Glukosesirup und 60 ml »Sorbetsirup« (S. 144), zusammengekocht und auf 35°C abgekühlt

WEISSE SCHOKOLADE
250 g weiße Kuvertüre, mit 45°C geschmolzen
25 g Kakaobutter (Bezugsquellen siehe S. 192), geschmolzen und unter die Kuvertüre gemischt
150 g Glukosesirup und 25 ml »Sorbetsirup«, zusammengekocht und auf 35°C abgekühlt

FÜR DIE ROSEN
Puderzucker zum Ausrollen

Ergibt ca. 420 g (9–12 Rosen)

Zubereitungszeit: 10 Minuten plus Zeit zum Formen der Rosen

DIE MODELLIERSCHOKOLADE ZUBEREITEN: (Dieses Rezept gilt sowohl für dunkle als auch für weiße Kuvertüre.) Die Glukose-Sirup-Mischung zu der geschmolzenen Schokolade geben und mit einem Spatel gut vermischen. Die Mischung auf eine Arbeitsfläche aus Marmor oder Kunststoff gießen und mit dem Spatel weitermischen, bis die Schokolade vollständig ausgekühlt und erstarrt ist. Bis zur Verwendung in Frischhaltefolie einwickeln.

DIE SCHOKOLADEN- ODER MARZIPANROSEN HERSTELLEN: Die Arbeitsfläche sehr leicht mit Puderzucker bestäuben. 35–40 g von der Schokolade oder dem Marzipan 2 mm dick ausrollen, dann mit einer glatten Ausstechform 4 cm große Scheiben ausstechen (1). Aus den Resten eine

kleine Kugel formen. Die Kugel auf der Arbeitsfläche mit der Hand zu einem länglichen Oval bzw. einer »Knospe« formen. Die Knospe mit einem Ende auf die Arbeitsfläche drücken, so daß sie aufrecht steht (2).

Mit einem Modellierstab bei allen neun Scheiben, die die Blütenblätter werden sollen, eine Hälfte des Randes plattdrücken (3).

Das erste Blütenblatt so um die Knospe legen, daß der dünne Rand oben ist; die Knospe nicht vollständig umhüllen (4). Mit dem Daumen den dickeren Rand der übrigen Blätter wölben.

Nun die anderen Blätter ebenfalls mit dem dünneren Rand nach oben nacheinander so um die Knospe legen, daß sie einander überlappen (5). Nicht zu fest andrücken, nur ganz sachte mit den Fingerspitzen, damit

SPEZIALGERÄTE:
1 glatte 4-cm-Ausstechform

ANMERKUNGEN:
Für die Herstellung einer Rose benötigen Sie ca. 35 g Schokoladenmasse.

Weiße Schokoladenmasse nach Wunsch mit Lebensmittelfarbe rosa, gelb, orange etc. färben.

Marzipanrosen lassen sich auf die gleiche Weise wie Schokoladenblumen modellieren und ebenfalls mehrere Tage an einem trockenen Platz bei Zimmertemperatur aufbewahren.

die Blätter an der Unterseite der Knospe haftenbleiben und aussehen wie eine voll erblühte Rose.

Die Blüte unten mit den Fingerspitzen andrücken, damit sie sich noch etwas mehr öffnet. Mit einem Messer 5 mm von der Unterseite der Rose abschneiden, damit sie aufrecht stehen kann (6).

SCHOKOSCHNITTEN MIT WEISSER MOUSSEFÜLLUNG
Délice ivoirine

Zu diesem Dessert, das auch ohne Beilage schmeckt, paßt ausgezeichnet eine Kugel Schokoladensorbet (S. 148). Die Torte wirkt schlicht und schmucklos, ist aber üppig und cremig.

ZUTATEN: ❊
*½ Menge Schokoladen-Génoise-Mischung (S. 33)
120 ml »Sorbetsirup« (S. 144), vermischt mit 50 ml Cognac (nach Wunsch)
1 Menge »Weiße Schokoladenmousse« (siehe »Weiße Schokoladenkuppeln«, S. 165)
200 g »Schokoladenglasur« (S. 186)*

Ergibt 14 Portionen

Zubereitungszeit: 35 Minuten

DER SCHOKOLADENBISKUIT: Den Backofen auf 200 °C (Gasherd Stufe 3–4) vorheizen.

Die Biskuitmischung auf einer Hälfte des Backblechs verteilen (d.h. 40 x 30 cm). Im vorgeheizten Backofen 8 Minuten backen. Den Biskuit mit dem Backtrennpapier auf ein Kuchengitter schieben und auskühlen lassen. Auf den kalten Biskuit ein Geschirrtuch legen, dann ein Kuchengitter und umdrehen.

Das Backtrennpapier entfernen. Aus dem Biskuit zwei Streifen à 35 x 11 cm (die Größe eines Rahmens) schneiden. Die Rahmen auf ein Backblech stellen. Die Biskuitstreifen mit Sorbetsirup befeuchten und als Boden in die Rahmen legen. Weiße Schokoladenmousse mit einer Palette in die Rahmen füllen und die Oberfläche möglichst glattstreichen. Mindestens 30 Minuten tiefkühlen.

SERVIERVORSCHLAG: Kurz vor dem Servieren die Desserts aus der Tiefkühlung nehmen und mit einer Palette sofort lauwarme (keinesfalls heiße) Schokoladenglasur auf der Oberfläche verteilen. Mit der Palette nur einmal über die Oberfläche streichen, damit die Glasur sofort erstarrt. Ein Messer in heißes Wasser tauchen und damit an der Innenseite der Rahmen entlangfahren, dann die Rahmen abheben. Jede Torte in sieben Stücke à 5 cm schneiden und auf Portionsteller geben. Das Dessert sehr kalt, fast tiefgefroren servieren.

SPEZIALGERÄTE:
*2 Metallrahmen, 35 cm lang, 11 cm breit, 2,5 cm hoch (sie können auch aus stabiler, mit Alufolie bedeckter Pappe sein)
1 Backblech, 60 x 40 cm, ausgelegt mit Backtrennpapier*

ANMERKUNG:
Aufgrund der Mischung läßt sich dieses Dessert nicht in geringeren Mengen zubereiten; Sie können allerdings eine der beiden Torten 1 Woche einfrieren. Kurz vor dem Servieren glasieren.

SCHOKOLADE

SCHOKOLADENTRÄNEN MIT WEISSER SCHOKOLADENMOUSSE UND GRIOTTINES

Larmes de chocolat, mousse ivoirine et griottines

Dieses ausgesprochen elegante, schlichte Dessert gehört zu meinen »Schoko-Spielereien«.

ZUTATEN: ❋

250 g bittere Kuvertüre, temperiert (siehe S. 154)
1 Menge »Weiße Schokoladenmousse« (siehe »Weiße Schokoladenkuppeln«, S. 165)
72 Griottines (kleine Kirschen in Eau-de-vie-Sirup)
250 ml Eau-de-vie-Sirup von den Griottines, bei schwacher Hitze um ein Drittel reduziert

40 g »Tulpenteig« (S. 28), mit 1 Prise Kakaopulver aromatisiert
½ Menge »Schokoladensorbet« (S. 148)
6 Minzezweige

Für 6 Personen

Zubereitungszeit: 1 Stunde

DIE TRÄNENFORMEN: Die Kunststoffstreifen jeweils nur mit einer Seite vorsichtig über die Oberfläche von 200 g der temperierten Kuvertüre ziehen (1) oder die Streifen auf die Arbeitsfläche legen und die Oberfläche möglichst dünn mit Kuvertüre beschichten.

Sobald die Kuvertüre erstarrt, die Streifen mit der Schokoladenseite nach innen auf der Längskante aufrecht hinstellen, die beiden Enden schlaufenförmig zusammendrücken und mit einer Büroklammer befestigen, so daß eine Tränenform entsteht (2). Die Tränen auf einem mit Backtrennpapier ausgelegten Backblech 30 Minuten in den Kühlschrank stellen.

DIE TRÄNEN FÜLLEN: Mit dem Spritzbeutel mit Lochtülle die Tränen zu einem Drittel mit weißer Schokoladenmousse füllen. Acht Griottines in jeder Träne arrangieren, dann mit Mousse auffüllen und die Oberfläche mit einer Palette glattstreichen. Bis zum Servieren in den Kühlschrank stellen.

DER SCHOKOLADEN-TULPENTEIG: Den Backofen auf 180 °C (Gasherd Stufe 2–3) vorheizen.

Mit Hilfe der Schablone auf einem beschichteten Backblech 6 dünne Teigscheiben formen. 3–4 Minuten im vorgeheizten Backofen backen. Die Scheiben nacheinander mit einer Palette abheben und in sechs von den Formen legen, mit der siebten Form ganz leicht in die Formen hineindrücken, so daß Körbchen für das Schokoladensorbet entstehen.

DAS SCHOKOLADENMUSTER: Etwas von der restlichen geschmolzenen Kuvertüre in die Spritztüte füllen und sehr feine, verschlungene, spiralenartige Muster im Durchmesser von nicht mehr als 4 cm auf den Bogen Backtrennpapier dressieren. In den Kühlschrank stellen.

SERVIERVORSCHLAG: Die Büroklammern und Kunststoffstreifen von den Tränen entfernen und jede Träne auf einen Portionsteller legen. Mit der Spritztüte neben jeder Träne eine geschwungene Schokoladenlinie dressieren und mit dem ausgekühlten, reduzierten Eau-de-vie-Sirup füllen. Drei Griottines auf jedem Teller und eine auf jeder Träne arrangieren und einen Minzezweig danebenlegen. Die Teigkörbchen mit einer kleinen Kugel Schokoladensorbet füllen und je eins auf die Teller setzen. Das Schokoladenmuster vorsichtig von dem Backtrennpapier lösen und das filigrane Gebilde auf das Schokoladensorbet setzen. Das Dessert äußerst kalt, fast gefroren servieren.

SPEZIALGERÄTE:

6 Streifen aus lebensmittelechtem Kunststoff, 26 x 4,5 cm
1 Bogen Backtrennpapier, 30 x 20 cm
1 Spritzbeutel mit 1-cm-Lochtülle
1 runde Schablone von 6 cm Durchmesser, 1 mm dick
7 Formen, oben ca. 7,5 cm Durchmesser, unten 4 cm Durchmesser, 2,5 cm hoch
6 Büroklammern
1 Spritztüte

ANMERKUNG:

Alle Bestandteile dieses Desserts lassen sich einen Tag im voraus zubereiten. Arrangieren Sie die verschiedenen Leckereien kurz vor dem Servieren zusammen auf den Portionstellern.

SCHOKOLADE

SCHOKOLADEN-CAPPUCCINO-MOUSSE
Mousse au chocolat, glace café

Dieses einfache Dessert kann man ein oder zwei Tage im voraus zubereiten. Wer möchte, gibt der Mokkacreme einen Schuß Tia Maria zu, doch mir selbst schmeckt sie am besten ohne. Der Gegensatz zwischen der ungesüßten Mokkacreme und der halb eingedickten gehaltvollen, zuckersüßen Mousse au chocolat ist unübertrefflich.

ZUTATEN: ❀
250 g dunkle Kuvertüre oder Edelbitterschokolade
6 Eiweiß
125 g Zucker
4 Eigelb
150 ml Schlagsahne
1 EL Instantkaffee
1 EL ungesüßtes Kakaopulver

Für 4 Personen

Zubereitungszeit: 20 Minuten

ZUBEREITUNG: Die Schokolade mit einem schweren Messer zerkleinern, in eine Schüssel geben und im Wasserbad bei mittlerer Temperatur zum Schmelzen bringen. Die geschmolzene Schokolade sofort aus dem Wasserbad nehmen. Das Eiweiß halb aufschlagen, dann unter Rühren den Zucker nacheinander in kleinen Mengen zufügen und das Eiweiß schlagen, bis es ganz fest ist. Nun zuerst das Eigelb, dann 50 ml von der Sahne in die geschmolzene Schokolade rühren und sofort das geschlagene Eiweiß vorsichtig mit einem Spatel unterziehen. Die Mischung, sobald sie homogen ist, auf die flachen Schüsseln oder Tassen verteilen und in den Kühlschrank stellen.

SERVIERVORSCHLAG: Kurz vor dem Servieren den Instantkaffee in knapp 2 Eßlöffel Wasser auflösen. Mit einer Gabel oder einem Rührbesen die restliche Sahne zu einem leichten, flüssigen Schaum schlagen, dann den Kaffee zugießen. Den Schaum auf der Mousse in den Schüsseln verteilen, etwas Kakao darüberstreuen und die Desserts sofort servieren.

SPEZIALGERÄTE:
4 flache Dessertschüsseln oder weite, flache Tassen, 12 cm Durchmesser, 5 cm hoch

MILLEFEUILLE-SCHOKODIAMANTEN
Diamants de mille-feuille chocolat

Die knusprige Kuvertüre bildet einen wunderbaren Kontrast zu der leckeren Cremefüllung.

ZUTATEN: ❀
30 g weiße Kuvertüre, leicht geschmolzen und lauwarm
220 g dunkle Kuvertüre, temperiert (siehe S. 154)
125 g »Mokkasahne« (S. 42)
125 g »Schokoladensahne« (S. 42)
200 ml »Karamelsauce« (S. 55)

Für 6 Personen

Zubereitungszeit: 40 Minuten

DIE KUVERTÜRE-DIAMANTEN: Einen Bogen Backtrennpapier auf ein Backblech legen. Die Spritztüte mit der lauwarmen weißen Kuvertüre füllen und ein Netz aus vertikalen, horizontalen und diagonalen Linien auf das Backtrennpapier dressieren. Sobald sie hart sind, die temperierte dunkle Kuvertüre darüberstreichen. Den zweiten Bogen Backtrennpapier darüberlegen und sehr leicht mit einem Nudelholz über die gesamte Fläche rollen, damit alle Luftblasen verschwinden und die Oberfläche ganz eben wird. An einen kühlen Platz (aber auf keinen Fall in den Kühlschrank) stellen, bis die Kuvertüre ausgehärtet ist.

Das obere Backpapier abnehmen. Ein dünnes Messer über einer Gasflamme leicht erwärmen und die Kuvertüre in 7 cm breite Längsstreifen schneiden. Jeden Streifen in sechs 3,5 cm breite Rechtecke schneiden, dazu das Messer wiederum leicht erwärmen.

Einen Spritzbeutel mit Mokkasahne und einen mit Schokoladensahne füllen. Auf zwölf der Rechtecke abwechselnd 1 cm große Mokkasahne- und Schokoladensahnekugeln spritzen.

SPEZIALGERÄTE:
2 Bogen Backtrennpapier, 23 cm lang, 21 cm breit
Spritztüte
2 Spritzbeutel mit 1-cm-Lochtülle

ANMERKUNG:
Dieses Dessert kann mehrere Stunden im voraus zubereitet werden: die Teller auf Stapelringen im Kühlschrank aufbewahren. Die Karamelsauce im letzten Moment auf die Teller geben.

Je zwei dieser garnierten Rechtecke aufeinandersetzen und mit einem ungarnierten – mit dem Muster nach oben – bedecken. Die Millefeuille-Diamanten vor dem Servieren mindestens 30 Minuten in den Kühlschrank stellen.

SERVIERVORSCHLAG: Die Diamanten auf einzelne Servierteller verteilen und daneben etwas Karamelsauce geben. Kalt servieren.

SCHOKOLADENTRÜFFEL-DREIECKE
Palets-triangles

Diese Pralinen gehören zu den erlesensten Leckerbissen, die man sich vorstellen kann.

ZUTATEN:

GANACHE

55 ml Crème double
170 g dunkle Schokolade bester Qualität oder dunkle Kuvertüre, geschmolzen
80 g weiche Butter, geschlagen
15 ml/1 EL Armagnac (mindestens 10 Jahre alt)

250 g bittere Kuvertüre, temperiert (siehe S. 154), zum Tauchen

Ergibt 12 Dreiecke à ca. 35 g

Zubereitungszeit: 40 Minuten

DIE GANACHE: Die Crème double in einem Topf 1 Minute kochen, dann bei Zimmertemperatur auf 35–40 °C abkühlen lassen. Nun die Crème double unter ständigem Schlagen mit dem Schneebesen zu der geschmolzenen Schokolade gießen und zu einer völlig homogenen Mischung verarbeiten. An einen kühlen Platz stellen.

Wenn die Ganache auf 20 °C abgekühlt ist, nacheinander kleine Butterstückchen untermischen. Zum Schluß den Armagnac zugeben und schlagen, bis die Ganache glatt und schön glänzend ist.

DIE GANACHE FORMEN: Die Ganache in den Rahmen oder auf die von den Schienen begrenzte Fläche gießen und die Oberfläche mit einer Palette glattstreichen. 3 Stunden in den Kühlschrank stellen.

DIE DREIECKE TAUCHEN: Mit einem über einer Gasflamme etwas erwärmten Messer innen an dem Rahmen entlangfahren und ihn abnehmen. Das Ganache-Rechteck längs halbieren, so daß zwei Streifen entstehen. Jeden Streifen in drei 5,5 cm große Quadrate schneiden, so daß zusammen 6 Quadrate entstehen. Das Messer erneut leicht anwärmen und die einzelnen Quadrate diagonal in zwölf 5,5 x 5,5 x 8 cm große Dreiecke schneiden. Mit der Tauchgabel die Dreiecke nacheinander in die temperierte Kuvertüre tauchen. Überschüssige Schokolade abtropfen lassen und die Dreiecke auf das mit Backtrennpapier ausgelegte Backblech legen. Die Dreiecke sofort mit den zuvor zurechtgeschnittenen Dreiecken aus Backpapier bedecken (so werden sie schön glänzend) und mit einer breiten Palette leicht daraufdrücken. An einem kühlen, vor Feuchtigkeit geschützten Platz aufbewahren, damit der Schokoladenüberzug nicht an Glanz verliert.

SERVIERVORSCHLAG: Die Backpapierdreiecke erst kurz vor dem Servieren der Schokoladentrüffel entfernen, damit diese schön glänzend bleiben. Auf einem Teller zu einer Pyramide stapeln und servieren.

SPEZIALGERÄTE:
1 Tauchgabel mit 2 Zinken
1 Rahmen (er kann aus mit Alufolie überzogenem Karton sein), 16,5 cm lang, 11 cm breit, 1,2 cm hoch, oder 4 Konditorschienen aus Metall, auf ein mit Frischhaltefolie bedecktes Backblech gelegt
Schokoladenthermometer
12 Dreiecke aus Backpapier, 6,5 x 6,5 x 9 cm
1 Backblech, ausgelegt mit Pergament- oder Backtrennpapier

ANMERKUNG:
Die Schokoladendreiecke halten sich 5 Tage an einem kühlen Platz.

SCHOKOLADE

SCHOKOLADENMOUSSE-TÖRTCHEN MIT KARAMELISIERTEN WALNÜSSEN UND KÜMMELEIS
Délice au chocolat amer et cerneaux de noix, glace carvi

Auf dieses wunderbare Dessert kann man mit Recht Stolz sein. Die erlesene Kombination von Schokoladenmousse, Walnüssen und Eiscreme rechtfertigt die aufwendige Zubereitung voll und ganz.

ZUTATEN: ❁

WALNÜSSE
75 g Walnußhälften oder -stücke plus 75 g Zucker
20 Walnußhälften plus 250 g Zucker

SCHOKOLADENMOUSSE
4 TL Wasser
100 g Zucker
1 Ei plus 2 Eigelb
175 g bittere Kuvertüre oder Edelbitterschokolade, auf 37 °C erwärmt
275 ml Schlagsahne, cremig geschlagen

60 g »Tulpenteig« (S. 28)
30 x 20 cm große Lage gebackener »Biskuit Joconde« (S. 31)
150 g »Schokoladenglasur« (S. 186)
½ Menge »Kümmeleiscreme« (S. 138)
500 ml »Honigsauce« (S. 55)
Schale von 2 Limonen, in dünne Streifen geschnitten und zweimal blanchiert
Öl zum Einfetten

Für 10 Personen

Zubereitungszeit: 1½ Stunden plus 2 Stunden Gefrierzeit

DIE KNUSPERWALNÜSSE: 75 g Zucker ohne Wasser in einem kleinen, schweren Topf bei niedriger Temperatur auflösen, dabei mit einem Spatel ständig rühren. Wenn der Zucker eine hellnußbraune Farbe annimmt, 75 g Walnüsse zufügen und gut vermischen. Auf ein leicht eingeöltes Backblech geben und auskühlen lassen. Dann die Nüsse mit einem Nudelholz zu kleinen Knuspernüssen grob zerkleinern.

DIE TULPENTEIG-KÖRBCHEN: Den Backofen auf 180 °C (Gasherd Stufe 2–3) vorheizen.

Mit Hilfe der Schablone auf dem Backblech zehn dünne Scheiben Tulpenteig verteilen und mit einer Palette glattstreichen. Die Scheiben 3–4 Minuten backen, dann sofort mit einer Palette einzeln abheben und in zehn der Formen legen; mit der elften Form etwas nach unten drücken, so daß flache Körbchen für die Eiscreme entstehen.

DER JOCONDE-BISKUIT: Aus dem Biskuit zehn Scheiben ausstechen und in die auf ein Backblech gestellten Tortenringe legen.

DIE SCHOKOLADENMOUSSE: Das Wasser in einen Topf geben, den Zucker zufügen und bei niedriger Temperatur zum Kochen bringen. Den Innenrand des Topfes mit einem in kaltes Wasser getauchten Backpinsel abpinseln und den Zucker kochen, bis die Temperatur 115 °C beträgt. Nun das Ei und die zwei Eigelb mit dem Schneebesen oder elektrischen Rührgerät aufschlagen. Sobald der Zucker 121 °C heiß ist, den Topf von der Kochstelle nehmen und den Sirup 1 Minute ruhen lassen; dann langsam zu den Eiern gießen und dabei ständig weiterschlagen, bis die Mischung ganz ausgekühlt ist. Die geschmolzene Schokolade zufügen und die Knuspernüsse mit einem Spatel einrühren. Schließlich die geschlagene Sahne unterheben. Die Tortenringe mit dieser Schokoladenmousse füllen, die Oberfläche mit einer Palette glattstreichen und die Mousse-Törtchen mindestens 2 Stunden tiefkühlen.

DIE KARAMELISIERTEN WALNÜSSE UND DIE KARAMELGARNIERUNG: In einem kleinen schweren Topf 250 g Zucker ohne Wasser bei niedriger Temperatur unter ständigem Rühren erhitzen, bis der Zucker hellbraun wird. Sofort von der Kochstelle nehmen. Die 20 Walnußhälften nacheinander in den Karamel tauchen und mit einer Gabel auf ein leicht eingeöltes Backblech geben. Falls der Karamel beim Tauchen der Nüsse zu dick wird, erneut auf niedriger Hitze erwärmen. Die karamelisierten Nüsse an einem trockenen Platz aufbewahren.

Die Zacken einer Gabel in den (nötigenfalls erneut erwärmten) Karamel tauchen und den Zucker beim Herabfließen auf ein beschichtetes

SPEZIALGERÄTE:
10 Tortenringe, 6,5 cm Durchmesser, 3 cm hoch
11 Formen, oben ca. 7,5 cm Durchmesser, unten 4 cm Durchmesser, 2,5 cm hoch
1 runde Schablone von 6 cm Durchmesser, 1 mm dick
1 glatte 6,5-cm-Ausstechform
Zuckerthermometer
1 beschichtetes Backblech oder 1 Bogen Backtrennpapier

ANMERKUNGEN:
Die einzelnen Bestandteile dieses Desserts lassen sich mehrere Stunden vor dem Servieren zubereiten.

Die Moussetörtchen halten sich tiefgefroren 1 Woche, daher ein paar Tage im voraus zubereiten.

Backblech oder Backtrennpapier mit Wirbelbewegungen nach Belieben formen – zu Spiralen, Zickzackmustern etc. Auf diese Weise etwa zehn Karamelgarnierungen herstellen. Trocken aufbewahren.

DIE MOUSSE-TÖRTCHEN GLASIEREN: Etwas Schokoladenglasur auf eine Mousse im Tortenring gießen und die Oberfläche mit einer Palette glattstreichen. Ebenso alle übrigen Törtchen glasieren.

SERVIERVORSCHLAG: Mit einem in heißes Wasser getauchten Messer an der Innenseite der Ringe entlangfahren. Die Ringe mit einer leichten Drehbewegung abheben.

Die Mousse-Törtchen auf einzelne Teller geben, je ein Körbchen, gefüllt mit einer Kugel Kümmeleis, daneben setzen. Eine Karameldekoration wie schwebend auf der Eiscreme arrangieren und je eine Walnußhälfte auf Mousse-Törtchen und Eiscreme legen. Honigsauce und Limonenschalen dazwischen verteilen und sofort servieren.

SCHOKOLADE

Weisse Schokoladenkuppeln mit Himbeerparfait und dunklen Schokoladenröllchen

Dômes aux deux chocolats et ses framboises

An diesem Dessert gefällt mir besonders die glatte Form sowie der optisch und geschmacklich wundervolle Kontrast zwischen zarter, reinweißer Mousse und sattem, dunklem Parfait. Es ist zwar zeitaufwendig, aber doch einfach zuzubereiten, und es hinterläßt ganz sicher großen Eindruck bei Ihren Gästen

ZUTATEN:

*»Italienische Meringe«
(S. 37), zubereitet mit
100 g Eiweiß und 75 g
Zucker
1 Menge »Himbeerparfait«
(siehe »Kardinaltorte«,
S. 103)*

WEISSE
SCHOKOLADENMOUSSE
*200 g weiße Kuvertüre
oder erstklassige Schokolade, gehackt
50 g Butter, zerlassen
450 ml Schlagsahne,
cremig geschlagen*

*350 g Himbeeren
30 x 40 cm Lage gebackener »Biskuit Joconde«
(S. 31), daraus 10 Scheiben von 8 cm Durchmesser ausgestochen*

*80 »Schokoladenfächer
oder -röllchen« (S. 154)
10 Minzezweige
200 g dicke »Himbeercoulis« (siehe »Obstcoulis«,
S. 51)*

Für 10 Personen

*Zubereitungszeit:
30 Minuten*

DIE ITALIENISCHE MERINGE: Die Meringe entsprechend dem Rezept auf Seite 37 zubereiten; allerdings nicht im voraus, da sie frisch gemacht und gerade erst ausgekühlt sein sollte.

DAS HIMBEERPARFAIT: Das Parfait im Anschluß an die Meringe entsprechend dem Rezept auf Seite 103 zubereiten, jedoch nicht mehr als 30 Minuten im voraus.

DIE WEISSE SCHOKOLADENMOUSSE: Die weiße Kuvertüre in eine kleine Schüssel geben und ins Wasserbad stellen. Bei mittlerer Temperatur unter gelegentlichem Rühren auf 40 °C erhitzen.
  Die zerlassene Butter in die warme Kuvertüre einrühren, aber nicht zu kräftig rühren. Mit dem Rührbesen ein Drittel der kalten geschlagenen Sahne unterziehen, dann mit einem Spatel die Meringe und zum Schluß sehr behutsam die restliche Sahne unterheben, bis die Moussemischung homogen ist.

DIE KUPPELN FERTIGSTELLEN: Mit dem Spritzbeutel je ca. 50 g Mousse auf den Boden der Formen spritzen. Mit einer Palette die Mousse so verstreichen, daß sie auch die Ränder der Formen bis oben hin vollständig auskleidet, dann in der Tiefkühlung 10–15 Minuten hart werden lassen.

DIE HIMBEEREN: 30 besonders schöne Himbeeren zum Dekorieren aufbewahren. Sechs Himbeeren unten in jeder Form auf der erhärteten Mousse verteilen. Die Formen mit dem Himbeerparfait füllen und die Oberfläche mit einer Palette glattstreichen. Je eine Joconde-Biskuit-Scheibe darauflegen und mit den Fingerspitzen ganz sachte auf das Parfait drücken. Die Formen mit Frischhaltefolie abdecken und bis zum Servieren tiefkühlen.

SERVIERVORSCHLAG: Die Formen mit einem Brennstab außen 2 bis 3 Sekunden erwärmen oder kurz in kochendes Wasser tauchen. Die Formen umgedreht auf Servierteller stellen und die Kuppeln herauslösen. Die Schokoladenfächer oder -röllchen unten um die Kuppeln herum arrangieren. Je drei Himbeeren und einen Minzezweig auf jede Kuppel legen. Etwas Himbeercoulis auf einer Seite der Teller um die Kuppeln herumgießen und sehr kalt, aber nicht gefroren servieren.

SPEZIALGERÄTE:
*Schokoladenthermometer
10 Halbkugelformen, 9 cm
Durchmesser, 4,5 cm hoch
Spritzbeutel mit 1-cm-
Lochtülle
Brennstab (nach Wunsch)*

ANMERKUNG:
Dieses Dessert läßt sich mindestens 1 Woche einfrieren; Sie können es also zu mehreren Mahlzeiten servieren.

Petits fours

Petits fours gibt es in vielerlei Formen, aber natürlich sind sie immer klein, wie ihr Name es verlangt. Je nach Sorte haben sie eine schimmernde oder matte Oberfläche und leuchtende oder gedämpfte Farben. Frisch zubereitet schmecken sie besonders köstlich, da sie weder Feuchtigkeit noch Hitze und vor allem keine Kälte vertragen. Leider sind sie etwas in Vergessenheit geraten und die Kunst ihrer Zubereitung wird nur noch von wenigen beherrscht.

Doch es ist ein herrlicher Genuß, ein Luxus, ein oder zwei Petits fours zum Kaffee zu knabbern! Man sollte keine zu große Auswahl anbieten; daher mein Tip, sich auf zwei oder drei gut zubereitete Sorten zu beschränken.

In diesem Kapitel stelle ich Ihnen ein großes Sortiment an Petits fours vor. Einige passen besser zu einer bestimmten Jahreszeit als andere. So empfehle ich zum Beispiel für den Sommer »Schwarze Johannisbeeren in Gelee« und für den Winter »Schokoladen-Schindeln«. Ich persönlich serviere zum Kaffee am liebsten *petits fours sec* und Schokoladen-Petits-fours, wie etwa »Haselnuß-Schindeln«, »Kleine Zitronenkuchen« und »Schokoladen-Quenelles«.

Petits fours passen auch wunderbar zu Eiscremes und Sorbets und lassen die zeitaufwendige Zubereitung garantiert schnell vergessen.

Ein Ananasstückchen wird in Sirup getaucht.

PETITS FOURS

GEFÜLLTE ANANASSTÜCKCHEN IM ZUCKERMANTEL
Fruits déguisés à l'ananas

Ein Petit four, das Aufsehen erregt und Ihr Können zur Geltung bringt; das Ergebnis lohnt die Mühe der Zubereitung in jedem Fall.

ZUTATEN:
1 Ananas, ca. 1,5 kg
120 g Marzipan, mit 33 % Mandeln zubereitet
Puderzucker zum Bestäuben

SIRUP ZUM POCHIEREN
400 g Zucker
250 ml Wasser

GEKOCHTER ZUCKER
250 g Zucker
50 g Glukosesirup
100 ml Wasser

Ergibt 20 Stück

Zubereitungszeit:
1 Stunde 10 Minuten

SPEZIALGERÄTE:
Kleiner Kupfertopf oder schwere Kasserolle
Tauchgabel mit zwei Zinken
Glatte 1,5-cm-Ausstechform
Zuckerthermometer
1 leicht eingeöltes Backblech

DIE ANANAS VORBEREITEN: Mit einem sehr scharfen Messer die beiden Endstücke der Ananas abschneiden und ringsherum die gesamte Schale entfernen. Von der geschälten Ananas acht gleichmäßige, etwa 7 mm dicke Scheiben abschneiden. Den faserigen Kern mit dem Ausstecher entfernen.

DIE ANANASRINGE POCHIEREN: Den Zucker in Wasser zu Sirup auflösen und zum Kochen bringen. Die Ananasringe hineingeben und bei 90 °C 1 Stunde sacht pochieren. Die Temperatur abdrehen und die Ananas in dem Sirup etwas abkühlen lassen. Die Ringe, wenn sie gerade noch warm sind, behutsam auf einem Abtropfgitter arrangieren und vollständig auskühlen lassen.

Die Arbeitsfläche mit Puderzucker bestäuben. Das Marzipan in der Breite eines Ananasrings 3 mm dick ausrollen. 4 Ananasringe nebeneinander auf das Marzipan legen. Überschüssiges Marzipan rundherum entlang der Ananasringe und in der Mitte mit einem kleinen scharfen Messer abschneiden. Die 4 Ringe umdrehen und die übrigen Ringe daraufflegen, so daß sich das Marzipan zwischen je zwei Ananasringen befindet. Jedes »Ananas-Sandwich« in fünf gleich große Stücke schneiden und diese auf einen Kuchenrost legen.

DEN ZUCKER KOCHEN: Wasser, Zucker und Glukose im Zuckertopf bei niedriger Temperatur zum Kochen bringen. Die Oberfläche abschöpfen und den Innenrand des Topfes mit einem in kaltes Wasser getauchten Teigpinsel abpinseln, um Zuckerkristalle aufzulösen. Das Thermometer eintauchen und den Zucker auf 151 °C erhitzen. Von der Kochstelle nehmen und den Zucker 2 Minuten ausköcheln lassen.

Die Ananasstücke mit der Tauchgabel aufspießen und nacheinander in den gekochten Zucker tauchen (siehe Foto gegenüber). Die Stücke, sobald sie von Zucker ummantelt sind, herausnehmen und 2 bis 3 Sekunden abtropfen lassen. Auf ein leicht eingeöltes Backblech legen und auskühlen lassen.

SERVIERVORSCHLAG: Nach Möglichkeit sollten die Ananasstücke auf einer silbernen Platte serviert werden, damit der schöne Glanz des Zuckerüberzugs richtig zur Geltung kommt.

SCHWARZE JOHANNISBEEREN IN GELEE
Pâté de fruits cassis

Diese Petits fours sind mit am einfachsten zuzubereiten, aber sie gehören zu den leckersten. Vier oder fünf pro Person muß man schon rechnen! Statt der schwarzen Johannisbeeren kann man auch Erdbeeren oder Aprikosen verwenden; sie schmecken besonders köstlich, wenn die Früchte frisch auf dem Markt sind.

ZUTATEN:
*200 g Fruchtfleisch von frischen oder tiefgefrorenen schwarzen Johannisbeeren (Abtropfgewicht)
180 g Zucker
15 g Pektin gemischt mit
20 g Zucker
50 g mittelfeiner Kristallzucker*

Ergibt 35 Stück

*Zubereitungszeit:
15 Minuten plus 2 Stunden Abkühlzeit*

DIE GELEEMISCHUNG: Das Fruchtfleisch in einem schweren Topf auf 50 °C erhitzen. Die 180 g Zucker zugeben und zum Kochen bringen. Die Oberfläche abschöpfen, die Pektin-Zucker-Mischung zufügen und kochen, bis sie 103 °C heiß ist. Den Topf von der Kochstelle nehmen und das Obst 10 Sekunden auskochen lassen.

Die Mischung in die eingerahmte Fläche auf dem Backblech gießen und mindestens 2 Stunden bei Zimmertemperatur abkühlen lassen.

SERVIERVORSCHLAG: Den Rahmen entfernen und das Gelee in 35 jeweils 2 cm große Würfel schneiden. Die Würfel vorsichtig in Kristallzucker wenden und auf einem Teller, allein oder mit anderen Petits fours, arrangieren.

SPEZIALGERÄTE:
*Zuckerthermometer
1 Rahmen (er kann aus mit Alufolie überzogenem Karton sein), 14 cm lang, 10 cm breit, 1,5 cm hoch, oder 4 Metallschienen, auf ein mit Frischhaltefolie bedecktes Backblech gelegt*

ANMERKUNGEN:
Geleefrüchte halten sich 1 Woche an einem kühlen, trockenen Platz. Wer eine größere Menge zubereiten möchte, kocht die Mischung mit 105 °C statt mit 103 °C.

KANDIERTE GRAPEFRUITSCHALE
Aiguillettes de pamplemousse confites

Für dieses Rezept wird nur die Grapefruitschale verwendet; die Fruchtfleischschnitzel serviere man daher gekühlt mit etwas Pochiersirup als erfrischendes Dessert.

ZUTATEN:
*'1 unbehandelte Grapefruit, ca. 360 g, gewaschen
400 g Zucker
300 ml Wasser
50 g mittelfeiner Kristallzucker*

DIE GRAPEFRUIT: Mit einem sehr scharfen Messer mit biegsamer Klinge oben und unten von der Frucht 5 mm abschneiden. Dann das Messer oben an der Grapefruit ansetzen und ihrer Kontur folgend aus der Schale 5 Streifen von 6 cm Länge und 5 cm Breite schneiden. Die Streifen vollständig von der Frucht lösen und jeden einzelnen in fünf lange, dünne Stäbchen schneiden.

ANMERKUNG:
Diese köstlichen Petits fours halten sich bei Zimmertemperatur gut 3 Tage, sind aber nach 1–2 Tagen nicht mehr so schön zart.

PETITS FOURS

Ergibt 25 Stück

*Vorbereitungszeit:
25 Minuten*

Kochzeit: 1½ Stunden

DIE STÄBCHEN POCHIEREN: In einem Topf, mit kaltem Wasser bedeckt, zum Kochen bringen. Abschrecken, abtropfen lassen und den Vorgang viermal wiederholen. Zucker und Wasser in einem Topf langsam zum Kochen bringen. Die fünfmal blanchierten Grapefruitstäbchen hineingeben und 1½ Stunden pochieren; nicht kochen lassen.

Die Stäbchen in dem Pochiersirup etwas abkühlen lassen. Auf einen Rost geben, solange sie noch leicht warm sind, und abtropfen und vollständig auskühlen lassen. Schließlich in dem Kristallzucker wenden.

SERVIERVORSCHLAG: Die Stäbchen in Papierhütchen setzen und allein oder mit anderen Petits fours zum Kaffee servieren.

MINI-TORTELETTS MIT BEERENFRÜCHTEN
Mini-tartelettes aux fruits rouges

Von diesen Petits fours bekomme ich einfach nicht genug. Man garniert sie mit schwarzen Johannisbeeren, Weintrauben, Walderdbeeren oder wonach einem der Sinn steht.

ZUTATEN: ❄

*Mehl zum Bestäuben
120 g »Süßer Mürbeteig«
(S. 20)
1 EL Erdbeer- oder
Himbeermarmelade
170 g »Frangipane«
(S. 43)*

*100 ml Schlagsahne,
mit 10 g Puderzucker
geschlagen
20 hübsche Himbeeren,
kleine Erdbeeren, kleine
Zweige mit roten Johannisbeeren oder Blaubeeren
20 kleine Minzeblätter*

Ergibt 20 Stück

*Zubereitungszeit:
20 Minuten*

Backzeit: 8 Minuten

DIE TORTELETTS ZUBEREITEN: Den Backofen auf 180 °C (Gasherd Stufe 2–3) vorheizen.

Auf einer leicht mit Mehl bestäubten Fläche den Teig 2 mm dick ausrollen. 20 Scheiben ausstechen und die Formen damit auslegen. Mit einer Spritztüte etwas Marmelade auf die Teigböden spritzen. Mit Frangipane füllen und im vorgeheizten Backofen 8 Minuten backen. Die Torteletts aus der Form lösen und auf einem Rost abkühlen lassen.

SERVIERVORSCHLAG: Kurz vor dem Servieren auf jedem Tortelett eine Rosette aus geschlagener Sahne dressieren. Mit den ausgewählten Früchten und einem Minzeblatt garnieren. Die Torteletts zusammen mit anderen Petits fours auf einer silbernen Platte servieren.

SPEZIALGERÄTE:

*20 Tortelettformen,
oben 4,5 cm, unten 2,5 cm
Durchmesser, 1 cm hoch
Spritztüte
Spritzbeutel mit 1-cm-
Sterntülle
Gezackte 5-cm-Ausstechform*

ANMERKUNG:

Die Teigböden müssen frisch gebacken werden, daher die Torteletts unbedingt am Tag ihrer Zubereitung servieren.

Petits fours à la Provençale
Coques au caramel provençales

Dieses Rezept habe ich von meinem Freund Daniel Giraud aus Valence. Die provenzalischen Petits fours mit ihrer knusprigen Schokoladenschale und himmlisch zarten Karamelfüllung erfreuen sich im »Waterside Inn« großer Beliebtheit.

ZUTATEN:
200 g Vollmilchkuvertüre, temperiert (siehe S. 154)
70 g Zucker
20 g Butter
25 ml Schlagsahne
60 g Fondant

DIE SCHOKOLADENSCHÄLCHEN: Die Papierschälchen einzeln mit der Außenseite in die temperierte Kuvertüre tauchen und auf ein mit Frischhaltefolie ausgelegtes Backblech stellen. An einem kühlen Platz, aber nicht im Kühlschrank hart werden lassen. Die Hütchen auf die gleiche Weise ein zweites Mal mit Schokolade überziehen. Wenn die Schokolade hart ist, die Papierschälchen vorsichtig herauslösen. An einem kühlen, trockenen Platz aufbewahren.

SPEZIALGERÄTE:
Kleiner schwerer Topf
20 stabile Papierschälchen, oben 4 cm, unten 2,5 cm, 1,5 cm hoch

20 g aromatischer zähflüssiger Honig
25 g geröstete Mandelblättchen

Ergibt 20 Stück

Zubereitungszeit: 40 Minuten

DIE KARAMELFÜLLUNG: Den Zucker in den Topf geben und ohne Wasser bei niedriger Temperatur unter ständigem Rühren mit einem Spatel auflösen. Sobald der Zucker hellgoldbraun karamelisiert, den Topf von der Kochstelle nehmen. Die Butter einrühren, dann die Sahne und schließlich den Fondant und Honig. Rühren, bis die Mischung glatt und homogen ist, dann die Mandeln zufügen und ganz vorsichtig untermischen, damit sie nicht in zu kleine Stückchen zerbrechen. Die Mischung an einem kühlen Platz vollständig auskühlen lassen. Die Schokoladenschälchen nun mit der Karamelmischung füllen und bis zum Servieren im Kühlschrank aufbewahren.

SERVIERVORSCHLAG: Die Karamelschälchen auf einer kleinen Platte oder einem Tablett arrangieren und zum Kaffee servieren. Ihre Gäste werden begeistert sein.

Von links nach rechts: Petits fours à la provençale; Petits fours mit Mandeln; Schokoladenschindeln; Kleine Zitronenkuchen; Gefüllte Ananasstückchen im Zuckermantel; Schokoladen-Quenelles; Mini-Torteletts mit Beerenfrüchten; Haselnußschindeln; Makronen; Schwarze Johannisbeeren in Gelee mit kandierter Grapefruitschale

SCHOKOLADEN-QUENELLES
Quenelles au chocolat

Diese herrlichen Leckerbissen sollte man nicht zu knapp bemessen, ruhig drei oder vier pro Person.

ZUTATEN:
1 Menge Ganache (siehe »Schokoladentrüffel-Dreiecke«, S. 161), mit Whisky statt mit Armagnac zubereitet
150 g bittere Kuvertüre, geschmolzen
100 g ungesüßtes Kakaopulver, gesiebt

Ergibt ca. 32 Stück

*Zubereitungszeit:
20 Minuten plus 2 Stunden Kühlzeit*

DIE GANACHE: Nach dem Rezept auf S. 161 zubereiten. Aus der fertigen Ganache mit Hilfe von zwei Teelöffeln sofort kleine Quenelles (Klößchen) formen und auf einen Bogen Pergament- oder Backtrennpapier legen. Mindestens 2 Stunden in den Kühlschrank stellen.

DIE QUENELLES FERTIGSTELLEN: Mit einer Gabel die Quenelles nacheinander in die geschmolzene Kuvertüre tauchen, dann in dem Kakao wälzen und auf einen Rost legen. Bis zum Servieren an einen kühlen Platz stellen.

SERVIERVORSCHLAG: Servieren Sie die Quenelles am besten in kleinen Papierhütchen, damit Ihre Gäste sich nicht mit Kakao bestäuben, wenn sie sie vom Teller nehmen. Allein oder mit anderen Petits fours servieren.

SPEZIALZUBEHÖR:
*Pergament- oder Backtrennpapier
32 Papierhütchen*

ANMERKUNG:
Die Quenelles halten sich 5 Tage an einem kühlen Platz.

HASELNUSS-SCHINDELN
Tuiles noisettes

Diese knusprigen »Schindeln« schmecken köstlich mit Eiscreme oder einfach so zum Kaffee.

ZUTATEN:
*70 g Eiweiß
90 g Zucker
15 g Mehl
100 g sehr fein gemahlene Haselnüsse
4 TL Haselnußöl*

Ergibt ca. 50 Stück

*Zubereitungszeit:
15 Minuten plus
1 Stunde Ruhezeit*

*Backzeit:
10 Minuten*

DER TEIG: Das Eiweiß in einer kleinen Schüssel mit einer Gabel ein paarmal durchschlagen, bis es leicht schaumig ist. Den Zucker zufügen, mit einem Spatel untermischen, dann das Mehl, die gemahlenen Haselnüsse und schließlich das Haselnußöl einrühren. Mit Frischhaltefolie abdecken und bei Zimmertemperatur 1 Stunde ruhen lassen.

In der Zwischenzeit den Backofen auf 220 °C (Gasherd Stufe 4 – 5) vorheizen.

SPEZIALGERÄTE:
*1 Schablone mit 7 cm Durchmesser, 1 mm dick
2 leicht eingefettete, gut gekühlte Backbleche
1 gewölbte Form für die Schindeln bzw. 1 Nudelholz*

ANMERKUNG:
Die »Schindeln« lassen sich gut in einem luftdichten Behälter an einem trockenen Platz 1 Woche aufbewahren. So können Sie sich ein paar selbstgemachte Petits fours zum Kaffee gönnen.

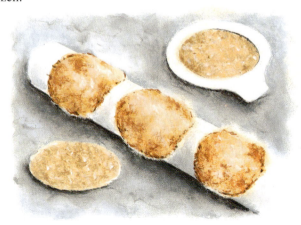

DIE »SCHINDELN« FORMEN UND BACKEN: Die Mischung mit einem Spatel kurz durchrühren. Die Schablone auf ein Backblech legen, etwas von der Teigmischung hineingeben und mit einer Palette glattstreichen. Die Schablone jeweils ein Stück versetzen und wie oben beschrieben aus dem ganzen Teig ca. 25 »Schindeln« herstellen.

Die »Schindeln« in den heißen Backofen geben und die Temperatur auf 200 °C (Gasherd Stufe 3–4) herunterdrehen. Etwa 5 Minuten backen, bis sie ganz blaß goldgelb sind. Die »Schindeln« sofort aus dem Ofen nehmen und mit einer Palette nacheinander auf die »Schindel«-Form oder ein Nudelholz legen. Abkühlen lassen. In Form bringen und einen zweiten Schub auf die gleiche Weise backen.

SERVIERVORSCHLAG: Die »Schindeln« auf einem Teller arrangieren und mit einem Hauch Puderzucker bestäuben oder einfach so servieren.

SCHOKOLADENSCHINDELN
Tuiles au chocolat

Diese »Schindeln« sollten an einem kühlen, trockenen Platz gelagert werden... Doch sie werden wohl nicht lange dort liegenbleiben. Wer sie einmal probiert hat, wird nicht widerstehen können, mindestens noch vier davon zu essen, daher rate ich, für sechs Personen dreißig »Schindeln« zu rechnen!

ZUTATEN:
250 g dunkle oder weiße Kuvertüre, gehackt
75 g gestiftelte Mandeln, geröstet und gekühlt

Ergibt 30 Stück

Zubereitungszeit:
15 Minuten

DIE »SCHINDELN« ZUBEREITEN: Die Kuvertüre (entsprechend dem Rezept auf Seite 154) temperieren und die gerösteten Mandeln einrühren. Die Schablone auf einen der Backpapierstreifen setzen und mit etwa 1 Eßlöffel von der Schokolade-Mandel-Mischung füllen. Die Schablone jeweils ein Stück versetzen und wie oben beschrieben pro Streifen fünf »Schindeln« herstellen.

Den ersten Streifen, sobald er fertig ist, auf die »Schindel«-Form oder das Nudelholz gleiten lassen, um die »Schindeln« zu wölben und abkühlen zu lassen. Die »Schindeln« erst nach dem Erstarren der Schokolade und kurz vor dem Servieren ablösen, damit sie ihren Glanz behalten.

SPEZIALGERÄTE:
Pappschablone, 6 cm Durchmesser
6 Streifen Backtrennpapier, ca. 10 cm breit
1 gewölbte Form für die »Schindeln« bzw. 1 Nudelholz

ANMERKUNG:
Bevor man die dunkle Kuvertüre in die Schablone füllt, kann man mit dem Zeigefinger etwas geschmolzene weiße Kuvertüre auf die Backpapierstreifen tupfen; das Weiß auf dem leuchtenden Braun ergibt dann ein attraktives Marmormuster. So sehen die »Schindeln« noch hübscher aus.

PETITS FOURS

ZARTE MAKRONEN
Macarons tendres ou »Progrès«

ZUTATEN:

200 g Mischung Puderzucker und gemahlene Mandeln zu gleichen Teilen, zusammengesiebt
15 g Mehl, gesiebt
40 g Puddingpulver
50 ml lauwarme Milch
175 g Eiweiß
150 g Zucker
60 g Mandelblättchen
15 g Puderzucker

Ergibt ca. 35 Stück

Zubereitungszeit:
25 Minuten

Backzeit:
12 Minuten

DER MAKRONENTEIG: Den Backofen (nach Möglichkeit ein Heißluftofen) auf 160–170 °C (Gasherd Stufe 2) vorheizen.

Die Mandel-Puderzucker-Mischung, Mehl, Puddingpulver und die Milch in eine Schüssel geben und alles behutsam mit einem Spatel vermischen.

Das Eiweiß halb aufschlagen, dann nach und nach in kleinen Mengen den Zucker zugeben und weiterschlagen, bis das Eiweiß sehr fest ist und fast die Konsistenz einer Meringe hat. Mit einem Schaumlöffel das Eiweiß behutsam unter die Mandel-Puderzucker-Mischung heben. Die Mischung, sobald sie homogen ist, in einen Spritzbeutel mit Lochtülle füllen. Sie muß umgehend verwendet werden.

DIE MAKRONEN SPRITZEN UND BACKEN: Auf die mit Backpapier ausgelegten Backbleche mit der Makronenmasse 70 je 4 cm große Kugeln im Abstand von 4 cm auf die Bleche spritzen. Die Makronen mit ein paar Mandelblättchen bestreuen, dann mit einem Hauch Puderzucker bestäuben. 12 Minuten im vorgeheizten Backofen backen.

Die Makronen aus dem Ofen nehmen und mit dem Backpapier auf einen Rost gleiten lassen. Nach dem Auskühlen jeweils zwei Makronen leicht zu einem Petit four zusammendrücken.

SERVIERVORSCHLAG: Die Makronen auf einem mit einem Zierdeckchen ausgelegten Teller arrangieren und allein oder mit anderen Petits fours servieren.

SPEZIALGERÄTE:

Spritzbeutel mit 7-mm-Lochtülle
Vier 30 x 20 oder zwei 60 x 40 cm große Backbleche, ausgelegt mit Pergament- oder Backtrennpapier

ANMERKUNGEN:

Sie können auch große Makronen zubereiten, indem Sie den Teig zu 6 cm großen Kugeln ausspritzen. Füllen Sie sie anschließend mit einer »Buttercreme« (S. 41), aromatisiert mit etwas Krokantmasse.

Makronen halten sich tiefgefroren 3–4 Tage, doch am besten schmecken sie am Tag ihrer Zubereitung; dann zergehen sie auf der Zunge und sind fast sahnig.

PISTAZIENMAKRONEN
Macarons à la pistache

ZUTATEN:

350 g Puderzucker
300 g gemahlene Mandeln
300 g Eiweiß
250 g Puderzucker
85 g Pistazienpaste (siehe Anmerkungen S. 87)
2 Tropfen grüne Lebensmittelfarbe

Ergibt 90 Stück

Zubereitungszeit:
35 Minuten

Backzeit:
20 Minuten

DER MAKRONENTEIG: Den Backofen auf 120 °C (Gasherd Stufe ½–1) vorheizen. 350 g Puderzucker und die gemahlenen Mandeln 1 Minute in einer Küchenmaschine mischen, anschließend durchsieben. Das Eiweiß mit einem Rührgerät halb aufschlagen, dann nach und nach die gesamten 250 g Puderzucker zufügen und ganz steif schlagen.

Die Lebensmittelfarbe unter die Pistazienpaste mischen, mit etwas geschlagenem Eiweiß auflockern, dann den Rest Eiweiß unterheben und alles gut vermischen. Die Mandel-Puderzucker-Mischung auf das mit Pistazien aromatisierte Eiweiß rieseln lassen und mit einem Schaumlöffel unterheben. Sacht vermischen, bis die Masse ein klein wenig zähflüssig und ganz homogen ist.

DIE MAKRONEN SPRITZEN UND BACKEN: 90 etwa 2,5 cm große Kugeln auf das Backpapier spritzen. Die beiden Backpapierbogen vorsichtig auf zwei Backbleche gleiten lassen und jedes Backblech auf ein leeres Backblech setzen (deshalb 4 Backbleche). 20 Minuten im vorgeheizten Ofen backen.

SPEZIALGERÄTE:

4 Backbleche, 60 x 40 cm groß
2 Bogen Pergament- oder Backtrennpapier
1 Spritzbeutel mit 1-cm-Lochtülle

Die Makronen aus dem Backofen nehmen und sofort etwas kaltes Wasser zwischen das Backpapier und das Backblech laufen lassen, damit sich die Makronen leichter abheben lassen (nicht nötig bei Backtrennpapier). Die Makronen auf dem Backblech 10 Minuten abkühlen lassen, dann behutsam abheben und jeweils zwei aufeinandersetzen.

SERVIERVORSCHLAG: Die Pistazienmakronen auf einem Teller zu einer Pyramide stapeln.

SCHOKOLADENMAKRONEN
Macarons chocolat

ZUTATEN
500 g Puderzucker plus zusätzlich 75 g
50 g ungesüßtes Kakaopulver
275 g gemahlene Mandeln
250 g frisches Eiweiß
15 g Trockeneiweiß (ersatzweise 30 g frisches Eiweiß)

Ergibt 110 Stück

Zubereitungszeit: 25 Minuten

Backzeit: 10 Minuten

DIE TROCKENEN ZUTATEN: 500 g Puderzucker, Kakao und gemahlene Mandeln in einer Küchenmaschine 1 Minute bei mittlerer Geschwindigkeit vermischen, dann durch ein grobes Sieb auf einem Bogen Backpapier verteilen. Bei Zimmertemperatur stehenlassen.

DAS EIWEISS: Das frische Eiweiß mit einem elektrischen Rührgerät halb aufschlagen, dann die 75 g Puderzucker zufügen und ganz steif schlagen. Sofort das Trockeneiweiß zugeben und weitere 3 Minuten schlagen.
Den Backofen auf 250 °C (Gasherd Stufe 6) vorheizen.
Die trockenen Zutaten auf das Eiweiß streuen und mit einem Schaumlöffel vorsichtig unterheben, bis eine völlig glatte, zähflüssige Masse entsteht.

DIE MAKRONEN SPRITZEN: Mit der Mischung insgesamt 110 etwa 2,5 cm große Kugeln auf die 2 Backbleche spritzen.

DIE MAKRONEN BACKEN: Das Backpapier vorsichtig auf 2 Backbleche gleiten lassen und jedes Backblech auf ein leeres Backblech setzen (deshalb 4 Backbleche). In den sehr heißen Ofen schieben, sofort die Temperatur auf 150 °C (Gasherd Stufe 1) herunterdrehen und 10 Minuten backen.
Die Makronen aus dem Backofen nehmen und sofort etwas kaltes Wasser zwischen Backpapier und Backblech laufen lassen, damit sich die Makronen leichter abheben lassen (nicht nötig bei Backtrennpapier). Die Makronen auf dem Backblech 10 Minuten abkühlen lassen, dann behutsam herunternehmen und jeweils zwei aufeinandersetzen.

SERVIERVORSCHLAG: Die Makronen auf einem Teller zu einer Pyramide stapeln und allein oder mit anderen Petits fours servieren.

SPEZIALGERÄTE:
2 Bogen Pergament- oder Backtrennpapier
Vier 60 x 40 cm große Backbleche
Spritzbeutel mit 1-cm-Lochtülle

ANMERKUNGEN:
Die Makronen nach Möglichkeit im Heißluftofen backen.

Lassen Sie sich von den großen Mengenangaben in diesem Rezept nicht abschrecken. Makronen gelingen nicht so gut in kleineren Mengen. Sie lassen sich ohne Qualitätseinbuße mindestens 1 Woche einfrieren; dazu die fertigen Petits fours sofort auf einem Blech arrangieren, mit Frischhaltefolie umhüllen und in die Tiefkühlung geben. Vor dem Servieren entfernt man die Folie erst, wenn die Makronen ganz aufgetaut sind.

Sie halten sich auch mehrere Tage in einem luftdichten Behälter bei Zimmertemperatur an einem trockenen Platz.

PETITS FOURS

CANNELÉS
Les cannelés

Cannelés, eine klassische Spezialität aus Bordeaux, sind ganz besondere
Petits fours; sie sind außen knusprig und innnen zart und schmecken phantastisch.
Sie sind nicht ganz leicht – aber nichts auf der Welt ist vollkommen!
Mein Bruder und ich sind geradezu süchtig nach ihnen; das Rezept hat mir mein
Freund Manuel Lopez von der Patisserie Lopez in Libourne freundlicher-
weise zur Verfügung gestellt.

ZUTATEN:

*250 ml ungesüßte Kon-
densmilch
540 g Zucker
240 g Mehl
3 ganze Eier plus 2 Eigelb
extra
75 ml Rum
600 ml Wasser
60 g Butter
60 g Trockenmilch, vollfett*

Ergibt 36 Stück

*Zubereitungszeit:
15 Minuten plus
mindestens 24 Stunden
zum Kühlen*

*Backzeit:
ca. 55 Minuten*

DIE CANNELÉ-MISCHUNG: Kondensmilch, Zucker, Mehl, ganze Eier und Rum in eine große Schüssel geben und mit einem Spatel verrühren.

Wasser, Butter und Trockenmilch in einen Topf geben und unter ständigem Rühren zum Kochen bringen. Die kochende Flüssigkeit zu der Mischung in der Schüssel gießen und dabei mit einem Schneebesen ständig schlagen. Zu einer sehr glatten Mischung verarbeiten, dann durch ein Spitzsieb passieren und vollständig abkühlen lassen. Die Mischung in einen luftdichten Behälter geben und mindestens 24 Stunden in den Kühlschrank stellen.

Den Backofen auf 200 °C (Gasherd Stufe 4 – 5) vorheizen.

DIE FORMEN EINFETTEN: In einem Topf das Bienenwachs bei sehr niedriger Temperatur schmelzen, dann das Öl einrühren. Die Formen einige Sekunden im Backofen anwärmen; anschließend mit der Bienenwachs-Öl-Mischung leicht auspinseln und ca. 5 Minuten umgedreht auf einen Rost stellen, bis das Wachs fest ist. Die Formen auf einem gekühlten Backblech arrangieren.

DIE CANNELÉS BACKEN: Die Cannelé-Mischung mit dem Schneebesen kräftig durchrühren und bis 2 mm unter den Rand in die Formen füllen. Im Backofen 30 Minuten backen, dann das Backblech um 180 °C drehen und weitere 20 – 25 Minuten backen, bis die Cannelés eine sattbraune Farbe angenommen haben. Sofort aus der Form lösen und auf einem Rost abkühlen lassen.

SERVIERVORSCHLAG: Die Cannelés lauwarm auf einem mit einem Zierdeckchen ausgelegten Teller servieren. Wer möchte, kann sie zusammen mit anderen Petits fours servieren, sie sind aber auch einfach so köstlich.

SPEZIALGERÄTE:

*36 kannelierte Formen,
4,5 cm Durchmesser,
4,5 cm hoch, eingefettet
mit etwas Erdnußöl und
Bienenwachs zu gleichen
Teilen (siehe unten)*

ANMERKUNG:

*Die Mischung hält sich
ungebacken 4 – 5 Tage im
Kühlschrank; somit kann
man die Cannelés zu
jedem beliebigen Zeitpunkt
backen.*

Petits fours mit Mandeln
Petits fours pochés aux amandes

ZUTATEN:

150 g Marzipan, mit 50 % Mandeln zubereitet
½ (etwa 15 g) Eiweiß
13 ganze Mandeln, abgezogen
30 ml (2 EL) »Sorbetsirup« (S. 144; nach Wunsch)

Ergibt 26 Stück

Zubereitungszeit: 15 Minuten

Backzeit: 4 Minuten plus 8 Stunden Ruhezeit

ZUBEREITUNG: Marzipan und Eiweiß auf die Arbeitsfläche geben und gut mit der flachen Hand vermengen. Die Mischung in den Spritzbeutel füllen und auf das Backblech 13 je 2,5 cm lange Bogen und Tränen spritzen. Auf jede Träne eine Mandel legen. Auf dem Backblech etwa 8 Stunden bei einer Temperatur von 30–35 °C ruhen lassen, damit sich auf der Oberfläche eine Kruste bildet.

DIE PETITS FOURS BACKEN: Den Backofen 20 Minuten auf 230 °C (Gasherd Stufe 5) vorheizen, dann die Petits fours 4 Minuten backen. Wenn sie aus dem Ofen kommen, etwas Wasser zwischen Backpapier und Backblech laufen lassen, damit sich das Gebäck später leichter ablösen läßt. Die Petits fours nach Wunsch mit Sorbetsirup bepinseln. So bekommen sie Glanz und werden auch ein wenig süßer. Nach 5 Minuten die Petits fours einzeln herunternehmen und auf einen Rost legen.

SERVIERVORSCHLAG: Die Petits fours allein oder zusammen mit anderen Sorten auf einem Teller oder einer Servierplatte hübsch arrangieren.

SPEZIALGERÄTE:

Spritzbeutel mit 1-cm-Sterntülle
Backblech, ausgelegt mit Pergament- oder Backtrennpapier

ANMERKUNG:

Diese Petits fours sind leicht zuzubereiten und halten sich bei Zimmertemperatur 3 Tage.

PETITS FOURS

KLEINE ZITRONENKUCHEN
Petits cakes citron

ZUTATEN:

1 Ei (mit Zimmertemperatur)
1 kleine Prise Salz
85 g Zucker
Schale von ½ Zitrone, sehr fein geraspelt
40 ml Crème double
25 g Butter, zerlassen und abgekühlt
70 g Mehl, gemischt mit 1 g frischer Hefe

ZITRONENGLASUR:

70 g Puderzucker, gesiebt und gemischt mit dem Saft von ⅓ Zitrone

Ergibt 20 Stück

Zubereitungszeit:
15 Minuten

Backzeit:
5 Minuten

DIE KUCHEN ZUBEREITEN: Den Backofen auf 200 °C (Gasherd Stufe 3–4) vorheizen.

Das Ei, Salz, Zucker und Zitronenschale in eine Schüssel geben und mit einem Schneebesen kräftig verrühren. Die Crème double zufügen, dann die Mehl-Hefe-Mischung. Zu einem glatten Teig verrühren; zum Schluß die Butter unterrühren.

Die Schüssel mit Frischhaltefolie abdecken und die Mischung bei Zimmertemperatur 30 Minuten ruhen lassen. Die Mischung in den Spritzbeutel füllen und in die Formen spritzen. 5 Minuten im vorgeheizten Backofen backen.

Die Kuchen sofort nach dem Backen aus der Form lösen und auf ein Blech geben. Mit einem Teigpinsel leicht mit Zitronenglasur überziehen und für 15 Sekunden wieder in den Backofen schieben, damit die Glasur fest wird. Auf einen Rost geben und vollständig auskühlen lassen.

SERVIERVORSCHLAG: Die Kuchen allein oder mit anderen Petits fours servieren.

SPEZIALGERÄTE:

20 kleine Formen, oben 4,5 cm, unten 2,5 cm, 1 cm hoch, leicht eingebuttert und bemehlt
Spritzbeutel mit 1-cm-Lochtülle

ANMERKUNG:

Diese erfrischenden kleinen Kuchen halten sich in einem luftdichten Behälter 3 Tage.

SULTANINENSCHÄLCHEN
Friands de sultanas en caissettes

ZUTATEN:

250 g Mischung zu gleichen Teilen aus gemahlenen Mandeln und Puderzucker, zusammengesiebt
1 Ei plus 2 Eigelb extra
100 g Butter, zerlassen und abgekühlt
35 g weiche Sultaninen
35 g Mehl, gesiebt
3 Eiweiß
1 Prise Zucker
Puderzucker zum Bestäuben der Schälchen

Ergibt 50 Stück

Zubereitungszeit:
20 Minuten

Backzeit:
7 Minuten

DIE SCHÄLCHEN ZUBEREITEN: Den Backofen auf 200 °C (Gasherd Stufe 3–4) vorheizen.

Die Mandel-Puderzucker-Mischung, das Ei und Eigelb im Elektromixer schlagen, bis die Mischung blaßgelb wird und eine zähflüssige cremige Konsistenz bekommt. Die zerlassene Butter mit einem Spatel unterrühren. Die Sultaninen im Mehl wälzen und zusammen mit dem Mehl in die Mischung rühren.

Mit einem Rührgerät das Eiweiß mit 1 Prise Zucker sehr steif schlagen und mit einem Spatel vorsichtig unter die Mischung heben. Sobald sie homogen ist, die Mischung in einen Spritzbeutel ohne Tülle füllen und damit die Papierhütchen zu drei Vierteln füllen. Zwei Backbleche aufeinanderlegen und die gefüllten Hütchen darauf arrangieren. 7 Minuten im vorgeheizten Backofen backen, dann sofort auf einen Rost geben und abkühlen lassen.

SERVIERVORSCHLAG: Die Schälchen leicht mit Puderzucker bestäuben und zusammen mit anderen Petits fours servieren.

SPEZIALGERÄTE:

50 runde Papierhütchen, 2,5 cm Durchmesser, 2 cm hoch
Spritzbeutel ohne Tülle

ANMERKUNGEN:

Wer will, kann die Sultaninen auch weglassen und statt dessen eine Kirsche oder Himbeere, in Schnaps eingelegt, kurz vor dem Backen auf die Mischung setzen.

Die Sultaninenschälchen halten sich tiefgefroren in einem luftdichten Behälter bis zu 1 Woche.

VERZIERUNGEN UND ZUCKERWERK

Die Herstellung von Verzierungen und Zuckerwerk ist eine regelrechte Kunst, der man eigentlich nur mit einem eigenen Buch Rechnung tragen könnte. Die künstlerische Gestaltung in der Patisserie ist vielfältiger, komplexer und kreativer als in jedem anderen Bereich der Gastronomie, doch die Aneignung der dazu notwendigen Fertigkeiten ist relativ einfach, und wer sie einmal beherrscht, wird sich immer wieder über die Wirkung besonders gelungener Dekorationen freuen können.

Folgende Techniken werden in diesem Kapitel vorgestellt: GEKOCHTER ZUCKER, der sich gießen, ziehen und zu Zuckerblasen, Kieseln, Kugeln oder Zuckerwatte verarbeiten läßt; ZUCKERTEIG für die Herstellung von Formen, Modellen, Collagen und als weiche Masse zum Dressieren; SCHOKOLADE UND MARZIPAN zum Formen von Figuren und zum Modellieren von Blumen und anderen Motiven. DRESSIERTE DEKORATIONEN, zum Beispiel mit Schokolade oder Brandteig gespritzte dekorative Schriftzüge und Ornamente. MALEN MIT PINSEL auf Zuckerteig oder Marzipan mit Lebensmittelfarbe oder Schokolade.

Anissamenparfait (siehe Rezept S. 72) mit gesponnenem Karamel

VERZIERUNGEN UND ZUCKERWERK

GLASUR ROYAL
Glace royale

Mit dieser Glasur lassen sich zahlreiche Desserts verzieren. Um die Wirkung zu steigern, kann man ihr etwas Lebensmittelfarbe zugeben.

ZUTATEN:
50 g Eiweiß
250 g Puderzucker
Saft von ½ Zitrone, passiert

Zubereitungszeit:
5 Minuten

Das Eiweiß in eine Rührschüssel geben und mit einem elektrischen Rührgerät auf niedriger Stufe schlagen, den Zucker nach und nach in kleinen Mengen zugeben, dann den Zitronensaft. Die Mischung schlagen, bis sie fest und etwas aufgegangen ist; die Glasur ist fertig, wenn sich ganz gerade, feine Spitzen bilden, ganz gleich, in welche Richtung man den Besen zieht. Falls die Glasur zu dick ist, um eine richtige Spitze zu bilden, fügt man eine Spur Eiweiß zu. Ist sie zu dünn, so daß die Spitze umkippt, wenn man sie nach oben zieht, gibt man etwas Puderzucker zu.

ANMERKUNG:
Die »Glasur Royal« verwendet man am besten sofort, sie hält sich aber auch mehrere Tage im Kühlschrank. Bewahren Sie sie in einem luftdichten Behälter oder in einer mit Frischhaltefolie abgedeckten Schüssel auf, damit sich keine Kruste bildet.

GESPONNENER KARAMEL
Sucre décor fourchette

Dekorative Zuckergarnituren für eine Eiscreme oder ein Dessert, mit dem man seine Gäste überraschen will, bekommt man, wenn man diesen Karamel über leicht eingeölte Halbkugelformen träufelt. Die Zubereitung ist kinderleicht (siehe Foto gegenüber). Gießt man ein dichteres Fädennetz, erhält man auf diese Weise ein Körbchen.

ZUTATEN:
80 ml Wasser
200 g Zucker
60 g Glukosesirup
Hitzebeständige Lebensmittelfarben, nach Geschmack

Ergibt ca. 350 g

DER KARAMEL: Wasser, Zucker und Glukose im Topf langsam erhitzen. Sobald der Sirup kocht, den Innenrand des Topfes mit einem in kaltes Wasser getauchten Teigpinsel von Zuckerkristallen reinigen. Ein paar Tropfen Lebensmittelfarbe zugeben, das Thermometer eintauchen und den Zucker kochen, bis er 155 °C heiß ist. Den Topf von der Kochstelle nehmen und den Zucker 3 Minuten abkühlen lassen.

DIE GARNITUR: Das Backpapier auf ein Backblech legen. Eine Gabel mit den Zacken in den Zucker tauchen, den Zucker auf das Backpapier träufeln und dabei je nach Belieben Linien oder Zickzackmuster formen. Den Vorgang nach Bedarf so oft wie nötig wiederholen. Sobald sie ausgekühlt sind, können die Zuckergebilde zum Verzieren verwendet werden.

SPEZIALGERÄTE:
Kupfertopf oder kleine schwere Edelstahlkasserolle
Zuckerthermometer
1 Bogen Pergament- oder Backtrennpapier

GESPONNENER ZUCKER
Sucre filé

Dieses zarte, glitzernde Zuckerwerk gelingt ohne große Mühe. Als »Zuckerwatte« oder »Engelshaar« verleiht es dem Dessert eine besonders festliche Note. Da es sehr geschmeidig ist, lassen sich daraus alle denkbaren hübschen Ornamente formen (siehe »Überraschungsmelone«, S. 146), so zum Beispiel auch die Stempel von Zuckerblüten.

ZUTATEN:
90 ml Wasser
250 g Zucker
65 g Glukosesirup
1 EL Erdnußöl oder reine Vaseline, zum Einfetten

Zubereitungszeit:
15 Minuten

SPEZIALGERÄTE:
Kupfertopf oder schwere Edelstahlkasserolle
Zuckerthermometer
2 Gabeln oder 1 kleiner Rührbesen, bei dem sämtliche Drähte auf gleiche Länge geschnitten wurden
Mehrere Lagen Pergament- oder Backtrennpapier
1 Besenstil oder 1 Nudelholz

ANMERKUNG:
Gesponnener Zucker ist sehr feuchtigkeitsempfindlich, daher auf keinen Fall in einem Raum mit hoher Luftfeuchtigkeit arbeiten.

DEN ZUCKER KOCHEN: In einem Topf Wasser und Zucker mit einem Spatel verrühren und langsam erhitzen, bis sich der Zucker vollständig aufgelöst hat. Sobald er anfängt zu köcheln, die Oberfläche mehrmals abschäumen. Den Schaumlöffel unbedingt nach jedem Abschöpfen in klarem Wasser spülen.

Den Innenrand des Topfes mit einem peinlich sauberen, in kaltes Wasser getauchten Teigpinsel abpinseln, damit sich keine Zuckerkristalle bilden, die während des Kochens in den Topf fallen könnten und den Zucker körnig machen würden, was während des Spinnens zu Klumpenbildung führen kann.

Nun den Glukosesirup zufügen, den Topf mit einem Deckel nicht ganz bedecken und den Zucker bei hoher Temperatur kochen. Das Zuckerthermometer eintauchen und den Kochvorgang bei 152 °C beenden. Den Zucker 2 Minuten auskocheln und abkühlen lassen. Er muß unbedingt die richtige Temperatur und Konsistenz haben; ist er zu heiß oder zu dünn, fällt er in kleinen Tropfen und zieht keine Fäden; ist er zu kalt, ist er zum Spinnen zu dick.

DIE ARBEITSFLÄCHE VORBEREITEN: Mehrere Lagen Pergament- oder Backtrennpapier auf die Arbeitsfläche legen. Einen Besenstil leicht einölen und über zwei Stühle oder Hocker legen oder einfach eine eingeölte Teigrolle ruhig in einer Hand halten.

DEN ZUCKER SPINNEN: Die Gabeln mit den Zacken oder den Rührbesen mit den Drahtenden in den Zucker tauchen und über Besenstil oder Teigrolle schnell hin und her bewegen. Der Zucker fließt nach unten und zieht auf beiden Seiten dünne Fäden. Wenn er abgeflossen ist, den Vorgang wiederholen, bis der Besenstil bzw. die Teigrolle gut mit Zuckerfäden bedeckt ist (siehe Foto links). Nicht zu viele Fäden darauf spinnen.

Die Zuckerfäden abnehmen, auf ein leicht eingeöltes Backblech legen und gleich verwenden oder ein paar Tage in einem luftdichten Behälter aufbewahren. Etwas ungelöschten Kalk in den Behälter geben, mit Alufolie abdecken und die Zuckerfäden darauflegen.

VERZIERUNGEN UND ZUCKERWERK

ZUCKERTEIG
Le pastillage

Für die Zubereitung von Zuckerplätzchen braucht man keine Erfahrung, aber Übung macht den Meister, wenn es darum geht, Figuren zu formen oder auszuschneiden. Mit Lebensmittelfarben bemalt sehen Zuckerplätzchen hübsch aus, doch man kann sie genausogut weiß lassen.

ZUTATEN:
*500 g Puderzucker, gesiebt
50 g Maismehl oder Kartoffelmehl, gesiebt, plus etwas Mehl für die Arbeitsfläche
1 Eiweiß
1 EL Wasser
2 Blatt Gelatine, 20 Minuten in kaltem Wasser eingeweicht und gut abgetropft
Saft von ½ Zitrone, passiert
Lebensmittelfarben (nach Wunsch)*

Ergibt ca. 650 g

*Zubereitungszeit:
10 Minuten*

*Trockenzeit:
24 – 48 Stunden, je nach Dicke*

DEN ZUCKERTEIG HERSTELLEN: Den Puderzucker und das Mais- oder Kartoffelmehl auf eine sehr glatte Arbeitsfläche geben und eine Mulde hineindrücken.

Eiweiß und Wasser im Wasserbad leicht anwärmen, dabei mit den Fingerspitzen rühren, damit die Mischung nicht gerinnt. Aus dem Wasserbad nehmen, die vorbereitete Gelatine zufügen und rühren, bis sie sich ganz aufgelöst hat.

Unter weiterem Rühren mit den Fingerspitzen diese Mischung in die Mulde geben, den Zitronensaft zufügen und zu einem festen, aber geschmeidigen Teig kneten; dabei nach und nach den Puderzucker und das Mehl unter die Mischung in der Mulde arbeiten. Falls der Teig zu weich ist, etwas mehr Puderzucker zufügen – ist er zu fest, ein wenig lauwarmes Wasser zugeben. Nun nach Wunsch Lebensmittelfarben zufügen. Den Teig sofort in Frischhaltefolie packen, damit er nicht austrocknet oder bricht.

DEN TEIG FORMEN: Auf einer sehr glatten mit Mais- oder Kartoffelmehl bestäubten Arbeitsfläche (aus Marmor oder Kunststoff) den Teig in der passenden Größe und Dicke ausrollen und die gewünschten Formen, eventuell mit Hilfe von Schablonen, ausschneiden.

DEN ZUCKERTEIG TROCKNEN: Die ausgeschnittenen Formen sogleich auf ein mit Backpapier ausgelegtes Backblech legen und bei Zimmertemperatur 24–48 Stunden trocknen lassen. Die Formen wenden, wenn sie fast trocken sind, damit auch die Unterseite trocknet; gut getrockneter Zuckerteig ist um einiges stabiler. Sobald die Formen vollständig trocken sind, kann man die Oberfläche mit sehr feinem Glaspapier polieren; so wird sie glatt wie Porzellan.

SERVIERVORSCHLAG: Wer ein großes Objekt gestalten möchte, formt Einzelteile und klebt sie mit »Glasur Royal« (S. 181) aus der Spritztüte zusammen. Ein bemaltes Medaillon paßt gut auf einen Geburtstagskuchen (siehe Foto links).

SPEZIALGERÄTE:
*1 sehr glattes Nudelholz, möglichst aus Kunststoff
1 oder mehrere sehr scharfe Messer*

ANMERKUNG:
Zuckerteig nach dem Formen nicht allzu lange liegenlassen, da er sonst austrocknet und bricht. Am besten verarbeitet man ihn sofort nach dem Kneten, aber er hält sich, gut in Frischhaltefolie eingewickelt, 24 Stunden im Kühlschrank.

Seehund und bemalte Medaillons aus Zuckerteig

VERZIERUNGEN UND ZUCKERWERK

BLASENZUCKER
Sucre bullé

Diese moderne Zuckerdekoration sorgt immer für eine Überraschung. Sie ist ziemlich unberechenbar und wirft mal große, mal kleine Blasen, doch das Ergebnis ist immer effektvoll.

ZUTATEN:
500 g Zucker
150 g Glukosesirup
200 ml Wasser
Ein paar Tropfen hitzebeständige Lebensmittelfarbe, nach Geschmack

Ergibt ca. 850 g

DEN ZUCKER KOCHEN: Entsprechend dem Rezept für »Gesponnenen Karamel« (S. 181) vorgehen. Den Zucker, sobald er 158 °C heiß ist, unverzüglich in kleinen Mengen und so dünn wie möglich auf das Backpapier gießen. Das Papier an den Ecken festhalten und leicht anheben, damit der Zucker verläuft. Aufpassen, daß der Zucker nicht vom Papier tropft; man kann sich böse die Finger daran verbrennen.

Den Zucker nach dem Auskühlen vom Backpapier lösen. Er kann ruhig in unterschiedlich große Stücke zerbrechen; dann sieht er sogar noch aparter aus.

SERVIERVORSCHLAG: Die dünnen Blasenzuckerblättchen zur Verschönerung des Desserts auf den Serviertellern arrangieren.

SPEZIALGERÄTE:
Zuckerthermometer
Ein Bogen festes Pergamentpapier oder Backtrennpapier

GEGOSSENER ZUCKER
Sucre coulé

Formen aus gegossenem Zucker zählen zu den schönsten Zuckerverzierungen überhaupt und sind im Nu hergestellt. Ein hübsches Modell auf einem Sockel ist in einer halben Stunde fertig.

ZUTATEN:
500 g Zucker
200 ml Wasser
125 g Glukosesirup
Hitzebeständige Lebensmittelfarben, nach Bedarf
Etwas Erdnußöl

DIE SCHABLONE FÜR DAS MODELL HERSTELLEN: Den Bogen Backtrennpapier oder Alufolie auf die Arbeitsfläche legen und die Modelliermasse darauf ausrollen. Mit Hilfe einer Schablone die Form, die ausgegossen werden soll, (siehe Fisch rechts) mit einem sehr spitzen Messer ausschneiden oder die Umrisse mit einem Blechband formen. Der Sockel für das Modell kann jede beliebige Form haben, er muß jedoch so groß sein, daß das Modell genügend Halt bekommt. Die Innenränder der Modelliermasse oder des Blechbands leicht mit Öl einpinseln.

DEN ZUCKER KOCHEN: Den Zucker genau wie in dem Rezept für »Gesponnenen Karamel« (S.181) kochen. Das Thermometer eintauchen und den Zucker kochen, bis er 140 °C heiß ist. Die gewünschten

VERZIERUNGEN UND ZUCKERWERK

Lebensmittelfarben zufügen und den Zucker auf 156 °C erhitzen. Den Topf von der Kochstelle nehmen und den Zucker 2 Minuten auskocheln lassen. Er sollte nun unverzüglich verarbeitet werden.

Den Zucker mit einem gleichmäßigen Strahl auf die von Modelliermasse oder Blechband umgrenzte Fläche gießen. Etwaige Luftblasen mit der Messerspitze einstechen. Den Zucker ca. 20 Minuten abkühlen lassen, dann die Modelliermasse bzw. das Blechband entfernen. Nach Wunsch mit »Glasur Royal« (S. 181) Ornamente auf die Figur dressieren. Das Backpapier oder die Folie entfernen und das Modell mit »Glasur Royal« zusammensetzen.

SPEZIALGERÄTE:
*Kupfertopf oder schwere Edelstahlkasserolle
Zuckerthermometer
Modelliermasse (z. B. Fimo) oder Blechband (im Hobbymarkt erhältlich)
1 Bogen Backtrennpapier oder Alufolie
Schablonen in gewünschter Form*

GEZOGENER ZUCKER
Sucre tiré

Die Zubereitung von Zuckerwerk erfordert stets Sorgfalt und Geduld. Gekochter Zucker ist sehr heiß, und wer nicht aufpaßt kann sich schlimm verbrennen. Übung macht den Meister, doch Zuckergarnituren gelingen nur, wenn man mit Liebe bei der Sache ist und von dem Wunsch getragen wird, etwas Schönes zustande zu bringen – Gefühle, die mich seit meinem sechzehnten Lebensjahr erfüllen.

ZUTATEN:
*600 g Fondant (als Fertigprodukt fest oder in Pulverform erhältlich)
400 g Glukosesirup
Hitzebeständige Lebensmittelfarben, je nach Motiv (nach Wunsch)

Ergibt 1 kg*

Fondant und Glukosesirup langsam im Topf bis zum Siedepunkt erhitzen. Die Oberfläche abschäumen und den Innenrand des Topfes mit einem in kaltes Wasser getauchten Pinsel von Zuckerkristallen reinigen. Die Temperatur erhöhen, das Thermometer eintauchen und die Mischung auf 145 °C erhitzen. Die gewünschten Lebensmittelfarben zufügen oder die Mischung weiß lassen. Den Topf von der Kochstelle nehmen.

Den Zucker 2 Minuten auskocheln lassen, dann auf das Backpapier bzw. die Marmorplatte gießen. Sobald der Zucker am Rand hart wird, mit einer Palette oder einem Metallspachtel den Rand zur Mitte hin ziehen; diesen Vorgang vier- bis fünfmal wiederholen. Nach ein paar Minuten wird der Zucker formbar. Die Zuckermasse mit den Fingerspitzen vorsichtig auseinanderziehen, dann übereinanderfalten und den Vorgang rund 25mal wiederholen, bis die Masse sehr glänzend und glatt ist. Den Zucker zu einer Kugel rollen; er kann nun verwendet werden.

Den gezogenen Zucker unter eine Zuckerlampe oder vor die geöffnete Klappe des heißen Backofens halten. Mit dem Daumen kleine Stücke ablösen und daraus zum Beispiel Blätter oder Blütenblätter (siehe Abbildung links), formen.

SPEZIALGERÄTE:
*Kupfertopf oder schwere Edelstahlkasserolle
Zuckerthermometer
1 Bogen Backtrennpapier oder Marmorplatte, leicht mit reiner Vaseline eingefettet*

ANMERKUNGEN:
*Dieses Rezept auf Fondantbasis ist leichter zuzubereiten als das klassische Rezept mit reinem Zucker und Glukose.
Gezogene Zuckerblumen halten sich gut in einem luftdichten Behälter, wenn man den Boden mit Quarzgel, ungelöschtem Kalk oder Karbid auslegt und mit Alufolie abdeckt.*

*Seite 184, links: Gitter aus gesponnenem Karamel;
Rechts: Blasenzucker hinter Fisch aus gegossenem Zucker
Links: Rosen und Blätter aus gezogenem Zucker;
Rechts: Marzipanrosen, -stengel und -blätter*

VERZIERUNGEN UND ZUCKERWERK

DEKORSCHOKOLADE
Cacao décor

Mit dieser glänzenden Schokolade lassen sich Schriftzüge und wirkungsvolle dekorative Muster dressieren.

ZUTATEN:
*100 g Zucker
60 g Glukosesirup
100 ml Wasser
150 g Kakaomasse (daraus wird Kakao und auch Kuvertüre hergestellt), fein gehackt (siehe Bezugsquellen, S. 192)*

Ergibt ca. 350 g

*Zubereitungszeit:
5 Minuten*

Den Zucker mit der Glukose und dem Wasser zum Kochen bringen und einen Sirup herstellen, dann auf 50 °C abkühlen lassen. Durch ein Spitzsieb in die Kakaomasse streichen. Zu einer homogenen und sehr glatten Masse verrühren, jedoch nicht zu kräftig schlagen, damit sie nicht an Elastizität und Glanz verliert. Die Dekorschokolade ist nun fertig und kann zum Dressieren oder Beschreiben verwendet werden.

SPEZIALGERÄTE:
*Kupfertopf oder schwere Edelstahlkasserolle
Zuckerthermometer*

ANMERKUNG:
Dekorschokolade kann man in einem luftdichten Behälter 2 Wochen im Kühlschrank aufbewahren. Man nimmt so viel heraus, wie man benötigt, und erwärmt sie in einer Schüssel im Wasserbad oder ein paar Sekunden in der Mikrowelle.

SCHOKOLADENGLASUR
Glaçage chocolat

Diese Glasur verleiht Schokoladendesserts und Torten einen wunderschönen Glanz.

ZUTATEN:
*250 ml »Sorbetsirup« (S. 144)
120 g bittere bzw. dunkle Kuvertüre, gehackt
40 g ungesüßtes Kakaopulver, gesiebt*

Ergibt 400 g

*Zubereitungszeit:
10 Minuten*

Die Kuvertüre in einer Schüssel im Wasserbad bei mittlerer Temperatur auf 40 °C erwärmen.
  Den Sirup mit dem Kakao vermischen und unter ständigem Rühren mit einem Schneebesen auf 50 °C erhitzen. Dann zu der geschmolzenen Schokolade gießen, dabei weiterrühren, bis die Glasur glatt und glänzend wird, jedoch nicht zu lange und nicht zu heftig rühren. Die Schokoladenglasur kann nun verwendet werden.

ANMERKUNG:
Die Glasur hält sich in einem luftdichten Behälter bis zu 1 Woche im Kühlschrank. Vor der Verwendung im Wasserbad oder ein paar Sekunden in der Mikrowelle erhitzen, jedoch auf keinen Fall auf über 40°C.

*Rechte Seite:
Schokoladenfächer auf einer Schokoladenglasur*

VERZIERUNGEN UND ZUCKERWERK

VERZIERUNGEN UND ZUCKERWERK

BRANDTEIG ZUM VERZIEREN
Pâte à choux à décor

ZUTATEN:
*35 g Butter, gewürfelt
50 ml Wasser
50 ml Milch
1 Prise Salz
60 g Mehl
2 Eier à 50 bis 55 g*

Ergibt ca. 250 g

*Zubereitungszeit:
20 Minuten*

*Backzeit:
6–10 Minuten, je nach Größe der Garnituren*

SPEZIALGERÄTE:
*Spritzbeutel mit 2- bis 3-mm-Lochtülle oder Spritztüte
Pergament- oder Backtrennpapier*

ANMERKUNG:
Dieser Brandteig hält sich 1 Woche in einem trockenen, luftdichten Behälter.

DEN TEIG BACKEN: Den Backofen auf 160 °C (Gasherd Stufe 1–2) vorheizen.

Butter, Wasser, Milch und Salz in einem Topf verrühren und bei hoher Temperatur zum Kochen bringen. Von der Kochstelle nehmen, das Mehl auf einmal dazuschütten und mit einem Rührbesen vermischen, bis ein sehr glatter Teig entsteht. Den Topf wieder auf die Kochstelle setzen und den Teig unter Rühren mit einem Spatel 30 Sekunden trocknen lassen (siehe S. 26).

Nacheinander die Eier unterschlagen und rühren, bis der Teig glatt ist. Dann den Teig mit einem Gummispatel durch ein sehr feines Sieb in eine Schüssel streichen.

DEN TEIG SPRITZEN: Mit dem Brandteig die gewünschten Ornamente direkt auf ein mit Backpapier ausgelegtes Backblech spritzen.

Im Uhrzeigersinn von links oben: Dekorative Sternschnuppe aus Brandteig; Schleife aus Tulpenteig; Ornamente aus verlaufenem Brandteig; Blätterteigpalmen

6–10 Minuten im vorgeheizten Backofen backen, bis sie leicht gebräunt sind. Wer aus dem Teig etwas modellieren möchte, zum Beispiel Muscheln, spritzt und backt die Ornamente erst flach und modelliert sie unmittelbar nach dem Backen mit Hilfe von entsprechenden Formen.

VERZIERUNGEN UND ZUCKERWERK

KROKANT
Nougatine

In kleine Quadrate, Rauten oder andere Formen geschnitten kann man Krokant auch als Leckerei zum Kaffee reichen. Wer möchte, überzieht eine Seite mit Schokoladenglasur (S. 186).

ZUTATEN:
*500 g gestiftelte oder geblätterte Mandeln
660 g Zucker
60 g Butter (nach Wunsch)
2 EL Erdnußöl*

Ergibt 1,2 kg

*Zubereitungszeit:
25 Minuten*

Krokantkörbchen mit gelben Pfirsichen (siehe Rezept S. 76)

SPEZIALGERÄTE:
*Kupfertopf oder schwere Edelstahlkasserolle
Ausstechformen, Tortenringe oder ein schweres spitzes Messer (vor Beginn der Krokantzubereitung bereitlegen)
Schweres Nudelholz
1 oder 2 leicht eingeölte Backbleche
Zuckerlampe oder Mikrowelle (nach Wunsch)*

ANMERKUNG:
Wie alle Süßigkeiten auf Zuckerbasis sollte Krokant unbedingt an einem trockenen Platz aufbewahrt werden. Bei hoher Luftfeuchtigkeit hält er sich höchstens 2 Tage.

DEN KROKANT ZUBEREITEN: Den Backofen auf 180 °C (Gasherd Stufe 2–3) vorheizen.

Die Mandeln auf einem Backblech verteilen und leicht braun anrösten. Den Zucker in dem Topf bei niedriger Temperatur schmelzen; langsam und ununterbrochen mit einem Spatel rühren, bis der Zucker sich auflöst und hell goldgelb karamelisiert. Die Mandeln zufügen und bei niedriger Temperatur 1 Minute rühren, dann, falls gewünscht, die Butter zufügen (der Krokant bekommt dadurch etwas mehr Glanz) und rühren, bis sie ganz aufgelöst ist. Den Krokant auf ein leicht eingeöltes Backblech gießen.

DEN KROKANT FORMEN: Das Backblech vor die halb geöffnete Backofentür stellen. Durch die Wärme bleibt der Krokant formbar. Immer nur jeweils ein Stück in der Größe der geplanten Form verarbeiten. Jedes einzelne Stück auf einem warmen, leicht eingeölten Backblech oder einer leicht eingeölten Marmorfläche ausrollen. Unbedingt rasch arbeiten, da der Krokant schnell brüchig wird. Wer eine Mikrowelle hat, erhitzt den Krokant ein paar Sekunden, damit er weich wird. Man kann die Krokantmasse auch während des Ausformens der einzelnen Stücke mit einer entsprechend plazierten Zuckerlampe warm halten.

Den Krokant je nach gewünschter Form entsprechend dick ausrollen, aber auf keinen Fall dicker als 5 mm. Mit den Ausstechern oder einem schweren Messer rasch die gewünschten Formen ausschneiden.

Zum Modellieren die ausgeschnittenen Krokantstücke ganz schnell über die Form legen, so daß sie sich den Konturen anpassen. Bevor man die Stücke wieder von der Form nimmt, vollständig abkühlen lassen.

REGISTER

A

Aiguillettes de pamplemousse confites 168 – 169
Alvéoles chocolat 155
L'ananas en sorbet dans sa coque 145
Ananas
   Ananassorbet im Körbchen 145
   Gefüllte Ananasstückchen im Zuckermantel 167
Anisparfait mit Brombeercoulis 72
Äpfel
   Apfelbavaroise 44
   Apfelcharlotte mit knusprigen Apfelchips 113
   Apfelcoulis 52
   Apfelgaufretten 61
   Apfelgelee oder -glasur 59
   Apfelphantasie 61
   Apfelsorbet 146
   Bratapfel im goldenen Käfig mit knusprigen Apfelperlen 96 – 97
   Knusprige Apfelchips 61, 113
Aprikosen
   Aprikosendartois 128 – 129
   Aprikosenmarmelade mit Mandeln 58
L'assiette de baies rouges aux pustules d'oranges mi-confites 64
L'assiette de pommes 61

B

Backofentemperaturen 12
Bananen
   Bananen-Karamel-Mousse-Torte 110
   Bananenmousse 48
   Bananensorbet 144
Barquettes chocolat 135
Bavaroise à la réglisse 44
Bavaroise aux marrons 43
Bavaroise aux poires 45
Bavaroise aux pommes 44
Bavaroise 38
   Apfelbavaroise 44
   Birnenbavaroise 45
   Kastanienbavaroise 43
   Lakritzbavaroise 44
Beeren, rote, mit leicht kandierten Orangentropfen 64
Birnen
   Lakritztorte mit Birnenfächer 116
   Birnenbavaroise 45
Biscuit aux noix 34
Biscuit chocolat 34
Biscuit joconde 31
Biscuits à la cuillère 32
Biskuit 30
   Biskuitböden 30 – 34
   Biskuit Joconde 31
   Biskuitteig für eine Biskuitrolle 32
   Biskuitteig für Löffelbiskuits oder Dessertböden 32
   Genueser Biskuit 33
   Schokoladenbiskuit 34
Blätterteig 16 – 17
   Jean Millets Blätterteig 24
   Mandelblätterteigtörtchen mit Walnüssen und Pistaziencoulis 100 – 101
   Schneller Blätterteig 25
Blasenzucker 184
Blaubeeren, Prinzeßtarte mit Blaubeeren 132 – 133
Brandteig 26, 188
   Brandteig und Windbeutel 26
   Brandteig zum Verzieren 188
Bratapfel im goldenen Käfig mit knusprigen Apfelperlen 96 – 97
Brioche 19
Brombeercoulis 72
Brombeergelee 59
Buttercreme 41
Butterteig 21

C

Cacao décor 186
Cannelés 176
Les cannelés 176
Chantilly-Sahne 42
Charlotte aux pommes et ses chips 113
Charlotte, Apfel- 113
Cheveux d'ange en gelée de Sauternes mi-prise 70 – 71
Chiboust-Creme 39
Chocolat plastique 156
Le cocotier et ses fruits exotiques 71
Le colimaçon chocolat menthe 105
Compote de rhubarbe au Sauternes 56
Confiture d'abricots aux amandes 58
Confiture de vieux garçon 56
Coques au caramel provençales 170 – 171
Coulibiac aux fruits d'hiver 98 – 99
Coulibiac mit Winterfrüchten 98 – 99
Coulis 50
   Apfelcoulis 52
   Erdbeercoulis 51
   Obstcoulis 51
   Pistaziencoulis 101
Coulis de fruits 51
Coulis de pommes 52
La coupe de figues sur douillet de Sabayon 67
Copeaux et éventails chocolat 154 – 155
La coupelle de nougatine aux pêches jaunes 76 – 77
Crème anglaise 40
Crème au beurre 41
Crème brûlée pistache 67
Crème Chantilly 42
Crème Chiboust 39
Crème d'amandes 43
Crème mousseline 42
Crème pâtissière 39
Cremes 38 – 43
   Buttercreme 41
   Chiboust-Creme 39
   Crème anglaise 40
   Crème brûlée mit Pistazien
   Frangipane- oder Mandelcreme 43
   Mousseline-Creme 42
   Konditorcreme
Crêpes 27
Crêpes soufflées au chocolat 90

D

Dacquoise 31
Dacquoise noisette ou coco 31
Dartois aux abricots 128 – 129
Datteln, schwimmende Insel mit 108
Dekorschokolade 186
Délice au chocolat amer et cerneaux de noix, glace carvi 162 – 163
Délice à la réglisse, éventail de poires 116
Délice ivoirine 157
Diamant de fruits, mousse au citron vert 114
Diamants de mille-feuille chocolat 160 – 161
Dômes aux deux chocolats et ses framboises 165
Douillets de meringue aux marrons glacés 74 – 75

E

Eier 13
Eingemachtes Obst nach Alt-Herren-Art 56
Eiscremes 136
   Eiscreme-Trio in Schokoladenschalen 143
   Iglu mit Vanilleeis und Mirabellen 140
   Kümmeleis 138
   Mädesüßeis 138
   Mandeleis mit Feigenrand 139
   Pistazieneis 137
   Vanilleeis 137
Engelshaar 182
   Engelshaar in hellem Sauternes-Gelee 70 – 71
Entremets Cardinal 103
Entremets mousse bananes et caramel 110
Erdbeeren
   Erdbeercoulis 51
   Gratins mit roten Johannisbeeren und Walderdbeeren 92

F

Feigen
   Frische Feigen auf einem Sabayon-Bett 67
   Mandeleis mit Feigenrand 139
   Marzipanfeigen 68
   Torteletts mit Feigen und frischen Mandeln 134
Feuilletage Jean Millet 24
Feuilletage minute 25
Figues au parfum d'amandes 68
Fondant 14
Frangipane 43
   Frangipaneblätterteigkuchen mit Walnüssen und Pistaziencoulis 100 – 101
Französische Meringe 37
Friands de sultanas en caissettes 179
Frischkäse-Sorbet mit weißem Pfeffer 139
Fruits déguisés à l'ananas 167
Fürstentorte mit gelben Pfirsichen 111

G

Ganache 124, 161
Garnituren 180 – 189
Gelatine 15

Gelee
   Apfelgelee 59
   Brombeergelee 59
   schwarze Johannisbeeren in Gelee 168
Gelée de mûres 59
Gelée de pommes 59
Génoise nature 33
Genueser Biskuit 33
Gewürzkuchen 29
Glaçage chocolat 186
Glace au lait d'amandes et cordon de figues 139
Glace carvi 138
Glace pistache 137
Glace reine des prés 138
Glace royale 181
Glace vanille 137
Glasuren
   Glasur Royal 181
   Schokoladenglasur 186
   Verquirltes Ei 15
Glukosesirup 15 – 16
Grandes tartelettes aux fruits, gratinées aux cinq épices 122
Granulat, Grapefruit- 148 – 149
Granité de pamplemousse dans sa coque et ses dentelles croustillantes 148 – 149
Grapefruit
   Grapefruit-Granulat mit Knusperwaffeln 148–149
   Kandierte Grapefruitschale 168 – 169
Gratins de perles de groseilles et fraises des bois 92
Gratins mit roten Johannisbeeren und Walderdbeeren 92
Gugelhupf nach Art des Hauses 79

H

Haselnüsse 16
Haselnuß-Dacquoise 31
Haselnußschindeln 172 – 173
Hefeteig 16 – 17
Himbeeren
   Himbeerparfait 103, 165
   Kardinaltorte 103
   Sabayon mit Himbeergeist 53
   Schokoladentarte mit Himbeeren 124 – 125
Honigkuchen 29
Honigsauce 55

REGISTER

I

Igloo glace vanille aux mirabelles 140
Iglu mit Vanilleeis und Mirabellen 140
Île flottante aux dattes 108
Ingwer
　Ingwermousse 49
　Millefeuille mit Ingwermousse und knusprigen Quitten 118 – 119
Italienische Meringe 37

J

Jean Millets Blätterteig 24
Johannisbeeren
　Gratins mit roten Johannisbeeren und Walderdbeeren 92
　Liebesnester mit roten Johannisbeeren 80
　Schwarze Johannnisbeeren in Gelee 168
Jus de fraises 51
Juwelengeschmückte Obsttorte 114

K

Kaffee
　Schokolade-Cappuccino-Mousses 160
　Mokkaparfait 75
　Mokkasahne 42
Kandierte Grapefruitschale 168 – 169
Karamel
　Bananen-Karamel-Mousse-Torte 110
　Gesponnener Karamel 181
　Karamelgarnierung 162
　Karamelmousse 46
　Karamelsauce 55
　Orangen mit Soufflé-Füllung und Karamelsauce 84 – 85
Kardinaltorte 103
Käse
　Frischkäse-Sorbet mit weißem Pfeffer 139
　Käsetarte 125
Kastanienbavaroise 43
Kiwi, schälen 16
Kokosnuß-Dacquoise 32
Konditorcreme 39
Kouglof à ma façon 79
Krokant 189
Krokantkörbchen mit gelben Pfirsichen 76 – 77
Kuchen
　Gugelhupf nach Art des Hauses 79
　Gewürzkuchen 29
　kleine Zitronenkuchen 179
Kümmeleis 138, 162
Kuvertüre 152 – 154
　Temperieren 154

L

Lagerung 13
Lakritze
　Lakritztorte mit Birnenfächer 116
　Lakritzbavaroise 44
Larmes de chocolat, mousse ivoirine et griottines 158
Liebesnester mit roten Johannisbeeren 80
Limonenmousse 47
Litschis, Reistarte aromatisiert mit Lapsang Souchong und Litschis 126
Löffelbiskuit 32

M

Macarons à la pistache 174
Macarons chocolat 175
Macarons tendres ou »Progrès« 174
Mädesüßeis 138
Makronen
　Pistazienmakronen 174
　Schokoladenmakronen 175
　Zarte Makronen 174
Mandelblätterteigtörtchen mit Walnüssen und Pistazien coulis 100 – 101
Mandeln
　Aprikosenmarmelade mit Mandeln 58
　Frangipane- oder Mandelcreme 43
　Krokant 189
　Mandelblätterteigtörtchen 100 – 101
　Mandelblättchen 16
　Mandelcoulis 134
　Mandeleis mit Feigenrand 39
　Mandelpaste 16
　Petits fours mit Mandeln 178
　Tarte mit Pinienkernen und gebrannten Mandeln 127
　Torteletts mit Feigen und frischen Mandeln 134
Marmelade: Aprikosenmarmelade mit Mandeln 58
Marmorsoufflés mit Minze und Schokolade 88
Maronen: Meringekissen mit glasierten Maronen 74 – 75
Marzipan 16 – 17
Marzipanfeigen 68
Melon glacé en surprise 146
Melone: Überraschungsmelone 146
Meringage aux blancs d'œuf 35
Meringage aux jaunes d'œuf 35
Meringe 30
　Französische Meringe 37
　Iglu mit Vanilleeis und Mirabellen 140
　Italienische Meringe 37
　Meringekissen mit glasierten Maronen 74 – 75
　Meringeüberzug mit Eigelb 35
　Meringeüberzug aus Eiweiß 35
Meringue française 37
Meringue italienne 37
Millefeuille mit Ingwermousse und knusprigen Quitten 118 – 119
Mille-feuille, mousse gingembre et croquants de coings 118 – 119
Millefeuille-Schokodiamanten 160
Mini-tartelettes aux fruits rouges 169
Mini-Torteletts mit Beerenfrüchten 169
Minze
　Marmorsoufflés mit Minze und Schokolade 88
　Minzmousse 48
Mirabellen
　Iglu mit Vanilleeis und Mirabellen 140
　Mirabellentorteletts im Käfig 130
Mokkaparfait 75
Mokkasahne 42
Mousse à la banane 48
Mousse à la menthe 48
Mousse au caramel 46
Mousse au chocolat 162 – 163
Mousse au chocolat, glace café 160
Mousse au citron vert 47
Mousse au gingembre 49
Mousselinecreme 42
Mousses 38
　Bananenmousse 48
　Ingwermousse 49
　Karamelmousse 46
　Limonenmousse 47
　Minzmousse 48
　Schokoladenmousse, dunkle 160, 162 – 163
　weiße 157, 158, 165
Mürbeteig 20
Süßer Mürbeteig 20

O

Obst
　Coulibiac mit Winterfrüchten 98 – 99
　Eingemachtes Obst nach Alt-Herren-Art 56
　Juwelengeschmückte Obsttorte 114
　Mini-Torteletts mit Beerenfrüchten 169
　Obstcoulis 51
　Obsttorteletts mit warmem Sabayon 122
　Orangen mit Soufflé-Füllung und Karamelsauce 84 – 85
　Palmen mit exotischen Früchten 71
　Rote Beeren mit leicht kandierten Orangentropfen 64
　Tulpen mit roten Früchten 62
Orangen
　Orangensauce 52
　Orangen-Karamel-Sauce 64, 84
　Orangen-Passionsfrucht-Sauce 94
　Orangen mit Soufflé-Füllung und Karamelsauce 84 – 85
　Rote Beeren mit leicht kandierten Orangentropfen 64
Oranges soufflées, sauce caramel 84 – 85

P

Pain d'épices 29
Palets-triangles 161
Palmen mit exotischen Früchten 71
Parfait à l'anis et son coulis de mûres 72
Parfaits au café 75
Parfaits
　Anissamenparfait 72
　Mokkaparfait 75
Passionsfrucht-Soufflés 86
Le pastillage 183
Pâte à choux 26
Pâte à choux à décor 188
Pâte à cigarette pour biscuit rayé 28
Pâte à foncer 22
Pâte à tulipe/ruban/caissette 28
Pâte brisée 20
Pâté de fruits cassis 168
Pâte sablée 21
Pâte sucrée 20
Petits cakes citron 179
Petits fours 166 – 179
Petits fours à la provençale 170 – 171
Petits fours mit Mandeln 178
Petits fours pochés aux amandes 178
Pfannkuchen 27
　Schokoladenpfannkuchen mit Soufflé-Füllung 90
Pfefferminz siehe Minze
Pfirsiche
　Krokantkörbchen mit gelben Pfirsichen 76 – 77
　Souverain mit gelben Pfirsichen 111
　Zitrusravioli mit Pfirsichgratin 94 – 95
Pistazien
　Crème-brûlée mit Pistazien 67
　Pistaziencoulis 101
　Pistazieneis 137
　Pistazienmakronen 174
Pithiviers aux noix, coulis à la pistache 100 – 101
Pomme en cage dans sa croûte dorée et ses perles croquantes 96 – 97
Prinzeßtarte mit Blaubeeren 132 – 133
Puits d'amour aux perles de groseilles 80

Q

Quenelles au chocolat 172
Quitten: Millefeuille mit Ingwermousse und knusprigen Quitten 118 – 119

R

Ravioles au citrus et gratin de pêches 94 – 95
Reistarte aromatisiert mit Lapsang Souchong und Litschis 126
Rhabarber
　Rhabarberkompott mit Sauternes 56
　Rhabartorteletts 121
Rote Beeren mit leicht kandierten Orangentropfen 64
Rote Johannisbeeren siehe Johannisbeeren

S

Sabayon
　Frische Feigen auf einem Sabayon-Bett 67
　Obsttorteletts mit warmem Sabayon 122
　Sabayon mit Himbeergeist 53
Sabyon à l'alcool de framboises 53
Saint-Honoré noir et blanc 106 – 107
Sauce à l'orange 52
Sauce au miel 55
Sauce caramel 55
Sauce chocolat 55
Saucen 50
　Honigsauce 55

Karamelsauce 55
Orangensauce 52
Schokoladensauce 55
Sauternes
  Rhabarberkompott mit Sauternes 56
  Engelshaar in hellem Sauternes-Gelee 70 – 71
Schleifen, aus Tulpenteig 28
Schnecken, Schokoladen-Minze- 105
Schokolade 150 – 165
  Dekorschokolade 186
  Eiscreme-Trio in Schokoladenschalen 143
  Marmorsoufflés mit Minze und Schokolade 88
  Millefeuille-Schokodiamanten 160 – 161
  Modellierschokolade 156
  Schokoladen-Cappuccino-Mousse 160
  Schokoladen-Génoise 33
  Schokoladen-Minze-Schnecken 105
  Schokoladen-Quenelles 172
  Schokoladenbiskuit 34
  Schokoladenglasur 186
  Schokoladenmakronen 175
  Schokoladenmousse, dunkle 160, 162 – 163
  Schokoladenmousse, weiße 157, 158, 165
  Schokoladenmousse-Törtchen mit karamelisierten Walnüssen und Kümmeleis 162 – 163
  Schokoladenpfannkuchen mit Soufflé-Füllung 90
  Schokoladenröllchen und -fächer 154 – 155
  Schokoladensahne 42
  Schokoladensauce 55
  Schokoladenscheiben mit Wabenmuster 155
  Schokoladenschiffchen 135
  Schokoladenschindeln 173
  Schokoladensorbet 148
  Schokoladensoufflé 87
  Schokoladentarte mit Himbeeren 124 – 125
  Schokoladentränen mit weißer Schokoladenmousse und »Griottines« 158
  Schokoladentrüffel-Dreiecke 161
  Schokoschnitten mit weißer Moussefüllung 157
  Temperierte Kuvertüre 154
  Weiße Schokoladenkuppeln mit Himbeerparfait und dunklen Schokoladenröllchen 165
Schwarze Johannisbeeren in Gelee 168
Schwarzweiße Torte Saint-Honoré 106 – 107
Schwimmende Insel mit Datteln 108
Sirop à sorbet 144
Sirup 16
Sorbetsirup 144
Sorbet à la banane 144
Sorbet au chocolat 148
Sorbet au fromage blanc poivré 139
Sorbet aux pommes 146
Sorbets 136
  Ananassorbet in Ananasschale 145
  Apfelsorbet 146
  Bananensorbet 144
  Frischkäse-Sorbet mit weißem Pfeffer 139
  Melonensorbet 146
  Schokoladensorbet 148
  Sorbetsirup 144
Soufflés 82
  Marmorsoufflés mit Minze und Schokolade 88
  mit kandierten Früchten 83
  Orangen mit Soufflé-Füllung und Karamelsauce 84 – 85
  Passionsfrucht-Soufflé 86
  Schokoladenpfannkuchen mit Soufflé-Füllung 90
  Schokoladensoufflés 87
Soufflés à la menthe marbré au chocolat 88
Soufflés aux fruits candis 83
Soufflés aux fruits de la passion 86
Soufflés chocolat 87
Souverain aux pêches jaunes 111
Stärkesirup siehe Glukosesirup
Sucre décor fourchette 181
Sucre bullé 184
Sucre coulé 184 – 185
Sucre filé 182
Sucre tiré 185
Süßer Mürbeteig 20
Sultaninenschälchen 179

T

Tarte au chocolat et aux framboises 124 – 125
Tarte au fromage 125
Tarte au riz au parfum de lapsang souchong et fruits de litchies 126
Tarte aux pignons et pralines 127
Tarte princesse aux myrtilles 132 – 133
Tartelettes à la rhubarbe 121
Tartelettes aux figues et amandes fraîches 134
Tartelettes fines aux mirabelles en cage 130
Tartelettes, grandes, aux fruits, granitées aux cinq épices 122
Teig 16 – 18
  Brandteig
  Butterteig 21
  Hefeteig 16
  Jean Millets Blätterteig 24 – 25
  Mürbeteig 20
  Schneller Blätterteig 25
  Süßer Mürbeteig 20
  Tortenbodenteig 22
Temperieren von Kuvertüre 154
Temperaturen
  Backofentemperaturen 12
  Serviertemperaturen 12
Tierce de glaces dans leur coque de couverture 143
Tarte mit Pinienkernen und gebrannten Mandeln 127
Torteletts 120 – 122, 130, 134
  Mini-Torteletts mit Beerenfrüchten 169
  Obsttorteletts mit warmem Sabayon 122
  Rhabarbertorteletts 121
  Torteletts mit Feigen und frischen Mandeln 134
Torten 102 – 119
  Bananen-Karamel-Mousse-Torte 110
  Fürstentorte mit gelben Pfirsichen 111
  Juwelengeschmückte Obsttorte 114
  Kardinaltorte 103
  Lakritztorte mit Birnenfächer 116
  Schwarzweiße Torte Saint-Honoré 106
Tartes und Torteletts 120 – 315
Tortenbodenteig 22
Tuiles au chocolat 173
Tuiles noisette 172 – 173
Tulipes de fruits rouges 62 – 63
Tulpen mit roten Früchten 62 – 63
Tulpenteig für Dekorationen 28

U/V

Überraschungsmelone 146
Vanilleeis 137
Verzierungen 180 – 189

W

Walnüsse
  Mandelblätterteigtörtchen mit Walnüssen und Pistaziencoulis 100 – 101
  Schokoladenmouosse-Törtchen mit karamelisierten Walnüssen und Kümmeleis 162 – 163
  Walnußbiskuit 34
Windbeutel 26

Z

Zigarettenteig für gestreifte Biskuits 28
Zitronencreme 92
Zitronenkuchen, kleine 179
Zitrusravioli mit Pfirsichgratin 94 – 95
Zucker
  Blasenzucker 184
  Engelshaar 182
  gegossener Zucker 184 – 185
  gesponnener Zucker 182
  gezogener Zucker 185
  Zuckerteig 183
  Zuckerwatte 182
  Zuckerwerk 180 – 189
Zutaten 12 – 17

Bezugsquellen

Besondere Zutaten, wie sie zur Herstellung einiger Süßspeisen benötigt werden – verschiedene Kuvertüresorten, Fondant, Marzipanrohmasse, Glukosesirup, Griottines – bekommt man in guten Konfiserie- und Delikatessengeschäften, Kakaobutter und Bienenwachs in Apotheken. Kakaomasse gibt es nur im Großhandel für Konditoreizubehör. Nach kleineren Mengen fragen Sie am besten bei Ihrem Bäcker oder Konditor.

Lieferadressen für Zutaten und Spezialgeräte erfahren Sie über:

BÄKO Bäckerei- und Konditoren-Einkauf
Zentrale
Kesselstr. 17, 70327 Stuttgart
Tel. 07 11-40 29 90

Interbackring
Fachgroßhandelszentrale
Schulstr. 24, 51491 Overath (Untereschenbach)
Tel. 0 22 04-70 90

Spinnrad Versandhandel
Zentrale
Am Luftschacht 3a, 45886 Gelsenkirchen
Tel. 02 09-1 70 00 43

Im Waterside Inn verwende ich die qualitativ besonders hochwertigen Valrhona-Kuvertüren:

Chocolaterie Valrhona
BP 40
26600 Tain l'Hermitage, Frankreich
Tel. 75 07 90 90, Fax 75 08 05 17

In Deutschland bekommt man Valrhona-Erzeugnisse in guten Konfiserie- und Delikatessenläden oder im Versand neben anderen Backzutaten und Spezialgeräten z. B. bei:

Confis-Express
Alfred Pfersich
Messerschmittstr. 23, 89231 Neu-Ulm
Tel. 07 31-7 07 91 51, Fax: 0731-7079147